Shakespeare | Romeo and Juliet · Romeo und Julia

William Shakespeare
Romeo and Juliet
Romeo und Julia

Englisch / Deutsch

Übersetzt und herausgegeben von Herbert Geisen

Reclam

RECLAMS UNIVERSAL-BIBLIOTHEK Nr. 9942
Bibliographisch ergänzte Ausgabe 2012
Die Aufführungs- und Senderechte für Bühne, Hörfunk und
Fernsehen vergibt der Steyer Verlag, Münchner Straße 18,
83395 Freilassing
Gestaltung: Cornelia Feyll, Friedrich Forssman
Gesamtherstellung: Reclam, Ditzingen. Printed in Germany 2012
RECLAM, UNIVERSAL-BIBLIOTHEK und
RECLAMS UNIVERSAL-BIBLIOTHEK sind eingetragene Marken
der Philipp Reclam jun. GmbH & Co. KG, Stuttgart
ISBN 978-3-15-009942-1
www.reclam.de

THE
MOST EX-
cellent and lamentable
Tragedie, of Romeo
and *Iuliet.*

Newly corrected, augmented, and
amended:

As it hath bene sundry times publiquely acted, by the
right Honourable the Lord Chamberlaine
his Seruants.

LONDON
Printed by Thomas Creede, for Cuthbert Burby, and are to
be sold at his shop neare the Exchange.
1599.

Titelblatt der 2. Quartoausgabe, 1599

Dramatis Personæ

ESCALUS, *Prince of Verona.*
MERCUTIO, *kinsman of the Prince and friend of Romeo.*
PARIS, *a young count, kinsman of the Prince and Mercutio,
    and suitor of Juliet.*
PAGE *to Count Paris.*

MONTAGUE, *head of a Veronese family at feud with the
    Capulets.*
LADY MONTAGUE.
ROMEO, *son of Montague.*
BENVOLIO, *nephew of Montague and friend of Romeo
    and Mercutio.*
ABRAM, *servant of Montague.*
BALTHASAR, *servant of Montague attending on Romeo.*

CAPULET, *head of a Veronese family at feud
    with the Montagues.*
LADY CAPULET.
JULIET, *daughter of Capulet.*
TYBALT, *nephew of Lady Capulet.*
An old man of the Capulet family.
NURSE *of Juliet, her foster-mother.*
PETER, *servant of Capulet attending on the Nurse.*
SAMPSON,
GREGORY,
ANTHONY,   *of the Capulet household.*
POTPAN,
A Clown,
Servingmen,

Personen

ESCALUS, *Fürst von Verona*
MERCUTIO, *Verwandter des Fürsten und Freund Romeos*
PARIS, *ein junger Graf, Verwandter des Fürsten und Mercutios, Bewerber um Julia*
PAGE *des Grafen Paris*

MONTAGUE, *Oberhaupt einer veronesischen Familie, mit den Capulets in Fehde*
LADY MONTAGUE
ROMEO, *Sohn Montagues*
BENVOLIO, *Neffe Montagues und Freund Romeos und Mercutios*
ABRAM, *Diener Montagues*
BALTHASAR, *Diener Montagues, zu Romeos Verfügung*

CAPULET, *Oberhaupt einer veronesischen Familie, mit den Montagues in Fehde*
LADY CAPULET
JULIA, *Tochter Capulets*
TYBALT, *Neffe der Lady Capulet*
Ein alter Mann der Familie Capulet
AMME *Julias, ihre Ziehmutter*
PETER, *Diener Capulets, zur Verfügung der Amme*
SAMPSON
GREGORY
ANTHONY   } *aus dem Haushalt Capulets*
POTPAN
Ein Clown
Hausdiener

FRIAR LAURENCE, *a Franciscan.*
FRIAR JOHN, *a Franciscan.*
An Apothecary of Mantua.
Three Musicians (Simon Catling, Hugh Rebeck,
   James Soundpost).
Members of the Watch.
Citizens of Verona, maskers, torchbearers, pages, servants.

CHORUS.

Scene: Verona and Mantua.

BRUDER LAURENCE, *ein Franziskaner*
BRUDER JOHN, *ein Franziskaner*
Ein Apotheker aus Mantua
Drei Musiker (Simon Catling, Hugh Rebeck,
    James Soundpost)[1]
Angehörige der Wache
Bürger von Verona, Maskierte, Fackelträger, Pagen, Diener

CHOR

Schauplatz: Verona und Mantua

The Prologue

Enter CHORUS.

CHORUS. Two households, both alike in dignity
　　　In fair Verona, where we lay our scene,
　　From ancient grudge break to new mutiny,
　　　Where civil blood makes civil hands unclean.
　　From forth the fatal loins of these two foes　　　5
　　　A pair of star-crossed lovers take their life;
　　Whose misadventured piteous overthrows
　　　Doth with their death bury their parents' strife.
　　The fearful passage of their death-marked love
　　　And the continuance of their parents' rage,　　10
　　Which, but their children's end, nought could
　　　　　　remove,
　　　Is now the two hours' traffic of our stage;
　　The which if you with patient ears attend,
　　What here shall miss, our toil shall strive to mend.
　　Exit.

Der Prolog

Der CHOR *tritt auf.*

CHOR. Zwei Häuser, beide gleich an Würde, brechen im
schönen Verona, wohin wir unsere Szene legen, aus altem Groll in neuen Streit[1] aus, in dem Bürgerblut Bür-
gerhände[2] unsauber macht. Aus den unheilvollen Len-
den dieser beiden Feinde [5] erhält ein Paar sterndurch-
kreuzter[3] Liebender das Leben; deren unglücklicher,
trauriger Untergang begräbt[4] mit ihrem Tod den Streit
ihrer Eltern. Der furchtbare Verlauf ihrer vom Tod ge-
zeichneten Liebe und die Fortdauer der Wut ihrer Eltern, [10] die, außer dem Ende ihrer Kinder, nichts besei-
tigen konnte, ist jetzt die zweistündige Sache unserer
Bühne; wenn ihr dieser[5] mit geduldigen Ohren folgt,
soll unsere Mühe zu verbessern trachten, was hier miss-
lingt.[6]

Er geht ab.

Act I

Scene 1

Verona. A public place.
Enter SAMPSON *and* GREGORY, *with swords and bucklers,*
of the house of Capulet.

SAMPSON. Gregory, on my word, we'll not carry coals.
GREGORY. No. For then we should be colliers.
SAMPSON. I mean, an we be in choler, we'll draw.
GREGORY. Ay, while you live, draw your neck out of collar.
SAMPSON. I strike quickly, being moved. [5]
GREGORY. But thou art not quickly moved to strike.
SAMPSON. A dog of the house of Montague moves me.
GREGORY. To move is to stir, and to be valiant is to stand.
    Therefore, if thou art moved, thou runnest away.
SAMPSON. A dog of that house shall move me to stand.
   I [10] will take the wall of any man or maid of Montague's.
GREGORY. That shows thee a weak slave. For the weakest
   goes to the wall.
SAMPSON. 'Tis true; and therefore women, being the
   weaker vessels, are ever thrust to the wall. Therefore I [15]

Erster Akt

Erste Szene

Verona. Ein öffentlicher Platz.
SAMPSON *und* GREGORY *aus dem Hause Capulet*
treten mit Schwertern und Rundschilden auf.

SAMPSON. Gregory, auf mein Wort, wir wollen keine Kohlen tragen.[1]

GREGORY. Nein, denn dann wären wir Kohlenträger.

SAMPSON. Ich meine, wenn wir einen Koller haben, ziehen wir.

GREGORY. Ja, zieht Euren[2] Kopf aus der Schlinge, solange Ihr lebt.

SAMPSON. Ich schlage schnell zu, wenn ich bewegt bin. [5]

GREGORY. Aber du bist nicht schnell dazu bewegt, zuzuschlagen.

SAMPSON. Ein Hund aus dem Hause Montague bewegt mich dazu.

GREGORY. Bewegen heißt sich regen, und tapfer sein heißt stehen. Darum, wenn du bewegt bist, rennst du davon.

SAMPSON. Ein Hund aus diesem Haus soll mich dazu bewegen zu stehen. Ich [10] halte mich bei jedem Dienstmann oder jeder Magd der Montagues an die Wand.[3]

GREGORY. Das zeigt dich als schwachen Lumpen. Denn der Schwächste geht an die Wand.

SAMPSON. 's ist wahr; und darum werden die Frauen, als die schwächeren Gefäße[4], immer an die Wand gestoßen.

will push Montague's men from the wall, and thrust his
maids to the wall.

GREGORY. The quarrel is between our masters, and us
their men.

SAMPSON. 'Tis all one. I will show myself a tyrant. When
[20] I have fought with the men, I will be civil with the
maids – I will cut off their heads.

GREGORY. The heads of the maids?

SAMPSON. Ay, the heads of the maids, or their maidenheads. Take it in what sense thou wilt. [25]

GREGORY. They must take it in sense that feel it.

SAMPSON. Me they shall feel while I am able to stand; and
'tis known I am a pretty piece of flesh.

GREGORY. 'Tis well thou art not fish; if thou hadst, thou
hadst been poor-John. Draw thy tool. Here comes of [30]
the house of Montagues.

Enter ABRAM *and another Servingman.*

SAMPSON. My naked weapon is out. Quarrel. I will back
thee.

GREGORY. How? Turn thy back and run?

SAMPSON. Fear me not. [35]

GREGORY. No, marry. I fear thee!

SAMPSON. Let us take the law of our sides. Let them begin.

GREGORY. I will frown as I pass by, and let them take it as
they list. [40]

Darum will ich [15] Montagues Dienstmänner von d[...]
Wand wegdrücken und seine Mägde an die Wand sto-
ßen.

GREGORY. Der Streit ist zwischen unseren Herren und
uns, ihren Dienstmännern.

SAMPSON. s' ist einerlei. Ich will mich als Tyrann zeigen.
Wenn [20] ich mit den Dienstmännern gekämpft habe,
will ich zu den Mägden höflich sein – ich will ihnen die
Köpfe abschneiden.

GREGORY. Die Köpfe der Mägde?

SAMPSON. Ja, die Köpfe der Mägde oder ihre Jungfern-
schaft.[5] Nimm es, in welchem Sinn du willst. [25]

GREGORY. Die müssen es mit Gefühl aufnehmen, die es
spüren.[6]

SAMPSON. Mich sollen sie spüren, solange ich noch stehen
kann; und man weiß, dass ich ein schönes Stück Fleisch
bin.

GREGORY. 's ist gut, dass du nicht Fisch[7] bist; wenn du es
gewesen wärst, wärst du armer Hans[8] gewesen. Zieh
dein Werkzeug. Hier kommen welche[9] [30] vom Haus
Montague.

ABRAM *und ein weiterer Hausdiener treten auf.*

SAMPSON. Meine blanke Waffe ist heraus. Streite. Ich stärke dir den Rücken.

GREGORY. Wie? Den Rücken kehren und rennen?

SAMPSON. Fürchte nichts von mir. [35]

GREGORY. Nein, wahrlich. Ich von dir was befürchten!

SAMPSON. Lass uns zusehen, dass das Recht auf unserer
Seite ist. Lass sie anfangen.

GREGORY. Ich will mit der Stirne runzeln, wenn ich vor-
beigehe, und lass sie es aufnehmen, wie sie wollen. [40]

SAMPSON. Nay, as they dare. I will bite my thumb at them;
which is disgrace to them if they bear it.

ABRAM. Do you bite your thumb at us, sir?

SAMPSON. I do bite my thumb, sir.

ABRAM. Do you bite your thumb at us, sir? [45]

SAMPSON. [*Aside to* GREGORY.] Is the law of our side if I
say 'Ay'?

GREGORY. [*Aside to* SAMPSON.] No.

SAMPSON. No, sir, I do not bite my thumb at you, sir. But I
bite my thumb, sir. [50]

GREGORY. Do you quarrel, sir?

ABRAM. Quarrel, sir? No, sir.

SAMPSON. But if you do, sir, I am for you. I serve as good a
man as you.

ABRAM. No better. [55]

SAMPSON. Well, sir.

Enter BENVOLIO.

GREGORY. [*Aside to* SAMPSON.] Say 'better'. Here comes
one of my master's kinsmen.

SAMPSON. Yes, better, sir.

ABRAM. You lie. [60]

SAMPSON. Draw, if you be men. Gregory, remember thy
washing blow.

They fight.

BENVOLIO. Part, fools!
Put up your swords. You know not what you do.

Enter TYBALT.

TYBALT.
What, art thou drawn among these heartless hinds?
Turn thee, Benvolio, look upon thy death. 66

SAMPSON. Nein, wie sie es wagen. Ich will gegen sie de...
Daumen beißen;[10] was für sie Schmach ist, wenn sie es
hinnehmen.

ABRAM. Beißt ihr den Daumen gegen uns, Sir?

SAMPSON. Ich beiße wirklich meinen Daumen, Sir.

ABRAM. Beißt Ihr den Daumen gegen uns, Sir? [45]

SAMPSON *(beiseite zu* GREGORY). Ist das Recht auf unserer Seite, wenn ich »Ja« sage?

GREGORY *(beiseite zu* SAMPSON). Nein.

SAMPSON. Nein, Sir, ich beiße nicht den Daumen gegen
Euch, Sir. Aber ich beiße meinen Daumen, Sir. [50]

GREGORY. Streitet Ihr, Sir?

ABRAM. Streiten, Sir? Nein, Sir.

SAMPSON. Aber wenn Ihr es tut, Sir, bin ich für Euch da.
Ich diene einem ebenso guten Mann wie Ihr.

ABRAM. Keinem besseren. [55]

SAMPSON. Gut, Sir.

BENVOLIO *tritt auf.*

GREGORY *(beiseite zu* SAMPSON). Sag: »Einem besseren.«
Hier kommt einer von meines Herrn Verwandten.

SAMPSON. Ja, einem besseren, Sir.

ABRAM. Ihr lügt. [60]

SAMPSON. Zieht, wenn ihr Männer seid; Gregory, denk an
deinen Schwadronenhieb[11].

Sie kämpfen.

BENVOLIO. Auseinander, Narren! Steckt eure Schwerter
ein. Ihr wisst nicht, was ihr tut.[12]

TYBALT *tritt auf.*

TYBALT. Was, hast du unter diesen herzlosen Bauern[13]
blank gezogen? [65] Dreh dich um, Benvolio, sieh auf
deinen Tod.

BENVOLIO. I do but keep the peace. Put up thy sword,
  Or manage it to part these men with me.
TYBALT. What, drawn, and talk of peace? I hate the word
  As I hate hell, all Montagues, and thee.   70
  Have at thee, coward!
  They fight.
  Enter three or four CITIZENS *with clubs or partisans.*
CITIZENS. Clubs, bills, and partisans! Strike! Beat them
  down! Down with the Capulets! Down with the Mon-
  tagues!
  Enter old CAPULET *in his gown, and his wife.*
CAPULET.
  What noise is this? Give me my long sword, ho!   75
LADY CAPULET.
  A crutch, a crutch! Why call you for a sword?
  Enter old MONTAGUE *and his wife.*
CAPULET. My sword, I say! Old Montague is come
  And flourishes his blade in spite of me.
MONTAGUE.
  Thou villain Capulet! – Hold me not. Let me go.
LADY MONTAGUE.
  Thou shalt not stir one foot to seek a foe.   80
  Enter PRINCE ESCALUS, *with his train.*
PRINCE. Rebellious subjects, enemies to peace,
  Profaners of this neighbour-stainèd steel –
  Will they not hear? What, ho – you men, you beasts,
  That quench the fire of your pernicious rage
  With purple fountains issuing from your veins!   85

BENVOLIO. Ich halte nur den Frieden. Steck dein Schwert
ein, oder benutz es, um mit mir diese Männer zu trennen.

TYBALT. Was, blank gezogen und von Frieden reden? Ich
hasse das Wort, wie ich die Hölle hasse, alle Montagues
und dich. [70] Auf dich, Feigling!

Sie kämpfen.

Drei oder vier BÜRGER *mit Knüppeln oder Hellebarden*
treten auf.

BÜRGER. Knüppel, Piken und Hellebarden! Stoßt zu!
Schlagt sie nieder! Nieder mit den Capulets! Nieder mit
den Montagues!

Der alte CAPULET *im Morgenmantel*[14] *und seine Frau*
treten auf.

CAPULET. Was für ein Lärm ist das? Gib mir mein Lang-
schwert, he! [75]

LADY CAPULET. Eine Krücke, eine Krücke, warum ruft Ihr
nach einem Schwert?

Der alte MONTAGUE *und seine Frau treten auf.*

CAPULET. Mein Schwert, sage ich! Der alte Montague ist
gekommen und schwingt seine Klinge mir zum Trotz.

MONTAGUE. Du Schurke Capulet! – Halt mich nicht. Lass
mich los.

LADY MONTAGUE. Du sollst nicht einen Fuß rühren, um
einen Feind zu suchen. [80]

FÜRST ESCALUS tritt mit seinem Gefolge auf.

FÜRST. Aufrührerische Untertanen, Feinde des Friedens,
Entweiher dieses nachbar-befleckten[15] Stahls – wollen sie
nicht hören? Was, he – ihr Männer, ihr Tiere, die ihr das
Feuer eurer verruchten Wut mit Purpurquellen löscht,
die aus euren Adern fließen! [85] Bei Strafe der Folte-

On pain of torture, from those bloody hands
Throw your mistempered weapons to the ground
And hear the sentence of your movèd prince.
Three civil brawls, bred of an airy word
By thee, old Capulet, and Montague,   90
Have thrice disturbed the quiet of our streets
And made Verona's ancient citizens
Cast by their grave-beseeming ornaments
To wield old partisans, in hands as old,
Cankered with peace, to part your cankered hate.   95
If ever you disturb our streets again,
Your lives shall pay the forfeit of the peace.
For this time all the rest depart away.
You, Capulet, shall go along with me;
And, Montague, come you this afternoon,   100
To know our farther pleasure in this case,
To old Free-town, our common judgement-place.
Once more, on pain of death, all men depart.
Exeunt all but MONTAGUE, *his wife, and* BENVOLIO.
MONTAGUE. Who set this ancient quarrel new abroach?
Speak, nephew, were you by when it began?   105
BENVOLIO. Here were the servants of your adversary
And yours, close fighting ere I did approach.
I drew to part them. In the instant came
The fiery Tybalt, with his sword prepared;
Which, as he breathed defiance to my ears,   110
He swung about his head and cut the winds,
Who, nothing hurt withal, hissed him in scorn.
While we were interchanging thrusts and blows,
Came more and more, and fought on part and part,
Till the Prince came, who parted either part.   115

rung, werft aus diesen blutigen Händen eure zu Bösem
gehärteten Waffen auf den Boden und hört den Spruch
eures bewegten Fürsten. Drei Bürgerstreitereien, entstanden aus einem eitlen Wort von dir, alter Capulet,
und Montague, [90] haben dreimal die Ruhe unserer
Straßen gestört und Veronas alte Bürger ihre würdig-
geziemende Kleidung ablegen lassen, um alte Hellebarden, verrostet vom Frieden, in ebenso alten Händen zu
schwingen, um euren bösartigen Hass[16] zu trennen. [95]
Wenn ihr je wieder unsere Straßen aufschreckt, soll euer
Leben für die Verletzung des Friedens[17] bezahlen. Für
diesmal gehe der ganze Rest fort. Ihr, Capulet, sollt mit
mir gehen; und Montague, kommt Ihr heute nachmittag, [100] um unseren weiteren Willen in dieser Sache zu
hören, zum alten Freetown[18], unserem üblichen Ge-
richtsort. Noch einmal, bei Strafe des Todes, alle sollen
gehen.

Alle außer MONTAGUE, *seiner Frau und* BENVOLIO
gehen ab.

MONTAGUE. Wer hat diesen alten Streit neu angestiftet[19]?
Sprecht, Neffe, wart Ihr dabei, als es anfing? [105]
BENVOLIO. Hier waren die Diener Eures Feindes und Eure
im Handgemenge, bevor ich hinzukam. Ich zog, um sie
zu trennen. In dem Augenblick kam der feurige Tybalt
mit bereitem Schwert; dies schwang er, als er mir Verachtung ins Ohr hauchte, [110] um seinen Kopf und zer-
schnitt die Winde, die ihn, davon überhaupt nicht verletzt, verächtlich anzischten. Während wir Stöße und
Schläge austauschten, kamen immer mehr und kämpften auf der einen oder anderen Seite, bis der Fürst kam,
der beide Seiten trennte.[20] [115]

LADY MONTAGUE.
>O where is Romeo? Saw you him today?
>Right glad I am he was not at this fray.

BENVOLIO. Madam, an hour before the worshipped sun
>Peered forth the golden window of the East,
>A troubled mind drive me to walk abroad; 120
>Where, underneath the grove of sycamore
>That westward rooteth from this city side,
>So early walking did I see your son.
>Towards him I made. But he was ware of me
>And stole into the covert of the wood. 125
>I, measuring his affections by my own,
>Which then most sought where most might
>>not be found,
>Being one too many by my weary self,
>Pursued my humour, not pursuing his,
>And gladly shunned who gladly fled from me. 130

MONTAGUE. Many a morning hath he there been seen
>With tears augmenting the fresh morning's dew,
>Adding to clouds more clouds with his deep sighs.
>But all so soon as the all-cheering sun
>Should in the farthest East begin to draw 135
>The shady curtains from Aurora's bed,
>Away from light steals home my heavy son
>And private in his chamber pens himself,
>Shuts up his windows, locks fair daylight out,
>And makes himself an artificial night. 140
>Black and portentous must this humour prove
>Unless good counsel may the cause remove.

BENVOLIO. My noble uncle, do you know the cause?

MONTAGUE. I neither know it nor can learn of him.

LADY MONTAGUE. Oh, wo ist Romeo? Habt Ihr ihn heute gesehen? Recht froh bin ich, dass er nicht bei dieser Schlägerei war.

BENVOLIO. Madame, eine Stunde bevor die angebetete Sonne aus dem goldenen Fenster des Ostens hervorlugte, trieb[21] mich ein unruhiger Geist, draußen umherzugehen; [120] dabei sah ich in dem Maulbeerhain[22], der auf dieser Seite der Stadt nach Westen wurzelt, so früh Euren Sohn umhergehen. Auf ihn hielt ich zu. Aber er gewahrte mich und stahl sich in das Dickicht des Waldes. [125] Ich, seine Liebesgefühle an meinen messend, die zu der Zeit am meisten suchten, wo die meisten nicht zu finden wären, weil ich meinem müden Selbst einer zu viel war,[23] kam meiner Laune nach, verfolgte nicht seine und vermied gerne den, der[24] gerne vor mir floh. [130]

MONTAGUE. Manch einen Morgen hat man dort gesehen, wie er mit Tränen den Tau des frischen Morgens vermehrte und mit seinen tiefen Seufzern Wolken mehr Wolken hinzufügte. Aber sobald die alles erheiternde Sonne im fernsten Osten nur beginnt, [135] die schattigen Vorhänge von Auroras Bett zu ziehen, stiehlt sich mein schwermütiger Sohn[25] aus dem Licht nach Hause und sperrt sich allein in seinem Zimmer ein, verdunkelt seine Fenster, schließt das schöne Tageslicht aus und macht sich selbst eine künstliche Nacht. [140] Als schwarz und unheilvoll muss sich diese Stimmung erweisen, wenn nicht guter Rat die Ursache entfernt.[26]

BENVOLIO. Mein edler Onkel, kennt Ihr die Ursache?

MONTAGUE. Ich kenne sie nicht und kann sie auch nicht von ihm erfahren.

BENVOLIO. Have you importuned him by any means? 145
MONTAGUE. Both by myself and many other friends.
　　But he, his own affections' counsellor,
　　Is to himself – I will not say how true –
　　But to himself so secret and so close,
　　So far from sounding and discovery, 150
　　As is the bud bit with an envious worm
　　Ere he can spread his sweet leaves to the air
　　Or dedicate his beauty to the sun.
　　Could we but learn from whence his sorrows grow,
　　We would as willingly give cure as know. 155
　　Enter ROMEO.
BENVOLIO. See, where he comes. So please you step aside.
　　I'll know his grievance, or be much denied.
MONTAGUE. I would thou wert so happy by thy stay
　　To hear true shrift. Come, madam, let's away.
　　Exeunt MONTAGUE *and wife.*
BENVOLIO. Good morrow, cousin.
ROMEO. 　　　　　　　　　　Is the day so young? 160
BENVOLIO. But new struck nine.
ROMEO. 　　　　　　　　Ay me! sad hours seem long.
　　Was that my father that went hence so fast?
BENVOLIO.
　　It was. What sadness lengthens Romeo's hours?
ROMEO. Not having that which having makes them short.
BENVOLIO. In love? 165
ROMEO. Out –

BENVOLIO. Habt Ihr ihn schon irgendwie deswegen behel-
ligt? [145]

MONTAGUE. Sowohl ich selbst als auch viele andere Freunde. Aber er, seiner eigenen Liebesgefühle Ratgeber, ist
sich selbst – ich will nicht sagen, wie treu – aber zu sich
selbst so verschwiegen und so geheim, so weit entfernt
vom Aushorchen und von der Entdeckung [150] wie die
Knospe, die vom bösartigen Wurm gebissen wurde, bevor sie[27] ihre süßen Blätter vor der Luft ausbreiten oder
ihre Schönheit der Sonne widmen kann. Könnten wir
nur erfahren, woraus seine Leiden erwachsen, wir würden sie so gerne heilen wie kennen. [155]

ROMEO *tritt auf.*

BENVOLIO. Seht, wo er kommt. Wenn es Euch gefällt,[28]
tretet zur Seite. Ich werde von seiner Kümmernis erfahren oder oft abgewiesen werden.

MONTAGUE. Ich wollte, du wärst durch dein Bleiben so
glücklich, wahre Beichte zu hören. Kommt, Madame,
lasst uns fort.

MONTAGUE *und seine Frau gehen ab.*

BENVOLIO. Guten Morgen, Vetter.

ROMEO. Ist der Tag so jung? [160]

BENVOLIO. Gerade eben neun geschlagen.

ROMEO. Ah über mich! Traurige Stunden erscheinen lang.
War das mein Vater, der so schnell hier wegging?

BENVOLIO. Er war es. Welche Trauer verlängert Romeos
Stunden?

ROMEO. Das nicht zu haben, was zu haben sie kurz
macht.

BENVOLIO. In Liebe? [165]

ROMEO. Aus –

BENVOLIO. Of love?

ROMEO. Out of her favour where I am in love.

BENVOLIO. Alas that love, so gentle in his view,
    Should be so tyrannous and rough in proof!   170

ROMEO. Alas that love, whose view is muffled, still
    Should without eyes see pathways to his will!
    Where shall we dine? O me, what fray was here?
    Yet tell me not, for I have heard it all.
    Here's much to-do with hate, but more with love.   175
    Why then, O brawling love, O loving hate,
    O anything, of nothing first create!
    O heavy lightness, serious vanity,
    Misshapen chaos of well-seeming forms,
    Feather of lead, bright smoke, cold fire, sick health,   180
    Still-waking sleep, that is not what it is!
    This love feel I, that feel no love in this.
    Dost thou not laugh?

BENVOLIO.   No, coz, I rather weep.

ROMEO. Good heart, at what?

BENVOLIO.   At thy good heart's oppression.

ROMEO. Why, such is love's transgression.   185
    Griefs of mine own lie heavy in my breast,
    Which thou wilt propagate, to have it pressed
    With more of thine. This love that thou hast shown
    Doth add more grief to too much of mine own.
    Love is a smoke made with the fume of sighs;   190
    Being purged, a fire sparkling in lovers' eyes;
    Being vexed, a sea nourished with lovers' tears.
    What is it else? A madness most discreet,
    A choking gall and a preserving sweet.
    Farewell, my coz.

BENVOLIO. Der Liebe?[29]

ROMEO. Aus der Gunst derer, bei der ich in Liebe bin.

BENVOLIO. Ach, dass Liebe, so sanft anzusehen, sich als so tyrannisch und rauh erweist! [170]

ROMEO. Ach, dass Liebe, deren Blick verhüllt ist,[30] doch immer ohne Augen Pfade zu ihrem Willen findet! Wo sollen wir speisen? O über mich, was für eine Schlägerei war hier? Doch sag es mir nicht, denn ich habe alles gehört. Hier ist viel Tumult[31] durch Hass, aber mehr durch Liebe. [175] Warum denn, o streitende Liebe, o liebender Hass, o Alles, aus Nichts zuerst geschaffen! O schwere Leichtigkeit,[32] ernste Nichtigkeit, missgestaltetes Chaos aus schön scheinenden Formen, Feder aus Blei, heller Rauch, kaltes Feuer, kranke Gesundheit, [180] immer-wacher Schlaf, der nicht ist, was er ist! Diese Liebe fühle ich, der ich keine Liebe hierin fühle. Lachst du nicht?

BENVOLIO. Nein, Vetter[33], ich weine eher.

ROMEO. Gutes Herz, worüber?

BENVOLIO. Über deines guten Herzens Bedrückung.

ROMEO. Nun, das ist der Fehltritt der Liebe. [185] Schwer liegen auf meiner Brust eigene Schmerzen, die du fortpflanzen wirst, indem du sie mit mehr von deinen drücken lässt.[34] Die Liebe, die du gezeigt hast, fügt meinem zu großen Schmerz noch mehr hinzu. Liebe ist ein Rauch, aus dem Dunst der Seufzer gemacht; [190] gereinigt – ein Feuer, sprühend in den Augen der Liebenden; aufgewühlt – ein Meer, gespeist von den Tränen der Liebenden. Was ist sie sonst noch? Ein höchst besonnener Wahnsinn, eine würgende Galle und eine erhaltende Süße. Leb wohl, mein Vetter. [195]

BENVOLIO. Soft! I will go along. 195

An if you leave me so, you do me wrong.

ROMEO. Tut, I have left myself. I am not here.

This is not Romeo, he's some other where.

BENVOLIO. Tell me in sadness, who is that you love?

ROMEO. What, shall I groan and tell thee?

BENVOLIO. Groan? Why, no. 200

But sadly tell me who.

ROMEO. Bid a sick man in sadness make his will.

Ah, word ill urged to one that is so ill!

In sadness, cousin, I do love a woman.

BENVOLIO. I aimed so near when I supposed you loved. 205

ROMEO. A right good markman. And she's fair I love.

BENVOLIO. A right fair mark, fair coz, is soonest hit.

ROMEO. Well, in that hit you miss. She'll not be hit

With Cupid's arrow. She hath Dian's wit,

And, in strong proof of chastity well armed, 210

From love's weak childish bow she lives uncharmed.

She will not stay the siege of loving terms,

Nor bide th'encounter of assailing eyes,

Nor ope her lap to saint-seducing gold.

O, she is rich in beauty; only poor 215

That, when she dies, with beauty dies her store.

BENVOLIO.

Then she hath sworn that she will still live chaste?

BENVOLIO. Gemach! Ich gehe mit. Wenn ihr mich so verlasst, tut Ihr mir Unrecht.

ROMEO. Ach was, ich habe mich selbst verlassen. Ich bin nicht hier. Dies ist nicht Romeo, er ist anderswo.[35]

BENVOLIO. Sagt mir im Ernst[36], wer ist es, den Ihr liebt?

ROMEO. Was, soll ich stöhnen und es dir sagen?

BENVOLIO. Stöhnen? Warum, nein. [200] Nur im Ernst sagen, wer.

ROMEO. Sagt einem Kranken, er solle im Ernst sein Testament machen. Ah, Wort, schlecht gesprochen zu einem, dem es so schlecht geht! Im Ernst, Vetter, ich liebe eine Frau.

BENVOLIO. So nahe traf ich, als ich annahm, Ihr liebtet. [205]

ROMEO. Ein sehr guter Schütze. Und sie ist schön, die ich liebe.

BENVOLIO. Ein sehr schönes Ziel, schöner Vetter, trifft man am leichtesten.

ROMEO. Nun, in dem Treffer[37] fehlt ihr. Sie will sich von Cupidos Pfeil nicht treffen lassen. Sie hat Dianas Witz,[38] und wohl gewappnet in der starken Rüstung der Keuschheit, [210] bleibt sie unverzaubert vom schwachen kindlichen Bogen der Liebe. Sie will die Belagerung durch Liebesworte nicht erdulden und das Gefecht der angreifenden Augen nicht hinnehmen und ihren Schoß dem Heilige verführenden Gold nicht öffnen. Oh, sie ist reich an Schönheit; nur schade, [215] dass, wenn sie stirbt, mit der Schönheit ihr Reichtum stirbt.

BENVOLIO. Dann hat sie geschworen, dass sie immer keusch bleiben will?

ROMEO. She hath; and in that sparing makes huge waste.
    For beauty, starved with her severity,
    Cuts beauty off from all posterity.   220
    She is too fair, too wise, wisely too fair,
    To merit bliss by making me despair.
    She hath forsworn to love; and in that vow
    Do I live dead that live to tell it now.
BENVOLIO. Be ruled by me – forget to think of her.   225
ROMEO. O, teach me how I should forget to think!
BENVOLIO. By giving liberty unto thine eyes.
    Examine other beauties.
ROMEO.   'Tis the way
    To call hers, exquisite, in question more.
    These happy masks that kiss fair ladies' brows,   230
    Being black, puts us in mind they hide the fair.
    He that is strucken blind cannot forget
    The precious treasure of his eyesight lost.
    Show me a mistress that is passing fair,
    What doth her beauty serve but as a note   235
    Where I may read who passed that passing fair?
    Farewell. Thou canst not teach me to forget.
BENVOLIO. I'll pay that doctrine, or else die in debt.
    Exeunt.

ROMEO. Sie hat; und in dieser Sparsamkeit begeht sie große Vergeudung. Denn Schönheit, an ihrer Strenge verhungert, schneidet die Schönheit von der ganzen Nach-
welt ab. [220] Sie ist zu schön, zu klug, zu klug unbefleckt,
um Glückseligkeit zu verdienen dadurch, dass sie mich
zur Verzweiflung bringt. Sie hat der Liebe abgeschwo-
ren; und durch diesen Eid lebe ich als Toter, der ich lebe,
um das jetzt zu berichten.
BENVOLIO. Folg meinem guten Rat – vergiss, an sie zu
denken. [225]
ROMEO. Oh, lehre mich das Denken zu vergessen!
BENVOLIO. Dadurch, dass du deinen Augen Freiheit gibst.
Prüfe andere Schönheiten.
ROMEO. 's ist das Mittel, um ihre vollkommene noch
mehr in Erinnerung zu bringen. Dass diese glücklichen
Masken, die die Brauen schöner Damen küssen, [230]
schwarz[39] sind, erinnert uns daran, dass sie das Schöne
verstecken. Er, der plötzlich erblindet, kann den kostba-
ren Schatz seines verlorenen Augenlichts nicht vergessen. Zeig mir eine Dame, die unübertrefflich[40] schön ist,
wozu dient ihre Schönheit, wenn nicht als eine Anmer-
kung, [235] in der ich lesen kann, wer diese unübertrefflich Schöne übertraf? Leb wohl. Du kannst mich nicht
lehren zu vergessen.
BENVOLIO. Für die Doktrin zahle ich oder sterbe in Schuld.
Sie gehen ab.

Scene 2

The same; later in the day.
Enter CAPULET, COUNTY PARIS, *and the Clown,*
a SERVANT.

CAPULET. But Montague is bound as well as I,
      In penalty alike; and 'tis not hard, I think,
      For men so old as we to keep the peace.
PARIS. Of honourable reckoning are you both,
      And pity 'tis you lived at odds so long.   5
      But now, my lord, what say you to my suit?
CAPULET. But saying o'er what I have said before:
      My child is yet a stranger in the world;
      She hath not seen the change of fourteen years.
      Let two more summers wither in their pride   10
      Ere we may think her ripe to be a bride.
PARIS. Younger than she are happy mothers made.
CAPULET. And too soon marred are those so early made.
      Earth hath swallowed all my hopes but she;
      She's the hopeful lady of my earth.   15
      But woo her, gentle Paris, get her heart.
      My will to her consent is but a part,
      And, she agreed, within her scope of choice
      Lies my consent and fair according voice.
      This night I hold an old accustomed feast,   20
      Whereto I have invited many a guest,
      Such as I love; and you among the store,
      One more, most welcome, makes my number more.

Zweite Szene

Ebenda. Später am Tag.
CAPULET, GRAF PARIS *und der Clown, ein* DIENER,
treten auf.

CAPULET. Aber Montague ist ebenso gebunden wie ich,
bei gleicher Strafe; und 's ist, glaube ich, nicht schwer,
für so alte Männer wie wir es sind, den Frieden zu halten.

PARIS. Von ehrenwertem Ruf seid ihr beide, und schade
ist's, dass ihr so lange im Streit gelegen habt. [5] Aber
nun, Mylord, was sagt Ihr zu meiner Werbung?

CAPULET. Nur wieder das, was ich schon zuvor gesagt habe: mein Kind ist noch ein Fremdling in der Welt; sie hat
noch nicht den Wandel von vierzehn Jahren gesehen.[1]
Lasst noch zwei weitere Sommer in ihrem Stolz verwel-
ken, [10] bevor wir sie für reif genug halten können, eine
Braut zu sein.

PARIS. Jüngere als sie sind glückliche Mütter geworden.

CAPULET. Und zu schnell zugrunde gerichtet sind die, die
es so früh geworden sind. Die Erde hat bis auf sie alle
meine Hoffnungen verschlungen; sie ist die hoffnungs-
volle Dame meiner Erde.[2] [15] Aber werbt um sie, edler
Paris, erlangt ihr Herz. Mein Wille ist zu ihrer Zustimmung nur ein Teil; und, wenn sie einverstanden ist, liegt
meine Zustimmung und gütig einwilligende Entscheidung im Spielraum ihrer Wahl.[3] Heute nacht gebe ich ein
althergebrachtes Fest, [20] wozu ich manchen Gast gela-
den habe – solche, die ich liebe; und Ihr darunter, einer
mehr, höchst willkommen, macht meine Zahl größer. In

At my poor house look to behold this night
Earth-treading stars that make dark heaven light.   25
Such comfort as do lusty young men feel
When well-apparelled April on the heel
Of limping winter treads, even such delight
Among fresh female buds shall you this night
Inherit at my house. Hear all; all see;   30
And like her most whose merit most shall be;
Which, on more view of many, mine, being one,
May stand in number, though in reckoning none.
Come, go with me. [*To* SERVANT.] Go, sirrah,
                              trudge about
Through fair Verona; find those persons out   35
Whose names are written there, and to them say,
My house and welcome on their pleasure stay.
Exeunt CAPULET *and* PARIS.

SERVANT. Find them out whose names are written here! It
is written that the shoemaker should meddle with his
yard and the tailor with his last, the fisher with his pencil
[40] and the painter with his nets. But I am sent to find
those persons whose names are here writ, and can never
find what names the writing person hath here writ. I
must to the learnèd. In good time!

Enter BENVOLIO *and* ROMEO.

BENVOLIO.
      Tut, man, one fire burns out another's burning.   45
      One pain is lessened by another's anguish.

meinem armen Haus erwartet heute abend Erde betre-
tende Sterne zu sehen, die den dunklen Himmel hell
machen. [25] Solche Erquickung, wie sie kräftige junge
Männer fühlen, wenn der wohlgekleidete April dem
hinkenden Winter auf den Fersen folgt, in eben solche
Freude unter frischen weiblichen Knospen sollt Ihr heute abend in meinem Hause eingesetzt werden.[4] Hört alles, alles seht; [30] und mögt die am besten, deren Verdienst am größten sein soll; bei genauerem Ansehen
vieler wird sich meine, die eine von ihnen ist, vielleicht
als Nummer eins behaupten, wenn *die* auch beim Rech-
nen nicht zählt.[5] Kommt, geht mit mir. (*Zum* DIENER.)
Geh, du da, schlepp dich durch das schöne Verona; mach
die Personen ausfindig, [35] deren Namen dort geschrieben sind, und sage ihnen, mein Haus und Willkommen
stehen ihnen zu Diensten.

CAPULET *und* PARIS *gehen ab.*

DIENER. Die ausfindig machen, deren Namen hier geschrieben sind! Es steht geschrieben, dass sich der
Schuhmacher mit seiner Elle einlassen soll und der
Schneider mit seinem Leisten, der Fischer mit seinem
Pinsel [40] und der Maler mit seinen Netzen.[6] Aber mich
schickt man, die Personen zu finden, deren Namen hier
geschrieben sind; und ich kann nie und nimmer ausfindig machen, welche Namen die schreibende Person hier
geschrieben hat. Ich muss zu den Gelehrten. Zur rechten
Zeit!

BENVOLIO *und* ROMEO *treten auf.*

BENVOLIO. Na, Mann, ein Feuer brennt das Brennen des
andern aus. [45] Ein Schmerz wird durch eines andern
Qual verringert. Werde schwindelig, und lass dir durch

Turn giddy, and be holp by backward turning.
One desperate grief cures with another's languish.
Take thou some new infection to thy eye,
And the rank poison of the old will die.   50

ROMEO. Your plantain leaf is excellent for that.
BENVOLIO. For what, I pray thee?
ROMEO.   For your broken shin.
BENVOLIO. Why, Romeo, art thou mad?
ROMEO. Not mad, but bound more than a madman is;   55
Shut up in prison, kept without my food,
Whipped and tormented and – Good-e'en,
                   good fellow.
SERVANT. God gi' good-e'en. I pray, sir, can you read?
ROMEO. Ay, mine own fortune in my misery.
SERVANT. Perhaps you have learned it without book. But I
   pray, can you read anything you see? [60]
ROMEO. Ay, if I know the letters and the language.
SERVANT. Ye say honestly. Rest you merry.
ROMEO. Stay, fellow. I can read.
He reads the letter.

'Signor Martino and his wife and daughters. County
Anselm and his beauteous sisters. The lady widow of
Utruvio. [65] Signor Placentio and his lovely nieces. Mercutio and his brother Valentine. Mine uncle Capulet, his
wife, and daughters. My fair niece Rosaline and Livia. Signor Valentio and his cousin Tybalt. Lucio and the lively
Helena.'

A fair assembly. Whither should they come? [70]

Rückwärtsdrehen helfen. Ein verzweifelter Schmerz heilt mit eines andern Harm. Bekomme du irgendeine neue Krankheit an deinem Auge, und das wuchernde Gift der alten wird sterben. [50]

ROMEO. Ein Wegerichblatt[7] ist dafür hervorragend.

BENVOLIO. Wozu, ich bitte dich?

ROMEO. Für Euer aufgeplatztes Schienbein.

BENVOLIO. Wie, Romeo, bist du verrückt?

ROMEO. Nicht verrückt, aber gefesselter als ein Verrückter; ins Gefängnis gesperrt, ohne Nahrung gehalten, [55] gepeitscht und gefoltert[8] und – Guten Abend, guter Bursche.

DIENER. Gott gebe guten Abend. Bitte, Sir, könnt Ihr lesen?

ROMEO. Ja, mein eigenes Geschick in meinem Elend.

DIENER. Vielleicht habt Ihr es ohne Buch erfahren. Aber bitte, könnt Ihr etwas lesen, das Ihr seht? [60]

ROMEO. Ja, wenn ich die Buchstaben und die Sprache kenne.

DIENER. Ihr sprecht ehrlich. Schlaft wohl.[9]

ROMEO. Bleib, Bursche, ich kann lesen.

Er liest den Brief.

»Signor Martino und seine Frau und Töchter. Graf Anselm und seine schönen Schwestern. Die verwitwete Lady Utrovio. [65] Signor Placentio und seine lieblichen Nichten. Mercutio und sein Bruder Valentine. Mein Onkel Capulet, seine Frau und Töchter. Meine schöne Nichte Rosaline und Livia. Signor Valentio und sein Vetter Tybalt. Lucio und die lebhafte Helena.«

Eine schöne Gesellschaft. Wohin sollen sie kommen? [70]

SERVANT. Up.

ROMEO. Whither? To supper?

SERVANT. To our house.

ROMEO. Whose house?

SERVANT. My master's. [75]

ROMEO. Indeed I should have asked thee that before.

SERVANT. Now I'll tell you without asking. My master is
the great rich Capulet; and if you be not of the house of
Montagues, I pray come and crush a cup of wine. Rest
you merry. [80]

Exit SERVANT.

BENVOLIO. At this same ancient feast of Capulet's
    Sups the fair Rosaline whom thou so loves,
    With all the admirèd beauties of Verona.
    Go thither, and with unattainted eye
    Compare her face with some that I shall show,   85
    And I will make thee think thy swan a crow.

ROMEO. When the devout religion of mine eye
    Maintains such falsehood, then turn tears to fires;
    And these, who, often drowned, could never die,
    Transparent heretics, be burnt for liars!   90
    One fairer than my love? The all-seeing sun
    Ne'er saw her match since first the world begun.

BENVOLIO. Tut, you saw her fair, none else being by,
    Herself poised with herself in either eye.
    But in that crystal scales let there be weighed   95
    Your lady's love against some other maid

DIENER. Herauf.

ROMEO. Wohin? Zum Abendessen?

DIENER. Zu unserm Haus.

ROMEO. Wessen Haus?

DIENER. Meines Herrn. [75]

ROMEO. In der Tat, das hätte ich dich vorher fragen sollen.

DIENER. Jetzt will ich es Euch sagen, ohne gefragt zu sein.
Mein Herr ist der große, reiche Capulet; und wenn Ihr
nicht vom Hause der Montagues seid, bitte ich, kommt
und führt Euch ein Glas Wein zu Gemüte. Schlaft
wohl. [80]

DIENER *geht ab.*

BENVOLIO. Bei eben diesem alten Fest des Capulet speist
die schöne Rosaline, die du so liebst,[10] mit all den be-
wunderten Schönheiten von Verona. Geh dorthin und
vergleiche mit unvoreingenommenem Auge ihr Gesicht
mit einigen, die ich dort zeigen werde, [85] und ich will
dafür sorgen, dass du deinen Schwan für eine Krähe
hältst.

ROMEO. Wenn die demütige Religion meines Auges solche Falschheit behauptet, dann verwandeln sich Tränen
in Feuer, und diese, die, oft ertränkt, nicht sterben konnten, werden wie offenkundige Ketzer als Lügner ver-
brannt! [90] Eine schöner als meine Geliebte? Die alles-
sehende Sonne sah nie ihresgleichen seit die Welt be-
gann.

BENVOLIO. Ach was, Ihr saht sie als schön an, da niemand
sonst dabei war, sie selbst gegen sich selbst in beiden Augen aufgewogen.[11] Aber lasst in diesen kristallenen
Waagschalen [95] Eurer Dame Liebe gegen ein anderes
Mädchen abgewogen werden, das ich Euch bei diesem

That I will show you shining at this feast,
And she shall scant show well that now seems best.
ROMEO. I'll go along, no such sight to be shown,
But to rejoice in splendour of mine own.   100
Exeunt.

Scene 3

Within Capulet's house.
Enter LADY CAPULET *and* NURSE.

LADY CAPULET.
      Nurse, where's my daughter? Call her forth to me.
NURSE. Now, by my maidenhead at twelve year old,
      I bade her come. What, lamb! What, ladybird! –
      God forbid! – Where's this girl? What, Juliet!
      Enter JULIET.
JULIET. How now? Who calls?   5
NURSE. Your mother.
JULIET. Madam, I am here. What is your will?
LADY CAPULET.
      This is the matter – Nurse, give leave awhile.
      We must talk in secret. – Nurse, come back again.
      I have remembered me, thou's hear our counsel.   10
      Thou knowest my daughter's of a pretty age.
NURSE. Faith, I can tell her age unto an hour.
LADY CAPULET. She's not fourteen.

Fest scheinend zeigen will, und sie wird kaum gut aussehen, die jetzt am besten erscheint.

ROMEO. Ich komme mit, nicht um solchen Anblick gezeigt zu bekommen, sondern um mich an Glanz zu erfreuen, der mein ist. [100]

Sie gehen ab.

Dritte Szene

In Capulets Haus.
LADY CAPULET *und die* AMME *treten auf.*

LADY CAPULET. Amme, wo ist meine Tochter? Ruf sie her zu mir.

AMME. Nun, bei meiner Jungfräulichkeit mit zwölf Jahren, ich habe ihr gesagt, sie solle kommen. Was, Lamm! Was, Goldkäfer[1]! – Gott bewahre! – Wo ist dies Mädchen? Was, Julia!

JULIA *tritt auf.*

JULIA. Wie nun? Wer ruft? [5]

AMME. Eure Mutter.

JULIA. Madame, ich bin hier. Was ist Euer Wille?

LADY CAPULET. Darum geht es – Amme, lass uns eine Zeitlang allein. Wir müssen im Geheimen sprechen. – Amme, komm wieder zurück. Ich habe es mir überlegt, du sollst[2] unsere Beratung hören. [10] Du weißt, meine Tochter ist in einem hübschen Alter.

AMME. Meiner Treu, ich kann ihr Alter bis auf eine Stunde benennen.

LADY CAPULET. Sie ist nicht vierzehn.

NURSE.   I'll lay fourteen of my teeth –
    And yet, to my teen be it spoken, I have but four –
    She's not fourteen. How long is it now   15
    To Lammastide?
LADY CAPULET.   A fortnight and odd days.
NURSE. Even or odd, of all days in the year,
    Come Lammas Eve at night shall she be fourteen.
    Susan and she – God rest all Christian souls! –
    Were of an age. Well, Susan is with God.   20
    She was too good for me. But, as I said,
    On Lammas Eve at night shall she be fourteen.
    That shall she, marry! I remember it well.
    'Tis since the earthquake now eleven years;
    And she was weaned – I never shall forget it –   25
    Of all the days of the year, upon that day.
    For I had then laid wormwood to my dug,
    Sitting in the sun under the dovehouse wall.
    My lord and you were then at Mantua.
    Nay, I do bear a brain. But, as I said,   30
    When it did taste the wormwood on the nipple
    Of my dug and felt it bitter, pretty fool,
    To see it tetchy and fall out wi' th' dug!
    Shake, quoth the dovehouse! 'Twas no need, I trow,
    To bid me trudge.   35
    And since that time it is eleven years.
    For then she could stand high-lone. Nay, by th'rood,
    She could have run and waddled all about.
    For even the day before she broke her brow.
    And then my husband – God be with his soul!   40
    'A was a merry man – took up the child.
    'Yea,' quoth he, 'dost thou fall upon thy face?

AMME. Ich wette vierzehn meiner Zähne – und doch, zu meinem Schmerz[3] sei es gesprochen, habe ich nur vier – dass sie noch nicht vierzehn ist. Wie lang ist es jetzt [15] bis zum 1. August[4]?

LADY CAPULET. Zwei Wochen und ein paar Tage.

AMME. Gerade oder ungerade[5], von allen Tagen im Jahr soll sie am Abend vor dem 1. August vierzehn werden. Susan und sie – Gott gebe allen Christenseelen Ruhe! – waren im gleichen Alter. Nun, Susan ist bei Gott. [20] Sie war zu gut für mich. Aber, wie ich schon sagte, am Abend vor dem 1. August soll sie vierzehn werden. Das soll sie, fürwahr! Ich erinnere mich gut daran. 's ist seit dem Erdbeben jetzt elf Jahre;[6] und sie war entwöhnt – nie werde ich es vergessen – [25] von allen Tagen des Jahres gerade an diesem Tag. Denn ich hatte damals Wermut auf meine Brust[7] gelegt, als ich in der Sonne unter der Taubenhauswand saß. Mylord und Ihr wart damals in Mantua. Nein, habe ich ein Gedächtnis! Aber, wie ich sagte, [30] als es den Wermut an meiner Brustwarze spürte und bemerkte, dass sie bitter war, hübscher Dummkopf, zu sehen, wie sie ärgerlich wurde und mit der Brust stritt! »Bebe«, sprach das Taubenhaus. 's war wohl nicht nötig, mir zu sagen, ich solle mich trollen. [35] Und das ist jetzt elf Jahre her. Denn damals konnte sie ganz allein stehen. Nein, beim Kreuz,[8] sie hätte überall laufen und umherwatscheln können. Denn gerade an dem Tag davor hatte sie sich die Augenbraue aufgeschlagen. Und dann nahm mein Mann – Gott sei mit seiner Seele! [40] er war ein lustiger Mensch – das Kind auf. »Ja«, sprach er, »fällst du auf's Gesicht? Du wirst auf den Rücken fallen, wenn du

Thou wilt fall backward when thou hast more wit.
Wilt thou not, Jule?' And, by my holidam,
The pretty wretch left crying and said 'Ay'.   45
To see now how a jest shall come about!
I warrant, an I should live a thousand years,
I never should forget it. 'Wilt thou not, Jule?'
                                            quoth he,
And, pretty fool, it stinted and said 'Ay'.

LADY CAPULET. Enough of this. I pray thee hold thy peace.
NURSE. Yes, madam. Yet I cannot choose but laugh   51
To think it should leave crying and say 'Ay'.
And yet, I warrant, it had upon it brow
A bump as big as a young cockerel's stone,
A perilous knock. And it cried bitterly.   55
'Yea,' quoth my husband, 'fallest upon thy face?
Thou wilt fall backward when thou comest to age.
Wilt thou not, Jule?' It stinted, and said 'Ay'.
JULIET. And stint thou too, I pray thee, Nurse, say I.
NURSE. Peace, I have done. God mark thee to his grace!   60
Thou wast the prettiest babe that e'er I nursed.
An I might live to see thee married once,
I have my wish.
LADY CAPULET. Marry, that 'marry' is the very theme
I came to talk of. Tell me, daughter Juliet,   65
How stands your dispositions to be married?
JULIET. It is an honour that I dream not of.
NURSE. An honour! Were not I thine only nurse,
I would say thou hadst sucked wisdom from thy teat.
LADY CAPULET.
Well, think of marriage now. Younger than you,   70
Here in Verona, ladies of esteem

gewitzter bist. Nicht wahr, Jule?« Und bei allem, was mir heilig ist[9], das hübsche Wurm hörte auf zu weinen und sagte »Ja«. [45] Jetzt zu sehen, wie ein Witz wahr wird! Wenn ich tausend Jahre alt würde, würde ich es garantiert nicht vergessen. »Nicht wahr, Jule?«, sprach er, und, hübscher Dummkopf, sie hörte auf und sagte »Ja«.

LADY CAPULET. Genug davon. Ich bitte dich, gib Frieden. [50]

AMME. Ja, Madame, und doch muss ich lachen, wenn ich daran denke, dass es tatsächlich aufhörte zu weinen und »Ja« sagte. Und doch hatte es garantiert an der Augenbraue eine Beule so groß wie eine Hähnchenhode,[10] ein gefährlicher Schlag. Und es weinte bitterlich. [55] »Ja«, sprach mein Mann, »fällst du auf's Gesicht? Du wirst auf den Rücken fallen, wenn du erwachsen bist. Nicht wahr, Jule?« Sie hörte auf und sagte »Ja.«

JULIA. Und hör du auch auf, bitte, Amme, sage ich.

AMME. Frieden, ich bin fertig. Gott bezeichne dich für seine Gnade! [60] Du warst das hübscheste Baby, das ich je pflegte. Wenn ich es noch erlebte, dich verheiratet zu sehen, hätte ich meinen Wunsch.

LADY CAPULET. Heiraten, dies »heiraten« ist eben das Thema, von dem zu sprechen ich gekommen bin. Sag mir, Tochter Julia, [65] wie steht es mit deiner Neigung[11], verheiratet zu werden?

JULIA. Es ist eine Ehre, von der ich nicht träume.

AMME. Eine Ehre[12]! Wäre ich nicht deine einzige Amme, würde ich sagen, du hättest Weisheit aus deiner Brust gesaugt.

LADY CAPULET. Nun, denke jetzt an Heirat. Jüngere als Ihr, [70] hier in Verona, Damen von Ansehen, sind schon

Are made already mothers. By my count,
I was your mother much upon these years
That you are now a maid. Thus then in brief:
The valiant Paris seeks you for his love.   75
NURSE. A man, young lady! Lady, such a man
As all the world – why, he's a man of wax.
LADY CAPULET. Verona's summer hath not such a flower.
NURSE. Nay, he's a flower; in faith, a very flower.
LADY CAPULET.
What say you? Can you love the gentleman?   80
This night you shall behold him at our feast.
Read o'er the volume of young Paris' face,
And find delight writ there with beauty's pen.
Examine every married lineament,
And see how one another lends content.   85
And what obscured in this fair volume lies
Find written in the margent of his eyes.
This precious book of love, this unbound lover,
To beautify him only lacks a cover.
The fish lives in the sea, and 'tis much pride   90
For fair without the fair within to hide.
That book in many's eyes doth share the glory,
That in gold clasps locks in the golden story.
So shall you share all that he doth possess,
By having him making yourself no less.   95
NURSE. No less? Nay, bigger! Women grow by men.
LADY CAPULET. Speak briefly, can you like of Paris' love?
JULIET. I'll look to like, if looking liking move.

Mütter geworden. Nach meiner Zählung war ich in den Jahren, in denen Ihr jetzt eine Jungfrau seid, längst Eure Mutter.[13] So also in Kürze. Der tapfere Paris begehrt Euch als seine Liebste. [75]

AMME. Ein Mann, junge Dame! Lady, solch ein Mann wie die ganze Welt – wie, er ist ein Mann aus Wachs.

LADY CAPULET. Veronas Sommer hat nicht solch eine Blume.

AMME. Nein, er ist eine Blume; meiner Treu, eine wahrhaftige Blume.

LADY CAPULET. Was sagt Ihr? Könnt Ihr den Edelmann lieben? [80] Heute abend sollt Ihr ihn bei unserm Fest sehen. Lest[14] den Band des Gesichts des jungen Paris durch, und findet dort Freude mit der Feder der Schönheit geschrieben. Prüft jeden vermählten Gesichtszug, und seht, wie einer dem anderen Gehalt verleiht. [85] Und was in diesem schönen Band verborgen liegt, findet im Rand seiner Augen geschrieben. Dieses wertvolle Buch der Liebe, dieser ungebundene Liebhaber braucht zur Verschönerung nur noch einen Einband. Der Fisch lebt im Meer, und es ist prachtvoll, [90] wenn Schönes außen Schönes innen verbirgt; und dasjenige Buch erhält in den Augen vieler den Ruhm zugeteilt, das in goldene Schnallen die goldene Geschichte einschließt. So werdet Ihr alles, was er besitzt, dadurch teilen, dass Ihr ihn Euch nicht geringer machen lasst. [95]

AMME. Nicht geringer? Nein, größer! Frauen wachsen durch Männer.

LADY CAPULET. Sprich kurz, kann Euch Paris' Liebe gefallen?

JULIA. Ich erwarte, dass sie gefällt, wenn Sehen Gefallen

But no more deep will I endart mine eye
Than your consent gives strength to make it fly.   100
    Enter SERVINGMAN.
SERVINGMAN. Madam, the guests are come, supper served
    up, you called, my young lady asked for, the Nurse
    cursed in the pantry, and everything in extremity. I must
    hence to wait. I beseech you follow straight.
LADY CAPULET. We follow thee.
    Exit SERVINGMAN.
                                    Juliet, the County stays.   105
NURSE. Go, girl, seek happy nights to happy days.
    Exeunt.

Scene 4

Without Capulet's house.
Enter ROMEO, MERCUTIO, BENVOLIO, *with five or six*
other maskers, and torchbearers.

ROMEO. What, shall this speech be spoke for our excuse?
    Or shall we on without apology?
BENVOLIO. The date is out of such prolixity.
    We'll have no Cupid hoodwinked with a scarf,
    Bearing a Tartar's painted bow of lath,   5
    Scaring the ladies like a crowkeeper,
    Nor no without-book prologue, faintly spoke

erzeugen kann.[15] Aber nicht tiefer werde ich mein Auge
wie einen Pfeil eindringen lassen als Eure Zustimmung
die Kraft gibt, es fliegen zu lassen. [100]

Ein HAUSDIENER *tritt auf.*

HAUSDIENER. Madame,[16] die Gäste sind gekommen, das
Abendessen ist serviert, Ihr werdet gerufen, nach meiner
jungen Herrin wird gefragt, die Amme im Anrichteraum
verflucht, und alles ist in äußerster Bedrängnis. Ich muss
weg, um zu bedienen. Ich bitte Euch, gleich zu folgen.

LADY CAPULET. Wir folgen dir.

Der HAUSDIENER *geht ab.*

Julia, der Graf wartet. [105]

AMME. Geh, Mädchen, such glückliche Nächte für glückliche Tage.

Sie gehen ab.

Vierte Szene

Vor Capulets Haus.
ROMEO, MERCUTIO, BENVOLIO *treten mit fünf oder sechs
weiteren Maskierten und mit Fackelträgern auf.*

ROMEO. Was, soll diese Rede[1] zu unserer Entschuldigung
gesprochen werden, oder sollen wir ohne Abbitte weiter?

BENVOLIO. Solche Weitschweifigkeit ist nicht mehr zeit-
gemäß. Wir[2] wollen keinen Cupido leiden, dem mit einem Schal die Augen verbunden sind, der eines Tartaren
gemalten Leistenbogen trägt, [5] der die Damen wie ein
Krähenhüter schreckt, und keinen Ohne-Buch-Prolog,
schwach dem Souffleur bei unserem Auftritt nachge-

After the prompter, for our entrance.
But, let them measure us by what they will,
We'll measure them a measure and be gone.   10

ROMEO. Give me a torch. I am not for this ambling.
Being but heavy, I will bear the light.

MERCUTIO. Nay, gentle Romeo, we must have you dance.

ROMEO. Not I, believe me. You have dancing shoes
With nimble soles. I have a soul of lead   15
So stakes me to the ground I cannot move.

MERCUTIO. You are a lover. Borrow Cupid's wings
And soar with them above a common bound.

ROMEO. I am too sore empiercèd with his shaft
To soar with his light feathers; and so bound   20
I cannot bound a pitch above dull woe.
Under love's heavy burden do I sink.

MERCUTIO. And, to sink in it, should you burden love –
Too great oppression for a tender thing.

ROMEO. Is love a tender thing? It is too rough,   25
Too rude, too boisterous, and it pricks like thorn.

MERCUTIO. If love be rough with you, be rough with love.
Prick love for pricking, and you beat love down.
Give me a case to put my visage in.
A visor for a visor! What care I   30
What curious eye doth quote deformities?
Here are the beetle brows shall blush for me.

sprochen. Aber mögen sie uns messen, woran sie wollen, wir werden ihnen einen Schreittanz zumessen[3] und dann fort. [10]

ROMEO. Gebt mir eine Fackel. Ich bin nicht für dies leichte Schreiten. Da ich nur schwermütig bin, will ich das Licht tragen.

MERCUTIO. Nein, edler Romeo, wir müssen Euch zum Tanzen bringen.

ROMEO. Nicht ich, glaubt mir. Ihr habt Tanzschuhe mit behenden Sohlen. Ich habe eine Seele[4] aus Blei, [15] die mich so fest in den Boden steckt, dass ich mich nicht bewegen kann.

MERCUTIO. Ihr seid ein Liebhaber. Leiht Euch Cupidos Flügel, und steigt mit ihnen über eine gewöhnliche Grenze auf.

ROMEO. Ich bin zu schlimm von seinem Schaft durchbohrt, um mit seinen leichten Federn emporzusteigen; und so gebunden, [20] kann ich nicht höher springen als trübes Weh.[5] Unter der Liebe schwerer Last sinke ich.

MERCUTIO. Und um tief darin einzusinken, solltet Ihr die Liebe belasten – zu große Bedrückung für etwas so Zartes.[6]

ROMEO. Ist Liebe etwas Zartes? Sie ist zu rauh, [25] zu grob, zu lärmend, und sie sticht wie Dorn.

MERCUTIO. Wenn Liebe rauh mit Euch ist, seid rauh mit der Liebe. Stecht die Liebe für's Stechen, und Ihr drückt die Liebe nieder. Gebt mir eine Hülle, um mein Gesicht hineinzutun. Ein Visier für ein Gesicht! Was kümmert es mich, [30] welches neugierige Auge Missbildungen bemerkt? Hier sind die Käferbrauen, die für mich erröten sollen.[7]

BENVOLIO. Come, knock and enter; and no sooner in
    But every man betake him to his legs.
ROMEO. A torch for me! Let wantons light of heart   35
    Tickle the senseless rushes with their heels.
    For I am proverbed with a grandsire phrase –
    I'll be a candle-holder and look on;
    The game was ne'er so fair, and I am done.
MERCUTIO.
    Tut, dun's the mouse, the constable's own word!   40
    If thou art Dun, we'll draw thee from the mire
    Of – save your reverence – love, wherein thou stickest
    Up to the ears. Come, we burn daylight, ho!
ROMEO. Nay, that's not so.
MERCUTIO.   I mean, sir, in delay
    We waste our lights in vain, like lights by day.   45
    Take our good meaning, for our judgement sits
    Five times in that ere once in our five wits.
ROMEO. And we mean well in going to this masque,
    But 'tis no wit to go.
MERCUTIO.   Why, may one ask?
ROMEO. I dreamt a dream tonight.
MERCUTIO.   And so did I.   50
ROMEO. Well, what was yours?
MERCUTIO.   That dreamers often lie.
ROMEO. In bed asleep, while they do dream things true.
MERCUTIO. O, then I see Queen Mab hath been with you.
    She is the fairies' midwife, and she comes
    In shape no bigger than an agate stone   55
    On the forefinger of an alderman,
    Drawn with a team of little atomies

BENVOLIO. Kommt, klopft und tretet ein; und kaum drinnen, soll sich jedermann auf die Beine machen.

ROMEO. Eine Fackel für mich! Mögen Übermütige mit leichtem Herzen [35] die gefühllosen Binsen mit ihren Fersen kitzeln. Denn ich habe ein Sprichwort von einem Großvaterspruch – ich will ein Kerzenhalter sein und zusehen; das Spiel war nie so schön, und ich bin fertig.[8]

MERCUTIO. Na, braun ist die Maus, des Wachmanns eigenes Wort.[9] [40] Wenn du der Braune bist, ziehen wir dich aus dem Sumpf der – mit Verlaub – Liebe,[10] worin du bis zu den Ohren steckst. Komm, wir verbrennen Tageslicht, ho!

ROMEO. Nein, das ist nicht wahr.

MERCUTIO. Ich meine, Sir, durch Aufschub vergeuden wir unser Licht vergebens, wie Leuchten bei Tag. [45] Nehmt unsere gute Absicht, denn unser Urteil sitzt eher darin fünfmal als einmal in unseren fünf Sinnen.

ROMEO. Und wir haben Gutes im Sinn, wenn wir zu diesem Maskenball gehen, aber es ist nicht klug zu gehen.

MERCUTIO. Warum, darf man fragen?

ROMEO. Ich habe heute nacht einen Traum geträumt.

MERCUTIO. Und ich auch. [50]

ROMEO. Gut, welches war Eurer?

MERCUTIO. Dass Träumer oft lügen.

ROMEO. Schlafend im Bett liegen,[11] während sie Wahres träumen.

MERCUTIO. Oh, dann, sehe ich, war Königin Mab[12] bei Euch. Sie ist die Feenhebamme, und sie kommt, von Gestalt nicht größer als ein Achatstein [55] am Zeigefinger eines Ratsherren, gezogen von einem Gespann kleiner Atome über die Nasen der Menschen, wenn sie im Schlaf

Over men's noses as they lie asleep.
Her chariot is an empty hazelnut,
Made by the joiner squirrel or old grub,   60
Time out o'mind the fairies' coachmakers.
Her waggon-spokes made of long spinners' legs;
The cover, of the wings of grasshoppers;
Her traces, of the smallest spider web;
Her collars, of the moonshine's watery beams;   65
Her whip, of cricket's bone; the lash, of film;
Her waggoner, a small grey-coated gnat,
Not half so big as a round little worm
Pricked from the lazy finger of a maid.
And in this state she gallops night by night   70
Through lovers' brains, and then they dream of love;
O'er courtiers' knees, that dream on curtsies straight;
O'er lawyers' fingers, who straight dream on fees;
O'er ladies' lips, who straight on kisses dream,
Which oft the angry Mab with blisters plagues,   75
Because their breaths with sweetmeats tainted are.
Sometime she gallops o'er a courtier's nose,
And then dreams he of smelling out a suit.
And sometime comes she with a tithe-pig's tail
Tickling a parson's nose as 'a lies asleep;   80
Then dreams he of another benefice.
Sometime she driveth o'er a soldier's neck;
And then dreams he of cutting foreign throats,
Of breaches, ambuscados, Spanish blades,
Of healths five fathom deep; and then anon   85
Drums in his ear, at which he starts and wakes,
And being thus frighted, swears a prayer or two
And sleeps again. This is that very Mab

liegen. Ihr Streitwagen ist eine leere Haselnuss, von dem Schreiner Eichhörnchen oder der alten Made gemacht, [60] seit undenklichen Zeiten die Kutschenbauer der Feen. Ihre Karrenspeichen aus langen Spinnenbeinen gemacht; die Decke aus Heuschreckenflügeln; ihre Zugriemen aus dem kleinsten Spinnenweb; ihr Kummet aus des Mondscheins wässrigen Strahlen; [65] ihre Peitsche aus Heimchenknochen; die Peitschenschnur aus Sommerfäden; ihr Fuhrmann eine kleine graumäntelige Mücke, nicht halb so groß wie ein runder kleiner Wurm, vom faulen Finger einer Magd gepickt. Und in diesem Staat galoppiert sie Nacht für Nacht [70] durch die Köpfe von Liebenden, und dann träumen sie von Liebe; über die Knie von Höflingen, die von Bücklingen gleich träumen; über die Finger von Rechtsanwälten, die gleich von Gebühren träumen; über die Lippen von Damen, die gleich von Küssen träumen, und welche die wütende Mab oft mit Blasen plagt, [75] weil ihr Atem von Zuckerwerk schlecht wird. Manchmal galoppiert sie über eines Höflings Nase, und dann träumt er davon, eine Bittschrift auszuschnüffeln.[13] Und manchmal kommt sie mit dem Schwanz eines Zehntschweins und kitzelt damit eines Pfarrers Nase, während er im Schlaf liegt; [80] dann träumt er von noch einer weiteren Pfründe[14]. Manchmal fährt sie über einen Soldatenhals; und dann träumt er davon, ausländische Kehlen durchzuschneiden, von Breschen, Hinterhalten, spanischen Klingen, Trinksprüchen fünf Faden tief;[15] und dann wieder [85] trommelt sie ihm ins Ohr, worauf er auffährt und erwacht und, so erschreckt, ein Gebet flucht oder zwei und wieder einschläft. Dies ist eben die Mab, die die Mähnen der Pferde

That plaits the manes of horses in the night
And bakes the elf-locks in foul sluttish hairs, 90
Which once untangled much misfortune bodes.
This is the hag, when maids lie on their backs,
That presses them and learns them first to bear,
Making them women of good carriage.
This is she –

ROMEO.   Peace, peace, Mercutio, peace! 95
Thou talkest of nothing.

MERCUTIO.   True. I talk of dreams;
Which are the children of an idle brain,
Begot of nothing but vain fantasy;
Which is as thin of substance as the air,
And more inconstant than the wind, who woos 100
Even now the frozen bosom of the North
And, being angered, puffs away from thence,
Turning his side to the dew-dropping South.

BENVOLIO. This wind you talk of blows us from ourselves.
Supper is done, and we shall come too late. 105

ROMEO. I fear, too early. For my mind misgives
Some consequence, yet hanging in the stars,
Shall bitterly begin his fearful date
With this night's revels and expire the term
Of a despisèd life, closed in my breast, 110
By some vile forfeit of untimely death.
But He that hath the steerage of my course
Direct my sail! On, lusty gentlemen!

BENVOLIO. Strike, drum.
They march into the house.

nachts verflicht und die Elfenlocken in hässliches schlampiges Haar zusammenbackt, [90] was, einmal wirr, viel Unheil bedeutet.[16] Dies ist die Hexe, die, wenn Mädchen auf dem Rücken liegen, sie drückt und sie zuerst zu tragen lehrt und sie so zu Frauen von guter Haltung macht.[17] Dies ist sie –

ROMEO. Frieden, Frieden, Mercutio, Frieden! [95] Du redest von nichts.

MERCUTIO. Richtig; ich rede von Träumen; welche die Kinder eines untätigen Gehirns sind, gezeugt von nichts als eitler Phantasie; die von ebenso dünnem Wesen ist wie die Luft und unbeständiger als der Wind, der [100] im einen Augenblick den gefrorenen Busen des Nordens umwirbt und, einmal geärgert, von dort weg pustet und sich dem Tau tropfenden Süden zuwendet.

BENVOLIO. Dieser Wind, von dem Ihr sprecht, bläst uns von uns selbst. Das Abendessen ist vorbei, und wir werden zu spät kommen. [105]

ROMEO. Ich fürchte, zu früh. Denn meinem Geist schwant, dass ein Ergebnis, das noch in den Sternen hängt, seinen fürchterlichen Lauf mit den Gelagen des heutigen Abends bitter beginnt und die Frist eines verachteten Lebens, in meiner Brust verschlossen, [110] durch eine gemeine Vertragsstrafe unzeitigen Todes beendet. Aber Er, der die Steuerung meines Kurses hat, leite mein Segel! Auf, ihr fröhlichen Herren![18]

BENVOLIO. Schlag, Trommel.

Sie marschieren ins Haus.

Scene 5

The hall in Capulet's house.
Musicians waiting. Enter the maskers, march round the hall,
and stand aside. SERVINGMAN *come forth with napkins.*

1 SERVINGMAN. Where's Potpan, that he helps not to take
    away? He shift a trencher! He scrape a trencher!
2 SERVINGMAN. When good manners shall lie all in one or
    two men's hands, and they unwashed too, 'tis a foul
    thing. [5]
1 SERVINGMAN. Away with the joint-stools; remove the
    court-cup-board; look to the plate. Good thou, save me a
    piece of marchpane; and, as thou loves me, let the porter
    let in Susan Grindstone and Nell.
    Exit SECOND SERVINGMAN.
    Anthony, and Potpan! [10]
    Enter two more Servingmen.
3 SERVINGMAN. Ay, boy, ready.
1 SERVINGMAN. You are looked for and called for, asked for
    and sought for, in the great chamber.
4 SERVINGMAN. We cannot be here and there too. Cheer-
    ly, boys! Be brisk a while, and the longer liver [15]
    take all.
    Exeunt THIRD *and* FOURTH SERVINGMEN.
    Enter CAPULET, *his wife,* JULIET, TYBALT, NURSE, *and*
    all the guests and gentlewomen to the maskers.

Fünfte Szene

Der Festsaal in Capulets Haus.
Musikanten warten. Die Maskierten treten auf, marschieren
um den Festsaal und stellen sich beiseite. HAUSDIENER
treten mit Wischtüchern auf.

1. HAUSDIENER. Wo ist Potpan, dass er nicht abtragen
   hilft? Er einen Holzteller¹ wechseln! Er einen Holzteller
   abkratzen!
2. HAUSDIENER. Wenn gute Manieren allein in den Händen von ein oder zwei Männern liegen sollen, und die
   noch dazu ungewaschen, ist's was Schmutziges. [5]
1. HAUSDIENER. Weg mit den Klapphockern; entfernt die
   Anrichte; sieh nach dem Geschirr; du Guter, heb mir ein
   Stück Marzipan auf; und, so du mich liebst, sorg dafür,
   dass der Türhüter Susan Grindstone und Nell herein-
   lässt.
   Der ZWEITE HAUSDIENER *geht ab.*
   Anthony und Potpan! [10]
   Zwei weitere HAUSDIENER *treten auf.*
3. HAUSDIENER. Ja, Junge, fertig.
1. HAUSDIENER. Man sieht nach euch und ruft nach euch
   und fragt nach euch und sucht nach euch im Festsaal.
4. HAUSDIENER. Wir können nicht hier und auch dort
   sein. Munter, Jungen! Seid eine Weile flott, und wer am
   längsten lebt, [15] nehme alles.²
   DRITTER *und* VIERTER HAUSDIENER *gehen ab.*
   CAPULET, *seine Frau,* JULIA, TYBALT, AMME
   und alle Gäste und Damen von Stand treten zu den
   Maskierten.

CAPULET. Welcome, gentlemen! Ladies that have their toes
    Unplagued with corns will walk a bout with you.
    Ah, my mistresses, which of you all
    Will now deny to dance? She that makes dainty,   20
    She, I'll swear, hath corns. Am I come near ye now?
    Welcome, gentlemen! I have seen the day
    That I have worn a visor and could tell
    A whispering tale in a fair lady's ear,
    Such as would please. 'Tis gone, 'tis gone, 'tis gone!   25
    You are welcome, gentlemen! Come, musicians, play.
    Music plays, and they dance.
    A hall, a hall! Give room! and foot it, girls.
    More light, you knaves! and turn the tables up;
    And quench the fire, the room is grown too hot.
    Ah, sirrah, this unlooked-for sport comes well.   30
    Nay, sit, nay, sit, good cousin Capulet,
    For you and I are past our dancing days.
    How long is't now since last yourself and I
    Were in a mask?
COUSIN CAPULET.   By'r Lady, thirty years.   34
CAPULET. What, man? 'Tis not so much, 'tis not so much.
    'Tis since the nuptial of Lucentio,
    Come Pentecost as quickly as it will,
    Some five-and-twenty years; and then we masked.
COUSIN CAPULET. 'Tis more, 'tis more. His son is elder, sir.
    His son is thirty.
CAPULET.   Will you tell me that?   40
    His son was but a ward two years ago.
ROMEO. [*To* SERVINGMAN.]
    What lady's that, which doth enrich the hand
    Of yonder knight?

CAPULET. Willkommen, ihr Herren! Damen, deren Zehen nicht von Hühneraugen geplagt sind, werden mit Euch eine Runde drehen.[3] Ah, meine Damen[4], wer von Euch allen wird sich jetzt weigern zu tanzen? Die, die sich ziert, [20] die hat, schwöre ich, Hühneraugen. Bin ich Euch jetzt nahegekommen? Willkommen, ihr Herren! Ich habe den Tag erlebt, an dem ich eine Maske trug und einer schönen Dame eine geflüsterte Geschichte ins Ohr sagen konnte, eine, die immer gefiel. Vorbei! Vorbei! Vorbei! [25] Ihr seid willkommen, ihr Herren! Kommt, Musikanten, spielt.
Musik spielt und sie tanzen.
Platz, Platz[5]! Schafft Raum! Und tanzt dort, Mädchen. Mehr Licht, ihr Schufte, und schlagt die Tische hoch; und löscht das Feuer, der Raum ist zu heiß geworden. Ah, du da, diese unerwartete Belustigung kommt recht. [30] Nein, setzt Euch, nein, setzt Euch, guter Vetter[6] Capulet, denn Ihr und ich, wir haben unsere Tanztage hinter uns. Wie lange ist es her, dass Ihr und ich zuletzt eine Maske trugen?

VETTER CAPULET. Bei unserer lieben Frau,[7] dreißig Jahre.

CAPULET. Was, Mann? 's ist nicht so lange, 's ist nicht so lange. [35] 's ist seit der Hochzeit des Lucentio, komme Pfingsten so schnell es will, ungefähr fünfundzwanzig Jahre; und da waren wir maskiert.

VETTER CAPULET. 's ist mehr, 's ist mehr. Sein Sohn ist älter, Sir. Sein Sohn ist dreißig.

CAPULET. Wollt Ihr mir das erzählen? [40] Sein Sohn war vor zwei Jahren noch nicht mündig.[8]

ROMEO *(zum HAUSDIENER)*. Was für eine Dame ist das, die die Hand des Ritters dort drüben reich macht?

SERVINGMAN. I know not, sir.

ROMEO. O, she doth teach the torches to burn bright!
　　It seems she hangs upon the cheek of night　　45
　　As a rich jewel in an Ethiop's ear –
　　Beauty too rich for use, for earth too dear!
　　So shows a snowy dove trooping with crows
　　As yonder lady o'er her fellows shows.
　　The measure done, I'll watch her place of stand　　50
　　And, touching hers, make blessèd my rude hand.
　　Did my heart love till now? Forswear it, sight!
　　For I ne'er saw true beauty till this night.

TYBALT. This, by his voice, should be a Montague.
　　Fetch me my rapier, boy. What, dares the slave　　55
　　Come hither, covered with an antic face,
　　To fleer and scorn at our solemnity?
　　Now, by the stock and honour of my kin,
　　To strike him dead I hold it not a sin.　　59

CAPULET.
　　Why, how now, kinsman? Wherefore storm you so?

TYBALT. Uncle, this is a Montague, our foe.
　　A villain that is hither come in spite
　　To scorn at our solemnity this night.

CAPULET. Young Romeo is it?

TYBALT. 'Tis he, that villain Romeo.

CAPULET. Content thee, gentle coz, let him alone.　　65
　　'A bears him like a portly gentleman.
　　And, to say truth, Verona brags of him
　　To be a virtuous and well-governed youth.
　　I would not for the wealth of all this town

HAUSDIENER. Ich weiß nicht, Sir.

ROMEO. Oh, sie lehrt die Fackeln hell brennen! Es scheint, als hinge sie an der Wange der Nacht [45] wie ein reiches Juwel im Ohr einer Äthioperin. Schönheit zu kostbar für die Benutzung, für die Erde zu teuer! So zeigt sich eine schneeige Taube, die mit Krähen zieht, wie sich die Dame dort drüben über ihren Begleiterinnen zeigt. Nach dem Schreittanz will ich auf ihren Standort [50] achten und, durch das Berühren ihrer, meine plumpe Hand gesegnet machen. Hat mein Herz je geliebt bis jetzt? Schwöre es ab, Blick! Denn nie sah ich wahre Schönheit bis heute abend.[9]

TYBALT. Der ist wohl, nach seiner Stimme, ein Montague. Hol mir mein Rapier, Junge. Was, wagt der Lump, [55] hierher zu kommen, um, gedeckt von einem Possengesicht, unsere Feierlichkeit hämisch zu verlachen und zu verhöhnen? Nun, bei der Rasse und Ehre meines Geschlechts, ihn totzuschlagen halte ich nicht für eine Sünde.

CAPULET. Was, wie nun, Verwandter? Warum wütet Ihr so? [60]

TYBALT. Onkel, dies ist ein Montague, unser Feind. Ein Schurke, aus Bosheit hierher gekommen, um unsere Feierlichkeit heute abend zu verhöhnen.

CAPULET. Jung Romeo ist es?

TYBALT. 's ist er, der Schurke Romeo.

CAPULET. Fasse dich, edler Vetter, lass ihn zufrieden. [65] Er beträgt sich[10] wie ein würdiger Edelmann. Und, um die Wahrheit zu sagen, Verona rühmt, dass er ein tugendhafter und wohlerzogener junger Mann ist. Ich würde ihm nicht für den Reichtum dieser ganzen Stadt

Here in my house do him disparagement.   70
Therefore be patient; take no note of him.
It is my will, the which if thou respect,
Show a fair presence and put off these frowns,
An ill-beseeming semblance for a feast.

TYBALT. It fits when such a villain is a guest.   75
I'll not endure him.

CAPULET.   He shall be endured.
What, goodman boy! I say he shall. Go to!
Am I the master here, or you? Go to!
You'll not endure him! God shall mend my soul!
You'll make a mutiny among my guests!   80
You will set cock-a-hoop! You'll be the man!

TYBALT. Why, uncle, 'tis a shame.

CAPULET.   Go to, go to!
You are a saucy boy. Is't so, indeed?
This trick may chance to scathe you. I know what.
You must contrary me! Marry, 'tis time –   85
Well said, my hearts! – You are a princox, go!
Be quiet, or – More light, more light! – For shame!
I'll make you quiet, what! – Cheerly, my hearts!

TYBALT. Patience perforce with wilful choler meeting
Makes my flesh tremble in their different greeting.   90
I will withdraw. But this intrusion shall,
Now seeming sweet, convert to bitterest gall.
Exit TYBALT.

ROMEO. If I profane with my unworthiest hand
This holy shrine, the gentle sin is this.
My lips, two blushing pilgrims, ready stand   95
To smooth that rough touch with a tender kiss.

in meinem Haus etwas Schändliches antun. [70] Darum
sei geduldig; nimm keine Notiz von ihm. Es ist mein
Wille, und wenn du ihn respektierst, mach gute Miene
und leg diese finsteren Blicke ab, – ein schlecht ziemen-
der Anblick für ein Fest.

TYBALT. Er passt, wenn solch ein Schurke Gast ist. [75] Ich
will ihn nicht dulden.

CAPULET. Er soll geduldet werden. Was, Gevatter Junge[11]!
Ich sage, er soll. Geht zu! Bin ich der Herr hier oder Ihr?
Geht zu! Ihr wollt ihn nicht dulden! Gott helfe meiner
Seele! Ihr wollt einen Aufruhr unter meinen Gästen aus-
lösen! [80] Ihr wollt einen Streit vom Zaun brechen![12] Ihr
wollt den großen Mann spielen!

TYBALT. Wie, Onkel, 's ist ein Schande.

CAPULET. Geht zu! Geht zu! Ihr seid ein unverschämter
Junge! Ist's so, wirklich? Dieser Streich kann Euch vielleicht schaden[13]. Ich weiß, was ich sage.[14] Ihr müsst mir
widersprechen! Wahrlich, 's ist Zeit – [85] wohl gesprochen, meine Herzen! – Ihr seid ein Naseweis, geht! Seid
still, oder – mehr Licht, mehr Licht! – Pfui! Ich werde
Euch still machen, was! – Fröhlich, meine Herzen!

TYBALT. Geduld, gewaltsam mit willkürlicher Wut zu-
sammenkommend, lässt mein Fleisch durch ihren ver-
schiedenartigen Gruß zittern. [90] Ich will mich zurückziehen. Aber dieses Eindringen, jetzt so süß erschei-
nend, soll sich in bitterste Galle verwandeln.

TYBALT *geht ab.*

ROMEO.[15] Wenn ich mit meiner unwürdigsten Hand diesen
heiligen Schrein entweihe, ist die sanfte Sünde dies. Meine Lippen, zwei errötende Pilger, stehen bereit, [95] um
diese rauhe Berührung mit einem zarten Kuss zu glätten.

JULIET. Good pilgrim, you do wrong your hand too much,
　　　Which mannerly devotion shows in this.
　　For saints have hands that pilgrims' hands do touch,
　　　And palm to palm is holy palmers' kiss.　　　100
ROMEO. Have not saints lips, and holy palmers too?
JULIET. Ay, pilgrim, lips that they must use in prayer.
ROMEO. O, then, dear saint, let lips do what hands do!
　　　They pray: grant thou, lest faith turn to despair.　104
JULIET. Saints do not move, though grant for prayers' sake.
ROMEO. Then move not while my prayer's effect I take.
　　　He kisses her.
　　Thus from my lips, by thine my sin is purged.
JULIET. Then have my lips the sin that they have took.
ROMEO. Sin from my lips? O trespass sweetly urged!
　　Give me my sin again.
　　　He kisses her.
JULIET.　　　　　　　　You kiss by th'book.　　　110
NURSE. Madam, your mother craves a word with you.
ROMEO. What is her mother?
NURSE.　　　　　　　　Marry, bachelor,
　　Her mother is the lady of the house,
　　And a good lady, and a wise and virtuous.
　　I nursed her daughter that you talked withal.　　115
　　I tell you, he that can lay hold of her
　　Shall have the chinks.

JULIA. Guter Pilger, Ihr tut Eurer Hand wirklich zu sehr Unrecht, die hierin gesittete Hingabe zeigt. Denn Heilige haben Hände, die Pilgerhände berühren, und Handfläche auf Handfläche ist heiliger Wallfahrer Kuss.[16] [100]

ROMEO. Haben nicht Heilige Lippen, und heilige Wallfahrer auch?

JULIA. Ja, Pilger, Lippen, die sie im Gebet benutzen müssen.

ROMEO. Oh, dann, liebe Heilige, lass Lippen tun, was Hände tun! Sie beten: gewähre du, damit Glaube sich nicht in Verzweiflung verwandelt.

JULIA. Heilige regen nicht an, wenn sie auch um der Gebete willen gewähren. [105]

ROMEO. Dann rege dich nicht, während ich das Ergebnis meines Gebets nehme.

Er küsst sie.

So ist von meinen Lippen durch deine meine Sünde getilgt.

JULIA. Dann haben meine Lippen die Sünde, die sie genommen haben.

ROMEO. Sünde von meinen Lippen? Oh, süß vorgebrachtes Vergehen! Gib mir meine Sünde wieder.

Er küsst sie.

JULIA. Ihr küsst nach dem Buch.[17] [110]

AMME. Madame, Eure Mutter begehrt ein Wort mit Euch.

ROMEO. Wer ist ihre Mutter?

AMME. Wahrlich, junger Mann,[18] ihre Mutter ist die Herrin des Hauses, und eine gute Dame, und eine kluge und tugendhafte. Ich habe ihre Tochter aufgezogen, mit der Ihr gesprochen habt. [115] Ich sage Euch, er, der sie sich sichern kann, soll das Klimpern haben.

ROMEO.   Is she a Capulet?
   O dear account! My life is my foe's debt.
BENVOLIO. Away, be gone. The sport is at the best.
ROMEO. Ay, so I fear. The more is my unrest.   120
CAPULET. Nay, gentlemen, prepare not to be gone.
   We have a trifling foolish banquet towards.
   They whisper in his ear.
   Is it e'en so? Why then, I thank you all.
   I thank you, honest gentlemen. Good night.
   More torches here! Come on then, let's to bed.   125
   Ah, sirrah, by my fay, it waxes late.
   I'll to my rest.
   Exeunt all but JULIET *and* NURSE.
JULIET. Come hither, Nurse. What is yond gentleman?
NURSE. The son and heir of old Tiberio.
JULIET. What's he that now is going out of door?   130
NURSE. Marry, that, I think, be young Petruchio.
JULIET.
   What's he that follows here, that would not dance?
NURSE. I know not.
JULIET. Go ask his name. – If he be marrièd,
   My grave is like to be my wedding bed.   135
NURSE. His name is Romeo, and a Montague,
   The only son of your great enemy.
JULIET. My only love, sprung from my only hate!
   Too early seen unknown, and known too late!
   Prodigious birth of love it is to me   140
   That I must love a loathèd enemy.
NURSE. What's this, what's this?

ROMEO. Ist sie eine Capulet? O hohe Rechnung! Mein Leben ist die Schuld meines Feindes.

BENVOLIO. Weg, fort von hier. Der Spaß ist auf dem Höhepunkt.

ROMEO. Ja, das fürchte ich auch. Umso größer ist meine
Unruhe.[19] [120]

CAPULET. Nein, ihr Herren, macht Euch nicht auf zu gehen. Wir haben ein winziges, läppisches Dessert vorbereitet.

Sie flüstern ihm ins Ohr.

Ist es eben so? Nun dann, ich danke Euch allen. Ich danke Euch, ehrliche Herren. Gute Nacht. Mehr Fackeln
hier! Kommt denn, lasst uns zu Bett. [125] Ah, du da,
meiner Treu, es wird spät. Ich will zur Ruhe.

Alle außer JULIA *und der* AMME *gehen ab.*

JULIA. Komm her, Amme. Wer ist der Edelmann da drüben?

AMME. Der Sohn und Erbe des alten Tiberio.

JULIA. Wer ist das, der jetzt zur Tür hinausgeht? [130]

AMME. Wahrlich, das ist, glaube ich, der junge Petruchio.

JULIA. Wer ist das, der hier folgt, der nicht tanzen wollte?

AMME. Ich weiß nicht.

JULIA. Geh, frag nach seinem Namen. – Wenn er verheiratet ist, wird mein Grab wohl mein Ehebett sein. [135]

AMME. Sein Name ist Romeo, und ein Montague, der einzige Sohn Eures großen Feindes.

JULIA. Meine einzige Liebe, entsprungen meinem einzigen Hass! Zu früh unbekannt gesehen und zu spät bekannt! Unheilverkündende Geburt der Liebe ist es für
mich, [140] dass ich einen verhassten Feind lieben muss.[20]

AMME. Was ist das? Was ist das?

JULIET.   A rhyme I learnt even now
    Of one I danced withal.
    One calls within: 'Juliet'.
NURSE.   Anon, anon!
    Come, let's away. The strangers all are gone.   145
    Exeunt.

JULIA. Ein Reim, den ich gerade eben von einem lernte,
mit dem ich tanzte.

Jemand ruft von drinnen: »Julia«.

AMME. Gleich, gleich. Kommt, lass uns weg. Die Fremden
sind alle gegangen. [145]

Sie gehen ab.

Act II

Enter CHORUS.

CHORUS. Now old desire doth in his deathbed lie,
    And young affection gapes to be his heir.
  That fair for which love groaned for and would die,
    With tender Juliet matched, is now not fair.
  Now Romeo is beloved and loves again,   5
    Alike bewitchèd by the charm of looks.
  But to his foe supposed he must complain,
    And she steal love's sweet bait from fearful hooks.
  Being held a foe, he may not have access
    To breathe such vows as lovers use to swear,   10
  And she as much in love, her means much less
    To meet her new belovèd anywhere.
  But passion lends them power, time means, to meet,
  Tempering extremities with extreme sweet.
  Exit.

Zweiter Akt

Der CHOR *tritt auf.*

CHOR. Nun liegt alte Begierde im Grab, und junge Zuneigung[1] verlangt heftig danach, ihr Erbe zu werden. Die
Schöne, um derentwillen die Liebe stöhnte und sterben
wollte,[2] ist jetzt, mit der zarten Julia verglichen, nicht
schön. Jetzt wird Romeo geliebt und liebt wieder, [5] beide gleich verhext vom Zauber von Blicken. Aber seinem
vermeintlichen Feind muss er klagen und sie der Liebe
süßen Köder von fürchterlichen Haken stehlen. Für einen Feind gehalten, darf er keinen Zugang haben, um
solche Gelübde zu hauchen, wie sie Liebhaber immer
schwören, [10] und sie, ebenso verliebt, mit viel geringe-
ren Möglichkeiten, ihren neuen Geliebten irgendwo zu
treffen. Aber Leidenschaft verleiht ihnen Macht, Zeit,
Mittel sich zu treffen, mit äußerster Süße äußerste Not-
lagen mildernd.[3]
Er geht ab.

Scene 1

*Capulet's orchard; to the one side the outer wall with a lane
beyond, to the other Capulet's house showing an upper
window.*
Enter ROMEO *alone in the lane.*

ROMEO. Can I go forward when my heart is here?
    Turn back, dull earth, and find thy centre out.
    Enter BENVOLIO *with* MERCUTIO. ROMEO
    withdraws.
BENVOLIO. Romeo! My cousin Romeo! Romeo!
MERCUTIO.   He is wise,
    And, on my life, hath stolen him home to bed.
BENVOLIO. He ran this way and leapt this orchard wall.   5
    Call, good Mercutio.
MERCUTIO.   Nay, I'll conjure too.
    Romeo! Humours! Madman! Passion! Lover!
    Appear thou in the likeness of a sigh.
    Speak but one rhyme, and I am satisfied.
    Cry but 'Ay me!' Pronounce but 'love' and 'dove'.   10
    Speak to my gossip Venus one fair word,
    One nickname for her purblind son and heir,
    Young Abraham Cupid, he that shot so trim
    When King Cophetua loved the beggar maid.
    He heareth not, he stirreth not, he moveth not.   15
    The ape is dead, and I must conjure him.
    I conjure thee by Rosaline's bright eyes,
    By her high forehead and her scarlet lip,
    By her fine foot, straight leg, and quivering thigh,

Erste Szene

Capulets Garten; auf der einen Seite die Umgrenzungsmauer mit einer Straße dahinter, auf der anderen Capulets Haus, das ein hochgelegenes Fenster zeigt.
ROMEO *tritt allein auf der Straße auf.*

ROMEO. Kann ich weiter gehen, wenn mein Herz hier ist? Wende dich um, trübe Erde, und mach dein Zentrum ausfindig.[1]
   BENVOLIO *tritt mit* MERCUTIO *auf,* ROMEO *zieht sich zurück.*
BENVOLIO. Romeo! Mein Vetter Romeo! Romeo!
MERCUTIO. Er ist klug und hat sich, bei meinem Leben, nach Hause ins Bett gestohlen.
BENVOLIO. Er ist hierher gelaufen und über diese Gartenmauer gesprungen. [5] Ruf, guter Mercutio.
MERCUTIO. Nein, ich will auch beschwören. Romeo! Launen! Verrückter! Leidenschaft! Liebhaber! Erscheine du in der Gestalt eines Seufzers. Sprich nur einen Reim, und ich bin zufrieden. Ruf nur »Ah über mich!« Sag nur »Liebe« und »Taube«. [10] Sprich zu meiner Klatschtante Venus ein schönes Wort, einen Spitznamen für ihren halbblinden Sohn und Erben, den jungen Abraham Cupido[2], er, der so sauber schoss, als König Cophetua das Bettelmädchen liebte.[3] Er höret nicht, er rühret sich nicht, er beweget sich nicht. [15] Der Affe ist tot,[4] und ich muss ihn beschwören. Ich beschwöre dich bei Rosalines strahlenden Augen, bei ihrer hohen Stirn und ihrer Scharlachlippe, bei ihrem schönen Fuß, geraden Bein und zitternden Schenkel und den Domänen, die dort an-

And the demesnes that there adjacent lie,   20
    That in thy likeness thou appear to us!
BENVOLIO. An if he hear thee, thou wilt anger him.
MERCUTIO. This cannot anger him. 'Twould anger him
    To raise a spirit in his mistress' circle
    Of some strange nature, letting it there stand   25
    Till she had laid it and conjured it down.
    That were some spite. My invocation
    Is fair and honest. In his mistress' name,
    I conjure only but to raise up him.   29
BENVOLIO. Come, he hath hid himself among these trees
    To be consorted with the humorous night.
    Blind is his love and best befits the dark.
MERCUTIO. If love be blind, love cannot hit the mark.
    Now will he sit under a medlar tree
    And wish his mistress were that kind of fruit   35
    As maids call medlars when they laugh alone.
    O, Romeo, that she were, O that she were
    An open-arse and thou a poppering pear!
    Romeo, good night. I'll to my truckle-bed.
    This field-bed is too cold for me to sleep.   40
    Come, shall we go?
BENVOLIO.   Go then, for 'tis in vain
    To seek him here that means not to be found.
    Exeunt BENVOLIO *and* MERCUTIO.

grenzend liegen, [20] dass du uns in deiner Gestalt erscheinst!

BENVOLIO. Wenn er dich hört, wirst du ihn verärgern.

MERCUTIO. Dies kann ihn nicht verärgern. Es würde ihn verärgern, wenn ich einen Geist von irgendeiner fremden Art in den Kreis seiner Geliebten bannte und ihn dort stehen ließe, [25] bis sie ihn gelegt und nach unten beschworen hätte. Das wäre gehässig. Meine Anrufung ist offen und ehrlich. Im Namen seiner Geliebten, ich beschwöre nur, um ihn hochzubringen.[5]

BENVOLIO. Komm, er hat sich zwischen diesen Bäumen versteckt, [30] um mit der launischen Nacht zu verkehren. Blind ist seine Liebe und passt am besten zur Dunkelheit.

MERCUTIO. Wenn Liebe blind ist, kann Liebe das Ziel nicht treffen. Nun wird er wohl unter einem Mispelbaum sitzen und wünschen, seine Geliebte wäre die Art von Frucht, [35] die Mädchen Mispeln nennen, wenn sie allein lachen. O Romeo, dass sie wäre, oh, dass sie ein Offen-Arsch wäre und du eine Poperinghe Birne![6] Romeo, gute Nacht. Ich will zu meinem Rollbett. Dies Feldbett ist zum Schlafen für mich zu kalt. [40] Komm, sollen wir gehen?

BENVOLIO. Geh nur, denn es ist vergeblich, den zu suchen, der nicht gefunden werden will.

BENVOLIO *und* MERCUTIO *gehen ab.*

Scene 2

ROMEO. [*Coming forward.*]
    He jests at scars that never felt a wound.
    Enter JULIET *above.*
    But soft! What light through yonder window
                                    breaks?
    It is the East, and Juliet is the sun!
    Arise, fair sun, and kill the envious moon,
    Who is already sick and pale with grief   5
    That thou her maid art far more fair than she.
    Be not her maid, since she is envious.
    Her vestal livery is but sick and green,
    And none but fools do wear it. Cast it off.
    It is my lady. O, it is my love!   10
    O that she knew she were!
    She speaks. Yet she says nothing. What of that?
    Her eye discourses. I will answer it.
    I am too bold. 'Tis not to me she speaks.
    Two of the fairest stars in all the heaven,   15
    Having some business, do entreat her eyes
    To twinkle in their spheres till they return.
    What if her eyes were there, they in her head?
    The brightness of her cheek would shame those stars
    As daylight doth a lamp. Her eyes in heaven   20
    Would through the airy region stream so bright
    That birds would sing and think it were not night.
    See how she leans her cheek upon her hand!
    O that I were a glove upon that hand,
    That I might touch that cheek!
JULIET.   Ay me!

Zweite Szene

ROMEO *(nach vorne tretend)*. Der macht sich über Narben
lustig, der nie eine Wunde fühlte.

JULIA *tritt oben auf.*

Aber still! Was für ein Licht bricht durch das Fenster
dort? Es ist der Osten, und Julia ist die Sonne![1] Steh auf,
schöne Sonne, und töte den neidischen Mond, der schon
fahl und blass vor Schmerz ist, [5] dass du, seine Magd,
viel schöner bist als er[2]. Sei nicht ihre Magd, da sie nei-
disch ist. Ihre jungfräuliche Tracht ist nur bleichsüchtig[3],
und nur Narren tragen sie. Leg sie ab. Es ist meine Dame.
Oh, es ist meine Liebe! [10] Oh, wüsste sie nur, dass sie es
ist! Sie spricht. Doch sie sagt nichts. Ja und? Ihr Auge
unterhält sich. Ich will ihm antworten. Ich bin zu kühn.
Sie spricht ja nicht zu mir. Zwei der schönsten Sterne am
ganzen Himmel, [15] die etwas zu erledigen haben, bitten
ihre Augen, in ihren Sphären[4] für sie zu zwinkern, bis sie
zurückkehren. Was, wenn ihre Augen dort wären, diese
in ihrem Kopf? Der Glanz ihrer Wange würde diese
Sterne beschämen wie Tageslicht eine Lampe. Ihre Augen am Himmel [20] würden so strahlend durch die luftige Region strömen, dass Vögel sängen und dächten, es
wäre nicht Nacht. Sieh, wie sie ihre Wange auf die Hand
lehnt! Oh, dass ich ein Handschuh auf dieser Hand wäre,
dass ich diese Wange berühren könnte!

JULIA. Ah über mich!

ROMEO.   She speaks. 25
    O, speak again, bright angel! – for thou art
    As glorious to this night, being o'er my head,
    As is a wingèd messenger of heaven
    Unto the white-upturnèd wondering eyes
    Of mortals that fall back to gaze on him 30
    When he bestrides the lazy, puffing clouds
    And sails upon the bosom of the air.

JULIET. O Romeo, Romeo! – wherefore art thou Romeo?
    Deny thy father and refuse thy name.
    Or, if thou wilt not, be but sworn my love, 35
    And I'll no longer be a Capulet.

ROMEO. [*Aside.*] Shall I hear more, or shall I speak at this?

JULIET. 'Tis but thy name that is my enemy.
    Thou art thyself, though not a Montague.
    What's Montague? It is nor hand nor foot 40
    Nor arm nor face nor any other part
    Belonging to a man. O, be some other name!
    What's in a name? That which we call a rose
    By any other word would smell as sweet.
    So Romeo would, were he not Romeo called, 45
    Retain that dear perfection which he owes
    Without that title. Romeo, doff thy name;
    And for thy name, which is no part of thee,
    Take all myself.

ROMEO.   I take thee at thy word.
    Call me but love, and I'll be new baptized. 50
    Henceforth I never will be Romeo.

JULIET.
    What man art thou that, thus bescreened in night,
    So stumblest on my counsel?

ROMEO. Sie spricht. [25] Oh, sprich wieder, strahlender Engel! – denn du bist so prächtig für diese Nacht, die über meinem Kopf ist, wie ein geflügelter Bote des Himmels für die das Weiße nach oben kehrenden, fragenden Augen Sterblicher, die sich nach hinten beugen, um ihn anzusehen, [30] wenn er die trägen, bauschigen Wolken besteigt und auf dem Busen der Luft segelt.[5]

JULIA. O Romeo, Romeo! – warum bist du Romeo? Verleugne deinen Vater und lehne deinen Namen ab. Oder, wenn du es nicht willst, schwöre nur, mein Geliebter zu sein, [35] und ich will keine Capulet mehr sein.

ROMEO *(beiseite)*. Soll ich mehr hören, oder soll ich hierzu sprechen?

JULIA. Es ist nur dein Name, der mein Feind ist. Du bist du selbst, auch wenn kein Montague.[6] Was ist Montague? Es ist weder Hand noch Fuß, [40] weder Arm noch Gesicht noch irgendein anderer Teil, der zu einem Mann gehört. Oh, sei ein anderer Name! Was ist in einem Namen? Das, was wir Rose nennen, würde mit jedem anderen Namen ebenso süß duften. Auch Romeo würde, hieße er nicht Romeo, [45] seine teure Vollkommenheit behalten, die er ohne diesen Titel besitzt[7]. Romeo, leg deinen Namen ab, und statt deines Namens, der kein Teil von dir ist, nimm ganz mich selbst.

ROMEO. Ich nehme dich beim Wort. Nenn mich nur Geliebter, und ich bin neu getauft. [50] Von nun an will ich nie mehr Romeo sein.

JULIA. Was für ein Mann bist du, dass du, so getarnt in Nacht, in meine Überlegung hineinstolperst?

ROMEO.   By a name
     I know not how to tell thee who I am.
     My name, dear saint, is hateful to myself,   55
     Because it is an enemy to thee.
     Had I it written, I would tear the word.
JULIET. My ears have yet not drunk a hundred words
     Of thy tongue's uttering, yet I know the sound.
     Art thou not Romeo, and a Montague?   60
ROMEO. Neither, fair maid, if either thee dislike.
JULIET. How camest thou hither, tell me, and wherefore?
     The orchard walls are high and hard to climb,
     And the place death, considering who thou art,
     If any of my kinsmen find thee here.   65
ROMEO.
     With love's light wings did I o'erperch these walls.
     For stony limits cannot hold love out,
     And what love can do, that dares love attempt.
     Therefore thy kinsmen are no stop to me.
JULIET. If they do see thee, they will murder thee.   70
ROMEO. Alack, there lies more peril in thine eye
     Than twenty of their swords! Look thou but sweet,
     And I am proof against their enmity.
JULIET. I would not for the world they saw thee here.
ROMEO. I have night's cloak to hide me from their eyes.   75
     And but thou love me, let them find me here.
     My life were better ended by their hate
     Than death proroguèd, wanting of thy love.
JULIET. By whose direction foundest thou out this place?

ROMEO. Mit einem Namen weiß ich nicht, wie ich dir sagen soll, wer ich bin. Mein Name, liebe Heilige, ist mir verhasst, [55] weil er dir ein Feind ist. Hätte ich ihn geschrieben vor mir, würde ich das Wort zerreißen.

JULIA. Meine Ohren haben noch nicht hundert Worte von deiner Zunge Äußerung getrunken, doch kenne ich den Klang. Bist du nicht Romeo und ein Montague? [60]

ROMEO. Beides nicht, schönes Mädchen, wenn eines dir missfällt.

JULIA. Wie kamst du hierher, sag mir, und wozu? Die Gartenmauern sind hoch und schwer zu erklettern, und der Ort Tod, bedenkt man, wer du bist, wenn irgendwelche von meinen Verwandten dich hier finden.[8] [65]

ROMEO. Mit der Liebe leichten Flügeln bin ich über diese Mauern geflogen[9]. Denn steinerne Grenzen können Liebe nicht fern halten, und was Liebe kann, das wagt Liebe zu versuchen. Darum sind deine Verwandten kein Hemmnis für mich.

JULIA. Wenn sie dich sehen, werden sie dich ermorden. [70]

ROMEO. O weh, mehr Gefahr liegt in deinem Auge als in zwanzig ihrer Schwerter! Schau du nur hold, und ich bin gewappnet gegen ihre Feindschaft.

JULIA. Ich wollte nicht um die Welt, sie sähen dich hier.

ROMEO. Ich habe den Umhang der Nacht, der mich vor ihren Augen verbirgt. [75] Und wenn du mich nicht[10] liebst, lass sie mich hier finden. Mein Leben würde besser durch ihren Hass beendet als der Tod aufgeschoben, wenn mir deine Liebe fehlt.

JULIA. Durch wessen Führung machtest du diesen Ort ausfindig?

ROMEO. By love, that first did prompt me to inquire.   80
        He lent me counsel, and I lent him eyes.
        I am no pilot; yet, wert thou as far
        As that vast shore washed with the farthest sea,
        I should adventure for such merchandise.
JULIET. Thou knowest the mask of night is on my face,   85
        Else would a maiden blush bepaint my cheek
        For that which thou hast heard me speak tonight.
        Fain would I dwell on form – fain, fain deny
        What I have spoke. But farewell compliment!
        Dost thou love me? I know thou wilt say 'Ay'.   90
        And I will take thy word. Yet, if thou swearest,
        Thou mayst prove false. At lovers' perjuries,
        They say, Jove laughs. O gentle Romeo,
        If thou dost love, pronounce it faithfully.
        Or if thou thinkest I am too quickly won,   95
        I'll frown, and be perverse, and say thee nay,
        So thou wilt woo. But else, not for the world.
        In truth, fair Montague, I am too fond,
        And therefore thou mayst think my 'haviour light.
        But trust me, gentleman, I'll prove more true   100
        Than those that have more cunning to be strange.
        I should have been more strange, I must confess,
        But that thou overheardest, ere I was ware,
        My true-love passion. Therefore pardon me,
        And not impute this yielding to light love,   105
        Which the dark night hath so discoverèd.
ROMEO. Lady, by yonder blessèd moon I vow,
        That tips with silver all these fruit-tree tops –
JULIET. O, swear not by the moon, th'inconstant moon,

ROMEO. Durch Liebe, die mir zuerst eingab nachzuforschen. [80] Sie[11] lieh mir Rat, und ich lieh ihr Augen. Ich bin kein Lotse; doch wärst du so weit wie jene ungeheure Küste, die vom entlegensten Meer umspült wird, für solche Ware würde ich es wagen.[12]

JULIA. Du weißt, die Maske der Nacht ist auf meinem Gesicht, [85] sonst würde ein mädchenhaftes Erröten meine Wange färben für das, was du mich heute abend hast sprechen hören. Gern würde ich auf der Form beharren – gern, gern zurücknehmen, was ich gesprochen habe. Aber leb wohl, Kompliment[13]! Liebst du mich? Ich weiß, du wirst »Ja« sagen. [90] Und ich will dein Wort annehmen. Doch wenn du schwörst, erweist du dich vielleicht als falsch. Über die Meineide von Liebenden, sagt man, lacht Jupiter.[14] Oh, edler Romeo, wenn du wirklich liebst, sprich es getreu aus. Oder wenn du glaubst, ich sei zu schnell gewonnen, [95] will ich die Stirne runzeln und widerspenstig sein und dir »Nein« sagen, wenn du nur wirbst. Aber sonst, nicht um die Welt. In Wahrheit, schöner Montague, ich bin zu verliebt, und darum hältst du vielleicht mein Verhalten für leichtfertig. Aber vertrau mir, Edelmann, ich werde mich wahrer zeigen [100] als die, die mehr List besitzen, abweisend zu sein. Ich muss gestehen, ich wäre abweisender gewesen, wenn du nicht zufällig meine wahre Liebesleidenschaft gehört hättest, ehe ich es bemerkte. Darum verzeih mir, und deute dieses Nachgeben, [105] das die dunkle Nacht so entdeckt hat, nicht als leichtfertige Liebe.

ROMEO. Lady, bei dem gesegneten Mond dort, der mit Silber all diese Obstbaumwipfel betupft, gelobe ich –

JULIA. Oh, schwöre nicht bei dem Mond, dem unbeständi-

That monthly changes in her circled orb, 110
Lest that thy love prove likewise variable.

ROMEO. What shall I swear by?

JULIET.   Do not swear at all.
Or if thou wilt, swear by thy gracious self,
Which is the god of my idolatry,
And I'll believe thee.

ROMEO.   If my heart's dear love – 115

JULIET. Well, do not swear. Although I joy in thee,
I have no joy of this contract tonight.
It is too rash, too unadvised, too sudden;
Too like the lightning, which doth cease to be
Ere one can say 'It lightens'. Sweet, good night! 120
This bud of love, by summer's ripening breath,
May prove a beauteous flower when next we meet.
Good night, good night! As sweet repose and rest
Come to thy heart as that within my breast!

ROMEO. O, wilt thou leave me so unsatisfied? 125

JULIET. What satisfaction canst thou have tonight?

ROMEO. Th'exchange of thy love's faithful vow for mine.

JULIET. I gave thee mine before thou didst request it.
And yet I would it were to give again. 129

ROMEO.
Wouldst thou withdraw it? For what purpose, love?

JULIET. But to be frank and give it thee again.
And yet I wish but for the thing I have.
My bounty is as boundless as the sea,
My love as deep. The more I give to thee,

gen Mond, der sich monatlich in seiner runden Bahn
verändert, [110] damit sich deine Liebe nicht auch als
wandelhaft erweist.

ROMEO. Wobei soll ich schwören?

JULIA. Schwöre überhaupt nicht. Oder wenn du willst,
schwör bei deinem edlen Selbst, das der Gott meiner
Vergötterung ist, und ich glaube dir.

ROMEO. Wenn meines Herzens teure Liebe – [115]

JULIA. Gut, schwöre nicht. Obwohl ich mich an dir er-
freue, habe ich heute nacht an diesem Vertrag keine
Freude. Er ist zu übereilt, zu unbesonnen, zu plötzlich;
dem Blitz zu ähnlich, der zu sein aufhört, ehe man sagen
kann: »Es blitzt.« Süßer, gute Nacht! [120] Diese Knospe
der Liebe wird sich vielleicht durch des Sommers reifen-
den Atem als schöne Blume erweisen, wenn wir uns
beim nächsten Mal treffen. Gute Nacht! Gute Nacht! So
süße Ruhe und Rast¹⁵ komme zu deinem Herzen wie die
in meiner Brust!¹⁶

ROMEO. Oh, willst du mich so unbefriedigt entlassen? [125]

JULIA. Was für Befriedigung kannst du heute nacht erlangen?

ROMEO. Den Tausch des getreuen Schwurs deiner Liebe
für meinen.

JULIA. Ich gab dir meinen, bevor du darum batest. Doch
wollte ich, er wäre noch einmal zu geben.

ROMEO. Möchtest du ihn zurücknehmen? Zu welchem
Zweck, Liebes? [130]

JULIA. Nur um offen zu sein und ihn dir wiederzugeben.
Und doch wünsche ich nur, was ich schon habe. Meine
Freigebigkeit ist so grenzenlos wie das Meer, meine Lie-
be so tief. Je mehr ich dir gebe, desto mehr habe ich, denn

The more I have, for both are infinite.   135
I hear some noise within. Dear love, adieu!
NURSE *calls within.*
Anon, good Nurse! – Sweet Montague, be true.
Stay but a little, I will come again.
Exit JULIET.

ROMEO. O blessèd, blessèd night! I am afeard,
Being in night, all this is but a dream,   140
Too flattering-sweet to be substantial.
Enter JULIET *above.*

JULIET. Three words, dear Romeo, and good night indeed.
If that thy bent of love be honourable,
Thy purpose marriage, send me word tomorrow,
By one that I'll procure to come to thee,   145
Where and what time thou wilt perform the rite,
And all my fortunes at thy foot I'll lay
And follow thee my lord throughout the world.

NURSE. [*Within.*] Madam!

JULIET. I come, anon – But if thou meanest not well,   150
I do beseech thee –

NURSE. [*Within.*]   Madam!

JULIET.   By and by I come –
To cease thy strife and leave me to my grief.
Tomorrow will I send.

ROMEO.   So thrive my soul –

JULIET. A thousand times good night!
Exit JULIET.

ROMEO. A thousand times the worse, to want thy light!   155
Love goes toward love as schoolboys from their
                                        books;
But love from love, toward school with heavy looks.

beide sind unendlich.[17] [135] Ich höre ein Geräusch drinnen. Geliebter, adieu.

Die AMME *ruft von drinnen.*

Gleich, gute Amme! – Süßer Montague, sei treu. Bleib noch ein wenig, ich will wiederkommen.

JULIA *geht ab.*

ROMEO. O selige, selige Nacht! Ich fürchte, da es Nacht ist, all dies ist nur ein Traum, [140] zu schmeichelnd süß, um wirklich zu sein.

JULIA *tritt oben auf.*

JULIA. Drei Worte, lieber Romeo, und dann wirklich gute Nacht. Wenn deine Liebesneigung ehrenhaft ist, dein Ziel Ehe, gib mir morgen Bescheid durch einen, den ich besorgen werde, um zu dir zu kommen, [145] wo und zu welcher Zeit du den Ritus vollziehen willst; und mein ganzes Geschick will ich dir zu Füßen legen und dir, meinem Herrn, durch die ganze Welt folgen.

AMME *(von drinnen).* Madame!

JULIA. Ich komme gleich, – aber wenn du nicht wohl meinst, [150] bitte ich dich sehr –

AMME *(von drinnen).* Madame!

JULIA. Sofort[18] komme ich – deine Bemühung einzustellen und mich meinem Schmerz zu überlassen. Morgen schicke ich.

ROMEO. So gedeihe meine Seele –

JULIA. Tausend Mal gute Nacht!

JULIA *geht ab.*

ROMEO. Tausend Mal schlimmer, dein Licht zu entbehren! [155] Liebe geht zur Liebe wie Schuljungen von den Büchern; aber Liebe von Liebe zur Schule mit schwermütigen Blicken.

Enter JULIET *above again.*

JULIET. Hist! Romeo, hist! O for a falconer's voice,
        To lure this tassel-gentle back again!
        Bondage is hoarse and may not speak aloud,   160
        Else would I tear the cave where Echo lies
        And make her airy tongue more hoarse than mine
        With repetition of my Romeo's name.
ROMEO. It is my soul that calls upon my name.
        How silver-sweet sound lovers' tongues by night,   165
        Like softest music to attending ears!
JULIET. Romeo!
ROMEO.   My nyas?
JULIET.   What o'clock tomorrow
        Shall I send to thee?
ROMEO.   By the hour of nine.
JULIET. I will not fail. 'Tis twenty year till then.
        I have forgot why I did call thee back.   170
ROMEO. Let me stand here till thou remember it.
JULIET. I shall forget, to have thee still stand there,
        Remembering how I love thy company.
ROMEO. And I'll still stay, to have thee still forget,
        Forgetting any other home but this.   175
JULIET. 'Tis almost morning. I would have thee gone.
        And yet no farther than a wanton's bird,
        That lets it hop a little from his hand,
        Like a poor prisoner in his twisted gyves,
        And with a silken thread plucks it back again,   180
        So loving-jealous of his liberty.
ROMEO. I would I were thy bird.

JULIA *tritt oben wieder auf.*

JULIA. Pst! Romeo, pst! Oh, dass ich eines Falkners Stimme hätte, um diesen Terzel[19] wieder zurückzulocken! Gefangenschaft ist heiser und darf nicht laut sprechen, [160] sonst würde ich die Höhle, in der Echo liegt, zerreißen und seine luftige Zunge durch die Wiederholung des Namens meines Romeo heiserer als meine machen.

ROMEO. Es ist meine Seele, die meinen Namen ruft. Wie silbern-süß klingen die Zungen Liebender bei Nacht, [165] wie leiseste Musik für aufmerksame Ohren!

JULIA. Romeo!

ROMEO. Mein Nestling?

JULIA. Um wie viel Uhr soll ich morgen zu dir senden?

ROMEO. Um die neunte Stunde.

JULIA. Ich will es nicht versäumen. 's ist zwanzig Jahre bis dahin. Ich habe vergessen, warum ich dich zurückrief. [170]

ROMEO. Lass mich hier stehen, bis du dich daran erinnerst.

JULIA. Ich werde es vergessen, damit du immer[20] hier stehst, wenn ich daran denke, wie ich deine Gesellschaft liebe.

ROMEO. Und ich will immer bleiben, damit ich es dich immer vergessen lasse, und jedes andere Heim außer diesem vergessen. [175]

JULIA. 's ist fast Morgen. Ich wollte, du wärst fort. Und doch nicht weiter als der Vogel eines übermütigen Kindes, das ihn ein wenig von seiner Hand hüpfen lässt, wie ein armer Gefangener in seinen verdrehten Fußfesseln, und ihn mit einem Seidenfaden wieder zurückzieht, [180] so liebend eifersüchtig auf seine Freiheit.

ROMEO. Ich wollte, ich wäre dein Vogel.

JULIET.   Sweet, so would I.
  Yet I should kill thee with much cherishing.
  Good night, good night! Parting is such sweet sorrow
  That I shall say good night till it be morrow.   185
  Exit JULIET.
ROMEO. Sleep dwell upon thine eyes, peace in thy breast!
  Would I were sleep and peace, so sweet to rest!
  The grey-eyed morn smiles on the frowning night,
  Chequering the eastern clouds with streaks of light,
  And darkness fleckled like a drunkard reels   190
  From forth day's pathway made by Titan's wheels.
  Hence will I to my ghostly Friar's close cell,
  His help to crave and my dear hap to tell.
  Exit.

  Scene 3

Friar Laurence's cell.
Enter FRIAR LAURENCE *alone, with a basket.*

FRIAR. Now, ere the sun advance his burning eye
  The day to cheer and night's dank dew to dry,
  I must up-fill this osier cage of ours
  With baleful weeds and precious-juicèd flowers.
  The earth that's nature's mother is her tomb.   5
  What is her burying grave, that is her womb;
  And from her womb children of divers kind
  We sucking on her natural bosom find,
  Many for many virtues excellent,

JULIA. Süßer, ich auch. Doch würde ich dich mit lauter Umsorgen töten. Gute Nacht, gute Nacht! Trennung ist solch süßer Schmerz, dass ich gute Nacht sagen werde, bis es morgen ist.[21] [185]

JULIA *geht ab.*

ROMEO. Schlaf wohne auf deinen Augen, Frieden in deiner Brust! Ich wollte, ich wäre Schlaf und Frieden, so süß zu ruhen! Der grauäugige Morgen lächelt auf die stirnrunzelnde Nacht und sprenkelt die östlichen Wolken mit Strahlen von Licht, und Dunkelheit, fleckig wie ein Trunkenbold, taumelt [190] aus der Bahn des Tages, von Titans Rädern geschaffen.[22] Von hier will ich zur engen Zelle meines geistlichen Mönchs, um seine Hilfe zu erbitten und mein großes Glück zu erzählen.[23]

Er geht ab.

Dritte Szene

Bruder Laurences Zelle.

BRUDER LAURENCE *tritt allein auf mit einem Korb.*

MÖNCH. Nun, bevor die Sonne ihr brennendes Auge vorrückt, um den Tag zu erheitern und der Nacht nassen Tau zu trocknen, muss ich diesen unseren Weidenkorb mit giftigem Unkraut und kostbar-saftigen Blumen füllen. Die Erde, die der Natur Mutter ist, ist ihre Gruft. [5] Was ihr beerdigendes Grab ist, ist ihr Leib; und wir finden aus ihrem Leib Kinder verschiedener Art an ihrem natürlichen Busen saugen, viele durch viele Tugenden

None but for some, and yet all different.   10
O mickle is the powerful grace that lies
In plants, herbs, stones, and their true qualities.
For nought so vile that on the earth doth live
But to the earth some special good doth give;
Nor aught so good but, strained from that fair use,   15
Revolts from true birth, stumbling on abuse.
Virtue itself turns vice, being misapplied,
And vice sometime's by action dignified.
Within the infant rind of this weak flower
Poison hath residence, and medicine power.   20
For this, being smelt, with that part cheers each part;
Being tasted, stays all senses with the heart.
Two such opposèd kings encamp them still
In man as well as herbs – grace and rude will.
And where the worser is predominant,   25
Full soon the canker death eats up that plant.
Enter ROMEO.

ROMEO. Good morrow, father.

FRIAR.   Benedicite!
What early tongue so sweet saluteth me?
Young son, it argues a distempered head
So soon to bid good morrow to thy bed.   30
Care keeps his watch in every old man's eye,
And where care lodges, sleep will never lie.
But where unbruisèd youth with unstuffed brain
Doth couch his limbs, there golden sleep doth reign.
Therefore thy earliness doth me assure   35
Thou art uproused with some distemperature.
Or if not so, then here I hit it right –
Our Romeo hath not been in bed tonight.

ausgezeichnet, alle für einige, und doch alle verschieden.
[10] Oh, groß[1] ist die mächtige Gnade, die in Pflanzen,
Kräutern, Steinen und ihren wahren Eigenschaften liegt.
Denn nichts so Gemeines lebt auf der Erde, das nicht der
Erde ein besonderes Gut gibt; und auch nichts so Gutes,
das nicht, seine richtige Benutzung überschreitend,[2] [15]
von wahrer Geburt abfällt und in Missbrauch hinein-
stolpert. Tugend selbst verwandelt sich in Laster, wenn
sie falsch angewandt wird, und Laster wird manchmal
durch die Handlung veredelt. In der frischen Rinde dieser schwachen Blume hat Gift Wohnstatt und Medizin
Macht. [20] Denn sie heitert beim Riechen mit jener alles
auf;[3] lässt beim Schmecken alle Sinne mit dem Herzen
stille stehen. Zwei so feindliche Könige führen immer
Krieg gegeneinander, beim Menschen ebenso wie bei
Kräutern – Güte und heftiger Wille. Und wo das Schlech-
tere überwiegt, [25] verzehrt sehr bald die Larve Tod die
Pflanze.

ROMEO *tritt auf.*

ROMEO. Guten Morgen, Vater.

MÖNCH. Benedicite[4]! Welch frühe Zunge grüßt mich so
süß? Junger Sohn, es zeugt von einem verwirrten Kopf,
so früh deinem Bett guten Morgen zu sagen. [30] Sorge
hält Wache im Auge jedes alten Mannes, und wo Sorge
wohnt, liegt nie der Schlaf. Aber wo nicht verletzte[5]
Jugend mit nicht vollgestopftem Gehirn ihre Glieder la-
gert, dort herrscht goldener Schlaf.[6] Darum versichert
mir deine Frühe, [35] dass du aufgeschreckt bist von einer
Verwirrung. Oder wenn nicht dies, dann treffe ich hiermit richtig – unser Romeo war heute nacht nicht im
Bett.[7]

ROMEO. The last is true. The sweeter rest was mine.
FRIAR. God pardon sin! Wast thou with Rosaline? 40
ROMEO. With Rosaline, my ghostly father? No.
    I have forgot that name and that name's woe.
FRIAR.
    That's my good son! But where hast thou been then?
ROMEO. I'll tell thee ere thou ask it me again.
    I have been feasting with mine enemy, 45
    Where on a sudden one hath wounded me
    That's by me wounded. Both our remedies
    Within thy help and holy physic lies.
    I bear no hatred, blessèd man, for, lo,
    My intercession likewise steads my foe. 50
FRIAR. Be plain, good son, and homely in thy drift.
    Riddling confession finds but riddling shrift.
ROMEO. Then plainly know my heart's dear love is set
    On the fair daughter of rich Capulet.
    As mine on hers, so hers is set on mine, 55
    And all combined, save what thou must combine
    By holy marriage. When, and where, and how
    We met, we wooed, and made exchange of vow,
    I'll tell thee as we pass. But this I pray,
    That thou consent to marry us today. 60
FRIAR. Holy Saint Francis! What a change is here!
    Is Rosaline, that thou didst love so dear,
    So soon forsaken? Young men's love then lies
    Not truly in their hearts, but in their eyes.
    Jesu Maria! What a deal of brine 65
    Hath washed thy sallow cheeks for Rosaline!
    How much salt water thrown away in waste
    To season love, that of it doth not taste!

ROMEO. Das letzte ist wahr. Die süßere Ruhe war mein.

MÖNCH. Gott verzeihe Sünde! Warst du bei Rosaline? [40]

ROMEO. Bei Rosaline, mein geistlicher Vater? Nein. Ich habe diesen Namen vergessen und dieses Namens Leid.

MÖNCH. So ist es recht, mein guter Sohn! Aber wo warst du denn?

ROMEO. Ich will es dir sagen, bevor du mich wieder fragst. Ich habe bei meinem Feind gefeiert, [45] wo ganz plötzlich eine mich verwundet hat, die von mir verwundet ist. Das Heilmittel für uns liegt in deiner Hilfe und heiligen Medizin. Ich hege keinen Hass, gesegneter Mann, denn, sieh, meine Fürbitte hilft gleichermaßen meinem Feind.[8] [50]

MÖNCH. Sei klar, guter Sohn, und einfach in deinem Gedankengang. In Rätseln sprechende Beichte findet nur in Rätseln sprechende Absolution.

ROMEO. Dann wisse klar, meines Herzens teure Liebe zielt auf die schöne Tochter des reichen Capulet. Wie meine auf ihre, zielt ihre auf meine, [55] und alles ist verbunden außer dem, was du durch die heilige Ehe verbinden musst. Wann und wo wir uns trafen, warben und Schwüre tauschten, will ich dir erzählen, während wir gehen. Aber das erbitte ich, dass du einwilligst, uns heute zu verheiraten. [60]

MÖNCH. Heiliger Sankt Franziskus! Was für ein Wandel ist dies! Ist Rosaline, die du so sehr liebtest, so bald verlassen? Die Liebe junger Männer liegt dann nicht wirklich in ihren Herzen, sondern in ihren Augen. Jesus Maria! Wieviel salzige Tränen haben deine fahlen Wangen für Rosaline gewaschen! Wieviel Salzwasser verschleudert, um Liebe zu würzen, die nicht danach schmeckt.[9]

The sun not yet thy sighs from heaven clears.
Thy old groans yet ring in mine ancient ears.   70
Lo, here upon thy cheek the stain doth sit
Of an old tear that is not washed off yet.
If e'er thou wast thyself, and these woes thine,
Thou and these woes were all for Rosaline.   74
And art thou changed? Pronounce this sentence then:
Women may fall when there's no strength in men.

ROMEO. Thou chidst me oft for loving Rosaline.
FRIAR. For doting, not for loving, pupil mine.
ROMEO. And badest me bury love.
FRIAR.   Not in a grave
To lay one in, another out to have.   80
ROMEO. I pray thee chide me not. Her I love now
Doth grace for grace and love for love allow.
The other did not so.
FRIAR.   O, she knew well
Thy love did read by rote, that could not spell.
But come, young waverer, come, go with me.   85
In one respect I'll thy assistant be.
For this alliance may so happy prove
To turn your households' rancour to pure love.
ROMEO. O, let us hence! I stand on sudden haste.
FRIAR. Wisely and slow. They stumble that run fast.   90
Exeunt.

Die Sonne reinigt noch nicht deine Seufzer vom Himmel. Deine alten Seufzer klingen noch in meinen alten Ohren. [70] Sieh, hier auf deiner Wange sitzt der Fleck einer alten Träne, die noch nicht abgewaschen ist. Wenn du je du selbst warst und diese Leiden dein, waren du und deine Leiden ganz für Rosaline. Und bist du verändert? Sprich dann dies Urteil: [75] Frauen dürfen fallen, wenn keine Stärke in Männern ist.

ROMEO. Du hast mich oft für meine Liebe zu Rosaline gescholten.

MÖNCH. Für Vernarrtsein, nicht für Lieben, mein Schüler.

ROMEO. Und mir befohlen, die Liebe zu beerdigen.

MÖNCH. Nicht die eine ins Grab zu legen, um eine andere herauszuholen. [80]

ROMEO. Ich bitte dich, schilt mich nicht. Die[10] ich jetzt liebe, gesteht Güte für Güte und Liebe für Liebe zu. Die andere tat das nicht.

MÖNCH. Oh, sie wusste wohl, dass deine Liebe, die[11] nicht buchstabieren konnte, auswendig las. Aber komm, junger Wankelmütiger, komm, geh mit mir. [85] Aus einem Grund will ich dein Helfer sein. Denn diese Verbindung wird sich vielleicht als so glücklich erweisen, eurer Häuser Groll in reine Liebe zu verwandeln.

ROMEO. Oh, lass uns fort von hier! Mir liegt an plötzlicher Eile.

MÖNCH. Klug und langsam! Die stolpern, die schnell rennen. [90]

Sie gehen ab.

Scene 4

A public place.
Enter BENVOLIO *and* MERCUTIO.

MERCUTIO. Where the devil should this Romeo be? Came
 he not home tonight?

BENVOLIO. Not to his father's. I spoke with his man.

MERCUTIO. Why, that same pale hard-hearted wench,
                          that Rosaline,
  Torments him so that he will sure run mad.   5

BENVOLIO. Tybalt, the kinsman to old Capulet,
  Hath sent a letter to his father's house.

MERCUTIO. A challenge, on my life.

BENVOLIO. Romeo will answer it.

MERCUTIO. Any man that can write may answer a letter. [10]

BENVOLIO. Nay, he will answer the letter's master, how he
 dares, being dared.

MERCUTIO. Alas, poor Romeo, he is already dead! –
 stabbed with a white wench's black eye; run through the
 ear with a love song; the very pin of his heart cleft
 with [15] the blind bow-boy's butt-shaft. And is he a man
 to encounter Tybalt?

BENVOLIO. Why, what is Tybalt!

MERCUTIO. More than Prince of Cats, I can tell you. O, he's
 the courageous captain of compliments. He fights as [20]
 you sing pricksong: keeps time, distance, and propor-
 tion. He rests his minim rests, one, two, and the third in

Vierte Szene

Ein öffentlicher Platz.
BENVOLIO *und* MERCUTIO *treten auf.*

MERCUTIO. Wo zum Teufel könnte dieser Romeo sein? Ist
er letzte Nacht nicht nach Hause gekommen?
BENVOLIO. Nicht zu seinem Vater. Ich habe mit seinem
Dienstmann gesprochen.
MERCUTIO. Wie, dieses bleiche, hartherzige Weibsbild, die-
se Rosaline quält ihn so, dass er sicher verrückt wird. [5]
BENVOLIO. Tybalt, der Verwandte des alten Capulet, hat
einen Brief zum Haus seines Vaters geschickt.
MERCUTIO. Eine Herausforderung, bei meinem Leben.
BENVOLIO. Romeo wird sie beantworten.
MERCUTIO. Jeder, der schreiben kann, kann einen Brief
beantworten. [10]
BENVOLIO. Nein, er wird dem Herrn des Briefes antwor-
ten, wie er es wagt, da er herausgefordert wurde.[1]
MERCUTIO. Weh, armer Romeo, er ist schon tot! – ersto-
chen vom schwarzen Auge eines weißen Frauenzim-
mers; das Ohr durchbohrt von einem Liebeslied; das
Schwarze seines Herzens gespalten vom [15] Pfeil[2] des
blinden Bogen-Jungen. Und ist er ein Mann, der es mit
Tybalt aufnehmen kann?
BENVOLIO. Wie, wer ist schon Tybalt!
MERCUTIO. Mehr als Fürst der Katzen,[3] das kann ich Euch
sagen. Oh, er ist der mutige Hauptmann des Zeremoni-
ells. Er kämpft wie [20] man nach Noten singt: hält Takt,
Entfernung und Rhythmus. Er pausiert halbe Pausen[4],
eins, zwei und der Dritte in die Brust. Der wahre Metz-

your bosom. The very butcher of a silk button. A duellist, a duellist. A gentleman of the very first house, of the
first and second cause. Ah, the immortal *passado*! the [25]
punto reverso! the *hay*!

BENVOLIO. The what?

MERCUTIO. The pox of such antic, lisping, affecting fan-
tasticoes, these new tuners of accent! 'By Jesu, a very
good blade! a very tall man! a very good whore!' Why, is
[30] not this a lamentable thing, grandsire, that we should
be thus afflicted with these strange flies, these fashion-
mongers, these 'pardon-me's', who stand so much on the
new form that they cannot sit at ease on the old bench?
O their bones, their bones! [35]

Enter ROMEO.

BENVOLIO. Here comes Romeo, here comes Romeo!

MERCUTIO. Without his roe, like a dried herring. O flesh,
flesh, how art thou fishified! Now is he for the numbers
that Petrarch flowed in. Laura, to his lady, was a kit-
chen wench – marry, she had a better love to berhyme
her – [40] Dido a dowdy, Cleopatra a gypsy, Helen and
Hero hildings and harlots, Thisbe a grey eye or so, but
not to the purpose. Signor Romeo, *bon jour*. There's a
French salutation to your French slop. You gave us the
counterfeit fairly last night. [45]

ROMEO. Good morrow to you both. What counterfeit did I
give you?

MERCUTIO. The slip, sir, the slip. Can you not conceive?

ger eines Seidenknopfs.[5] Ein Duellant, ein Duellant! Ein Edelmann aus allererstem Hause, vom ersten und zweiten Grund. Ah, der unsterbliche *passado*, der [25] *punto reverso*, der *hay*![6]

BENVOLIO. Der was?

MERCUTIO. Die Pest auf solch groteske, lispelnde, affektierte Phantasten, diese Neueinstimmer des Tonfalls![7] »Bei Jesu, eine sehr gute Klinge! ein sehr wackerer Mann! eine sehr gute Hure!« Wie, ist [30] es nicht etwas Jämmerliches, Großvater, dass wir so mit diesen merkwürdigen Fliegen geplagt sind, diesen Modekrämern, diesen »Oh, pardons«, die so sehr auf der neuen Form beharren, dass sie nicht bequem auf der alten Bank sitzen? Oh, ihre Knochen, ihre Knochen![8] [35]

ROMEO *tritt auf.*

BENVOLIO. Hier kommt Romeo, hier kommt Romeo!

MERCUTIO. Ohne seinen Rogen[9], wie ein getrockneter Hering. O Fleisch, Fleisch, wie bist du fischisiert! Jetzt ist er für die Verse, in denen Petrarca zerfloss.[10] Laura im Vergleich zu seiner Dame war ein Küchenmädchen – wahrlich, sie hatte einen besseren Geliebten, der auf sie reimte – [40] Dido eine Schlampe, Cleopatra eine Zigeunerin, Helena und Hero Weibsstücke und Huren, Thisbe eine Grauäugige oder so,[11] aber nichts zur Sache. Signor Romeo, *bon jour*. Da habt Ihr einen französischen Gruß für Eure französische Pluderhose. Ihr habt uns letzte Nacht schön falsche Münze gegeben. [45]

ROMEO. Guten Morgen euch beiden. Was für falsche Münze habe ich euch gegeben?

MERCUTIO. Das Nachsehen, Sir, das Nachsehen.[12] Könnt Ihr nicht darauf kommen?

ROMEO. Pardon, good Mercutio. My business was great, and in such a case as mine a man may strain courtesy. [50]

MERCUTIO. That's as much as to say, such a case as yours constrains a man to bow in the hams.

ROMEO. Meaning, to curtsy.

MERCUTIO. Thou hast most kindly hit it.

ROMEO. A most courteous exposition. [55]

MERCUTIO. Nay, I am the very pink of courtesy.

ROMEO. Pink for flower.

MERCUTIO. Right.

ROMEO. Why, then is my pump well-flowered.

MERCUTIO. Sure wit, follow me this jest now till thou hast [60] worn out thy pump, that, when the single sole of it is worn, the jest may remain, after the wearing, solely singular.

ROMEO. O single-soled jest, solely singular for the singleness! [65]

MERCUTIO. Come between us, good Benvolio! My wits faint.

ROMEO. Swits and spurs, swits and spurs! or I'll cry a match.

MERCUTIO. Nay, if our wits run the wild-goose chase, I [70] am done. For thou hast more of the wild goose in one of thy wits than, I am sure, I have in my whole five. Was I with you there for the goose?

ROMEO. Thou wast never with me for anything when thou wast not there for the goose. [75]

ROMEO. Pardon, guter Mercutio. Ich hatte Großes zu erledigen, und in einem Fall wie meinem darf man die Höflichkeit strapazieren. [50]

MERCUTIO. Das bedeutet so viel wie zu sagen, ein Fall wie
Eurer zwingt einen, sich in den Kniekehlen zu beugen.

ROMEO. Was bedeutet, einen Knicks zu machen.

MERCUTIO. Du hast es sehr richtig getroffen.

ROMEO. Eine sehr freundliche Auslegung. [55]

MERCUTIO. Nein, ich bin eine wahre Nelke an Freundlich-
keit.[13]

ROMEO. Nelke für Blume.

MERCUTIO. Richtig.

ROMEO. Wie, dann hat mein Tanzschuh eine schöne Blume.

MERCUTIO. Sicherer Witz, folg mir in diesem Scherz,
bis du [60] deinen Tanzschuh abgenutzt hast, dass der
Scherz, wenn seine Einzelsohle abgetragen ist, nach dem
Tragen allein einzigartig bleibt.

ROMEO. O einzelsohliger Scherz, allein einzigartig wegen
seiner Einfältigkeit![14] [65]

MERCUTIO. Tritt zwischen uns, guter Benvolio! Meine
Sinne schwinden.

ROMEO. Peitschen und Sporen, Peitschen und Sporen!
oder ich rufe: »Sieg«.[15]

MERCUTIO. Nein, wenn unsere Sinne die Wilde-Gans-
Jagd[16] machen, bin ich [70] erledigt. Denn du hast mehr
von der wilden Gans in einem deiner Sinne als, da bin
ich sicher, ich in allen meinen fünfen. Bin ich Euch mit
der Gans nahegekommen?

ROMEO. Du bist mir immer nur als Gans nahegekommen. [75]

MERCUTIO. I will bite thee by the ear for that jest.

ROMEO. Nay, good goose, bite not.

MERCUTIO. Thy wit is a very bitter sweeting. It is a most sharp sauce.

ROMEO. And is it not, then, well served in to a sweet [80] goose?

MERCUTIO. O, here's a wit of cheverel, that stretches from an inch narrow to an ell broad!

ROMEO. I stretch it out for that word 'broad', which, added to the goose, proves thee far and wide a broad goose. [85]

MERCUTIO. Why, is not this better now than groaning for love? Now art thou sociable. Now art thou Romeo. Now art thou what thou art, by art as well as by nature. For this drivelling love is like a great natural that runs lolling up and down to hide his bauble in a hole. [90]

BENVOLIO. Stop there, stop there!

MERCUTIO. Thou desirest me to stop in my tale against the hair.

BENVOLIO. Thou wouldst else have made thy tale large.

MERCUTIO. O, thou art deceived! I would have made it [95] short; for I was come to the whole depth of my tale, and meant indeed to occupy the argument no longer.

ROMEO. Here's goodly gear!

Enter NURSE *and her man,* PETER.

A sail, a sail!

MERCUTIO. Two, two. A shirt and a smock. [100]

MERCUTIO. Ich will dir ins Ohr beißen für den Scherz.

ROMEO. Nein, gute Gans, beiß nicht.

MERCUTIO. Dein Witz ist ein sehr bitterer Johannisapfel. Er ist eine sehr scharfe Soße.

ROMEO. Und ist er dann nicht wohl serviert zu einer sü-ßen [80] Gans?[17]

MERCUTIO. Oh, hier ist ein Witz aus Glacéleder, der sich von einem Zoll eng zu einer Elle breit dehnt!

ROMEO. Ich dehne ihn um das Wort »breit«, das, der Gans hinzugefügt, dich nah und fern als breite Gans[18] er-weist. [85]

MERCUTIO. Wie, ist dies jetzt nicht besser als wegen der Liebe zu stöhnen? Jetzt bist du gesellig. Jetzt bist du Ro-meo. Jetzt bist du, was du bist, künstlich sowohl als na-türlich. Denn diese sabbernde Liebe ist wie ein großer Idiot, der auf und nieder rennt mit heraushängender Zunge, um seinen Narrenstock in einem Loch zu verste-cken.[19] [90]

BENVOLIO. Hör da auf, hör da auf!

MERCUTIO. Du wünschst, dass ich mit meinem Märchen gegen den Strich aufhöre.

BENVOLIO. Du hättest sonst dein Märchen lang ge-macht.[20]

MERCUTIO. Oh, du irrst dich. Ich hätte es [95] kurz ge-macht; denn ich war bis zur vollen Tiefe meines Mär-chens gelangt und wollte mich in der Tat mit dem The-ma nicht mehr abgeben.

ROMEO. Da ist ein glänzender Aufzug!

Die AMME *und* PETER, *ihr Dienstmann, treten auf.*

Ein Segel, ein Segel!

MERCUTIO. Zwei, zwei. Ein Hemd und ein Kittel. [100]

NURSE. Peter!

PETER. Anon.

NURSE. My fan, Peter.

MERCUTIO. Good Peter, to hide her face. For her fan's the
fairer face. [105]

NURSE. God ye good-morrow, gentlemen.

MERCUTIO. God ye good-e'en, fair gentlewoman.

NURSE. Is it good-e'en?

MERCUTIO. 'Tis no less, I tell ye. For the bawdy hand of
the dial is now upon the prick of noon. [110]

NURSE. Out upon you! What a man are you!

ROMEO. One, gentlewoman, that God hath made for himself to mar.

NURSE. By my troth, it is well said. 'For himself to mar',
quoth 'a? Gentlemen, can any of you tell me where I [115]
may find the young Romeo?

ROMEO. I can tell you. But young Romeo will be older
when you have found him than he was when you sought
him. I am the youngest of that name, for fault of a
worse. [120]

NURSE. You say well.

MERCUTIO. Yea, is the worst well? Very well took, i'faith,
wisely, wisely!

NURSE. If you be he, sir, I desire some confidence with
you. [125]

BENVOLIO. She will endite him to some supper.

MERCUTIO. A bawd, a bawd, a bawd! So ho!

ROMEO. What hast thou found?

AMME. Peter!

PETER. Gleich.

AMME. Meinen Fächer, Peter.

MERCUTIO. Guter Peter, um ihr Gesicht zu verbergen.
Denn ihr Fächer ist das schönere Gesicht. [105]

AMME. Gott gebe euch guten Morgen, ihr Herren.

MERCUTIO. Gott gebe Euch guten Abend, schöne Dame.

AMME. Ist es guten Abend?

MERCUTIO. Es ist nicht weniger, sage ich Euch. Denn der
unzüchtige Zeiger des Zifferblattes ist jetzt auf dem Stachel des Mittags.[21] [110]

AMME. Pfui über Euch! Was für ein Mann seid Ihr!

ROMEO. Einer, edle Dame, den Gott gemacht hat, damit er
sich selbst verderbe.

AMME. Meiner Treu, das ist wohl gesprochen. »Damit er
sich selbst verderbe«, sagte er. Ihr Herren, kann mir einer
von euch sagen, wo ich [115] den jungen Romeo finden
kann?

ROMEO. Ich kann es Euch sagen. Aber Jung Romeo wird älter sein, wenn Ihr ihn gefunden habt, als er war, als Ihr
ihn suchtet. Ich bin der jüngste dieses Namens, in Er-
mangelung eines Schlechteren. [120]

AMME. Ihr sprecht wohl.

MERCUTIO. Ja, ist das Schlechteste gut? Sehr gut aufge-
nommen, wahrhaftig, weise, weise!

AMME. Wenn Ihr es seid, Sir, wünsche ich eine Konfidenz
mit Euch. [125]

BENVOLIO. Sie will ihn zum Abendessen inditieren.[22]

MERCUTIO. Eine Kupplerin, eine Kupplerin, eine Kupplerin! Ho ho![23]

ROMEO. Was hast du aufgetan?

MERCUTIO. No hare, sir; unless a hare, sir, in a lenten pie, that is something stale and hoar ere it be spent. [130]

He walks by them and sings.

An old hare hoar,
And an old hare hoar,
Is very good meat in Lent.
But a hare that is hoar
Is too much for a score   135
When it hoars ere it be spent.

Romeo, will you come to your father's? We'll to dinner thither.

ROMEO. I will follow you.

MERCUTIO. Farewell, ancient lady. Farewell. [*He sings.*] [140]
Lady, lady, lady.

Exeunt MERCUTIO *and* BENVOLIO.

NURSE. I pray you, sir, what saucy merchant was this that was so full of his ropery?

ROMEO. A gentleman, Nurse, that loves to hear himself talk and will speak more in a minute than he will stand [145] to in a month.

NURSE. An 'a speak anything against me, I'll take him down, an 'a were lustier than he is, and twenty such jacks; and if I cannot, I'll find those that shall. Scurvy knave! I am none of his flirt-gills. I am none of his [150] skains-mates. [*She turns to* PETER, *her man.*] And thou must stand by too, and suffer every knave to use me at his pleasure!

PETER. I saw no man use you at his pleasure. If I had, my

MERCUTIO. Keinen Hasen, Sir; es sei denn einen Hasen, Sir, in einer Fastenpastete, und die ist abgestanden und grau, bevor sie aufgebraucht ist. [130]

Er geht an ihnen vorbei und singt.

> Ein alter grauer Hase,
> und ein alter grauer Hase
> ist sehr gutes Fleisch in der Fastenzeit.
> Aber ein Hase, der heiser ist,
> ist zu teuer für eine Rechnung, [135]
> wenn er grau wird, bevor er verbraucht ist.

Romeo, kommt Ihr mit zu Eurem Vater? Wir wollen zum Essen dorthin.

ROMEO. Ich will Euch folgen.

MERCUTIO. Lebt wohl, alte Dame. Lebt wohl. *(Er singt.)* [140] Lady, Lady, Lady.[24]

MERCUTIO *und* BENVOLIO *gehen ab.*

AMME. Ich bitte Euch, Sir, was für ein unverschämter Bursche war das, der so voller Schurkerei war?[25]

ROMEO. Ein Edelmann, Amme, der sich gern reden hört und der in einer Minute mehr spricht, als er [145] in einem Monat verfechten wird.

AMME. Wenn er was gegen mich spricht, will ich ihn demütigen, und wenn er auch kräftiger wäre als er ist und zwanzig solche gemeinen Kerle; und wenn ich es nicht kann, werde ich die finden, die es können. Hundsgemeiner Schuft! Ich bin keins seiner Feinsliebchen. Ich bin keiner seiner [150] Halsabschneiderkumpanen[26]. *(Sie wendet sich zu* PETER, *ihrem Dienstmann.)* Und du musst auch dabeistehen und es zulassen, dass mich jeder Schuft nach seinem Belieben benutzt!

PETER. Ich habe nicht gesehen, dass Euch ein Mann nach

weapon should quickly have been out. I warrant you, [155]
I dare draw as soon as another man, if I see occasion in a
good quarrel, and the law on my side.

NURSE. Now, afore God, I am so vexed that every part
about me quivers. Scurvy knave! Pray you, sir, a word;
and, as I told you, my young lady bid me inquire you
out. [160] What she bid me say, I will keep to myself. But
first let me tell ye, if ye should lead her in a fool's paradise, as they say, it were a very gross kind of behaviour,
as they say. For the gentlewoman is young; and therefore, if you should deal double with her, truly it were
an [165] ill thing to be offered to any gentlewoman, and
very weak dealing.

ROMEO. Nurse, commend me to thy lady and mistress. I
protest unto thee –

NURSE. Good heart, and i'faith I will tell her as much. [170]
Lord, Lord! She will be a joyful woman.

ROMEO. What wilt thou tell her, Nurse? Thou dost not
mark me.

NURSE. I will tell her, sir, that you do protest, which, as I
take it, is a gentlemanlike offer. [175]

ROMEO. Bid her devise
    Some means to come to shrift this afternoon,
    And there she shall at Friar Laurence' cell
    Be shrived and married. Here is for thy pains.

NURSE. No, truly, sir. Not a penny.   180

ROMEO. Go to! I say you shall.

seinem Belieben benutzt hätte. Hätte ich es, wäre meine Waffe wohl schnell draußen gewesen. Ich garantiere Euch, [155] ich wage so schnell zu ziehen wie jeder andere, wenn ich Gelegenheit in einem guten Streit sehe und das Recht auf meiner Seite.

AMME. Nun, vor Gott, ich bin so aufgebracht, dass alles an mir zittert. Hundsgemeiner Schuft! Bitte, Sir, ein Wort; und, wie ich Euch schon sagte, meine junge Herrin befahl mir, nach Euch zu forschen. [160] Was sie mir befahl zu sagen, will ich für mich behalten. Aber zuerst lasst mich Euch sagen, wenn Ihr sie ins Narrenparadies führen wolltet, wie man sagt, wäre es ein sehr unanständiges Benehmen, wie man sagt. Denn die edle Dame ist jung; und darum, wenn Ihr ein doppeltes Spiel mit ihr treiben solltet, es wäre wahrhaftig [165] etwas Übles, einer edlen Dame anzutun, und ein sehr niedriges Geschäft.

ROMEO. Amme, empfiehl mich deiner Dame und Herrin. Ich erkläre dir –

AMME. Gutes Herz, und wahrhaftig, ich will es ihr sagen. [170] Gott, Gott! Da wird sie eine freudvolle Frau sein.

ROMEO. Was willst du ihr sagen, Amme? Du hörst mir nicht zu.

AMME. Ich will ihr sagen, Sir, dass Ihr Euch erklärt, was, wie ich es auffasse, eines Edelmanns Angebot ist. [175]

ROMEO. Sag[27] ihr, sie solle sich ein Mittel ausdenken, heute nachmittag zur Beichte zu kommen, und dort wird man ihr bei Bruder Laurences Zelle die Beichte abnehmen und sie verheiraten. Hier, das ist für deine Mühen.

AMME. Nein, wahrlich, Sir. Nicht ein Pfennig. [180]

ROMEO. Geh zu! Ich sage, Ihr sollt.

NURSE. This afternoon, sir? Well, she shall be there.

ROMEO. And stay, good Nurse, behind the abbey wall.
Within this hour my man shall be with thee
And bring thee cords made like a tackled stair, 185
Which to the high topgallant of my joy
Must be my convoy in the secret night.
Farewell. Be trusty, and I'll quit thy pains.
Farewell. Commend me to thy mistress.

NURSE. Now God in heaven bless thee! Hark you, sir. 190

ROMEO. What sayest thou, my dear Nurse?

NURSE. Is your man secret? Did you ne'er hear say,
Two may keep counsel, putting one away?

ROMEO. Warrant thee my man's as true as steel.

NURSE. Well, sir, my mistress is the sweetest lady. Lord, [195] Lord! when 'twas a little prating thing – O there is a nobleman in town, one Paris, that would fain lay knife aboard. But she, good soul, had as lief see a toad, a very toad, as see him. I anger her sometimes, and tell her that Paris is the properer man. But I'll warrant you, when I [200] say so, she looks as pale as any clout in the versal world. Doth not rosemary and Romeo begin both with a letter?

ROMEO. Ay, Nurse. What of that? Both with an 'R'.

NURSE. Ah, mocker! That's the dog's name. 'R' is for the – No, I know it begins with some other letter; and she hath [205] the prettiest sententious of it, of you and rosemary, that it would do you good to hear it.

AMME. Heute nachmittag, Sir? Gut, sie wird da sein.

ROMEO. Und bleib, gute Amme, hinter der Abteimauer. Binnen einer Stunde soll mein Dienstmann bei dir sein und dir Stricke bringen, wie eine Strickleiter gemacht, [185] die in der heimlichen Nacht mein Geleit zum hohen Bramsegel meiner Freude sein müssen.[28] Leb wohl. Sei zuverlässig, und ich will deine Mühen lohnen. Leb wohl. Empfiehl mich deiner Herrin.

AMME. Nun segne dich Gott im Himmel! Hört, Sir. [190]

ROMEO. Was sagst du, meine liebe Amme?

AMME. Ist Euer Dienstmann verschwiegen? Habt Ihr nie sagen hören, dass zwei eine Absicht für sich behalten können, wenn sie einen wegschaffen?[29]

ROMEO. Garantiere dir, mein Dienstmann ist so treu wie Stahl.

AMME. Gut, Sir, meine Herrin ist die süßeste Dame. Gott, [195] Gott! Als sie ein kleines, schwatzendes Ding war – oh, da ist ein Adliger in der Stadt, ein Paris, der gern sein Messer an Bord bringen würde.[30] Aber sie, gute Seele, würde ebenso gern eine Kröte sehen, eine leibhaftige Kröte, wie ihn. Ich ärgere sie manchmal und sage ihr, Paris ist der bessere Mann. Aber ich garantiere Euch, wenn ich [200] das sage, wird sie so bleich wie je ein Tuch auf der ganzen Welt. Beginnen nicht Rosmarin und Romeo beide mit dem gleichen Buchstaben?

ROMEO. Ja, Amme. Was soll's? Beide mit »R«.

AMME. Ah, Spötter! Das ist der Hundename[31]. »R« ist für die – Nein, ich weiß, es fängt mit einem anderen Buchstaben an; und sie hat [205] die schönsten Sentenzien darüber, über Euch[32] und Rosmarin; dass es Euch gut tun würde, sie zu hören.

ROMEO. Commend me to thy lady.
  Exit ROMEO.
NURSE. Ay, a thousand times. Peter!
PETER. Anon. [210]
NURSE. Before, and apace.
  Exeunt.

  Scene 5

Capulet's orchard.
Enter JULIET.

JULIET. The clock struck nine when I did send the Nurse.
       In half an hour she promised to return.
       Perchance she cannot meet him. That's not so.
       O, she is lame! Love's heralds should be thoughts,
       Which ten times faster glides than the sun's beams   5
       Driving back shadows over louring hills.
       Therefore do nimble-pinioned doves draw love,
       And therefore hath the wind-swift Cupid wings.
       Now is the sun upon the highmost hill
       Of this day's journey, and from nine till twelve   10
       Is three long hours, yet she is not come.
       Had she affections and warm youthful blood,
       She would be as swift in motion as a ball.
       My words would bandy her to my sweet love,
       And his to me.   15
       But old folks, many feign as they were dead –
       Unwieldy, slow, heavy and pale as lead.
       Enter NURSE *and* PETER.

ROMEO. Empfiehl mich deiner Dame.

ROMEO *geht ab.*

AMME. Ja, tausend Mal. Peter!

PETER. Gleich. [210]

AMME. Vor und schnell.

Sie gehen ab.

Fünfte Szene

Capulets Garten.

JULIA *tritt auf.*

JULIA. Die Uhr schlug neun, als ich die Amme schickte. In einer halben Stunde versprach sie zurückzukehren. Vielleicht kann sie ihn nicht treffen. Das ist es nicht. Oh, sie ist lahm! Herolde der Liebe sollten Gedanken sein, die zehnmal schneller gleiten als Sonnenstrahlen, [5] die Schatten zurücktreiben über die finster blickenden Berge. Darum ziehen behend-geflügelte Tauben die Liebe,¹ und darum hat der windesschnelle Cupido Schwingen. Nun ist die Sonne auf dem höchsten Berg der Reise dieses Tages, und von neun bis zwölf [10] sind es drei lange Stunden, doch ist sie nicht gekommen. Hätte sie Liebe und warmes, jugendliches Blut, dann wäre sie so schnell in der Bewegung wie ein Ball. Meine Worte würden sie zu meinem süßen Geliebten schlagen und seine zu mir. [15] Aber alte Leute, viele tun, als seien sie tot – unbeholfen, langsam, schwer und fahl wie Blei.

Die AMME *und* PETER *treten auf.*

O God, she comes! O honey Nurse, what news?
Hast thou met with him? Send thy man away.

NURSE. Peter, stay at the gate.   20

Exit PETER.

JULIET. Now, good sweet Nurse – O Lord, why lookest
                                        thou sad?
Though news be sad, yet tell them merrily.
If good, thou shamest the music of sweet news
By playing it to me with so sour a face.

NURSE. I am aweary. Give me leave a while.   25
Fie, how my bones ache! What a jaunce have I!

JULIET. I would thou hadst my bones, and I thy news.
Nay, come, I pray thee speak. Good, good Nurse,
                                        speak.

NURSE. Jesu, what haste! Can you not stay a while?
Do you not see that I am out of breath?   30

JULIET. How art thou out of breath when thou hast breath
To say to me that thou art out of breath?
The excuse that thou dost make in this delay
Is longer than the tale thou dost excuse.
Is thy news good or bad? Answer to that.   35
Say either, and I'll stay the circumstance.
Let me be satisfied, is't good or bad?

NURSE. Well, you have made a simple choice. You know
not how to choose a man. Romeo? No, not he. Though
his face be better than any man's, yet his leg excels all [40]
men's; and for a hand and a foot, and a body, though they
be not to be talked on, yet they are past compare. He is

O Gott, sie kommt! Oh, süße Amme, welche Nachricht?
Hast du dich mit ihm getroffen? Schick deinen Dienstmann weg.

AMME. Peter, warte am Tor. [20]

PETER *geht ab.*

JULIA. Nun, gute, süße Amme – o Gott, warum schaust du
traurig? Wenn auch die Nachricht traurig ist, erzähle sie
doch fröhlich. Wenn gut, beschämst du die Musik süßer
Nachricht dadurch, dass du sie mir mit einem so sauren
Gesicht vorspielst.

AMME. Ich bin müde. Gönnt mir ein wenig Rast! [25] Pfui,
wie meine Knochen schmerzen! Was für eine Irrfahrt²
ich hinter mir habe!

JULIA. Ich wollte, du hättest meine Knochen und ich deine
Nachricht. Nein, komm, ich bitte dich, sprich. Gute, gute Amme, sprich.

AMME. Jesu, welche Hast! Könnt Ihr nicht ein wenig warten? Seht Ihr nicht, dass ich außer Atem bin? [30]

JULIA. Wieso bist du außer Atem, wenn du Atem hast mir
zu sagen, dass du außer Atem bist? Die Entschuldigung,
die du für diese Verzögerung vorbringst, ist länger als die
Geschichte, die du mit der Entschuldigung verschiebst³.
Ist deine Nachricht gut oder schlecht? Beantworte das.
[35] Sag eines von beiden, und ich will die Umstände ab-
warten. Stell mich zufrieden, ist sie gut oder schlecht?

AMME. Gut, Ihr habt eine törichte Wahl getroffen. Ihr
wisst nicht, wie man einen Mann auswählt. Romeo?
Nein, nicht er. Obwohl sein Gesicht besser ist als das je-
des anderen Mannes, übertrifft sein Bein das aller [40]
Männer; und was eine Hand und einen Fuß und einen
Körper angeht, obwohl man von ihnen nicht sprechen

not the flower of courtesy, but, I'll warrant him, as gentle
as a lamb. Go thy ways, wench. Serve God. What, have
you dined at home? [45]

JULIET. No, no. But all this did I know before.
What says he of our marriage? What of that?

NURSE. Lord, how my head aches! What a head have I!
It beats as it would fall in twenty pieces.
My back a't'other side – ah, my back, my back!   50
Beshrew your heart for sending me about
To catch my death with jauncing up and down!

JULIET. I'faith, I am sorry that thou art not well.
Sweet, sweet, sweet Nurse, tell me, what says
                 my love?

NURSE. Your love says, like an honest gentleman, and a [55]
courteous, and a kind, and a handsome, and, I warrant, a
virtuous – Where is your mother?

JULIET. Where is my mother? Why, she is within.
Where should she be? How oddly thou repliest!
'Your love says, like an honest gentleman,   60
"Where is your mother?"'

NURSE.   O God's Lady dear!
Are you so hot? Marry come up, I trow.
Is this the poultice for my aching bones?
Henceforward do your messages yourself.

JULIET. Here's such a coil! Come, what says Romeo?   65

NURSE. Have you got leave to go to shrift today?

JULIET. I have.

NURSE. Then hie you hence to Friar Laurence' cell.
There stays a husband to make you a wife.

darf, sind sie doch unvergleichlich. Er ist nicht die Blume der Höflichkeit, aber, ich garantiere für ihn, sanft wie ein Lamm. Geh deiner Wege, Mädchen. Diene Gott. Was, habt Ihr zu Haus gespeist? [45]

JULIA. Nein, nein, aber all das wusste ich vorher schon. Was sagt er zu unserer Ehe? Was dazu?

AMME. Gott, wie mein Kopf schmerzt! Was für einen Kopf ich habe! Er hämmert, als wollte er in zwanzig Stücke zerspringen. Mein Rücken auf der anderen Seite – ah, mein Rücken, mein Rücken! [50] Euer Herz sei verwünscht, mich so umherzuschicken, um mir vor lauter Auf-und-ab-Tänzeln den Tod zu holen!

JULIA. Meiner Treu, es tut mir leid, dass es dir nicht gut geht. Süße, süße, süße Amme, sag mir, was sagt mein Liebster?

AMME. Euer Liebster sagt, wie ein ehrlicher Edelmann, und ein [55] höflicher, und ein guter, und ein schöner, und garantiert ein tugendhafter – wo ist Eure Mutter?

JULIA. Wo ist meine Mutter? Wie, sie ist drin. Wo sollte sie wohl sein? Wie komisch du antwortest! »Euer Liebster sagt, wie ein ehrlicher Edelmann, [60] ›Wo ist Eure Mutter?‹«

AMME. O gute Mutter Gottes! Seid Ihr so hitzig? Hochnäsig, wahrhaftig. Ist das der Breiumschlag für meine schmerzenden Knochen? Erledigt in Zukunft Eure Botschaften selbst.

JULIA. Was für ein Wirrwarr. Komm, was sagt Romeo? [65]

AMME. Habt Ihr Erlaubnis, heute zur Beichte zu gehen?

JULIA. Ja.

AMME. Dann eilt von hier zu Bruder Laurences Zelle. Dort wartet ein Gatte, um Euch zur Frau zu machen. Jetzt

Now comes the wanton blood up in your cheeks. 70
They'll be in scarlet straight at any news.
Hie you to church. I must another way,
To fetch a ladder, by the which your love
Must climb a bird's nest soon when it is dark.
I am the drudge, and toil in your delight. 75
But you shall bear the burden soon at night.
Go. I'll to dinner. Hie you to the cell.
JULIET. Hie to high fortune! Honest Nurse, farewell.
Exeunt.

Scene 6

Friar Laurence's cell.
Enter FRIAR LAURENCE *and* ROMEO.

FRIAR. So smile the heavens upon this holy act
That after-hours with sorrow chide us not!
ROMEO. Amen, amen! But come what sorrow can,
It cannot countervail the exchange of joy
That one short minute gives me in her sight. 5
Do thou but close our hands with holy words,
Then love-devouring death do what he dare –
It is enough I may but call her mine.
FRIAR. These violent delights have violent ends
And in their triumph die, like fire and powder, 10
Which as they kiss consume. The sweetest honey
Is loathsome in his own deliciousness
And in the taste confounds the appetite.

steigt das lockere Blut in Euren Wangen hoch. [70] Bei jeder Nachricht sind sie immer gleich in Scharlach. Eilt zur Kirche. Ich muss woanders hin, um eine Leiter zu holen, mit der Euer Liebster bald, wenn es dunkel ist, ein Vogelnest⁴ besteigen muss. Ich bin der Packesel und plage mich für Euer Vergnügen. [75] Aber Ihr sollt die Last bald nachts tragen. Geht. Ich will zum Essen. Eilt zur Zelle.

JULIA. Eil zum hohen Glück!⁵ Ehrliche Amme, leb wohl.

Sie gehen ab.

Sechste Szene

Zelle des Bruder Laurence.
Der MÖNCH *und* ROMEO *treten auf.*

MÖNCH. So lächle der Himmel¹ zu dieser heiligen Handlung, dass spätere Stunden voll Kummer uns nicht schelten!

ROMEO. Amen, amen! Aber komme so viel Kummer wie möglich, er kann den Austausch der Freude nicht aufwiegen, den eine kurze Minute in ihrem Anblick mir gibt. [5] Schließ du nur unsere Hände mit heiligen Worten, dann mag der Liebe verschlingende Tod tun, was er wagt – es ist genug, wenn ich sie nur mein nennen darf.

MÖNCH. Diese stürmischen Freuden haben stürmisches Ende und sterben in ihrem Triumph, wie Feuer und Pulver, [10] die sich beim Küssen verzehren. Der süßeste Honig ist durch seine eigene Köstlichkeit widerlich und verdirbt im Schmecken den Appetit. Darum liebe gemä-

Therefore love moderately. Long love doth so.
Too swift arrives as tardy as too slow.   15
Enter JULIET *somewhat fast. She embraces* ROMEO.
Here comes the lady. O, so light a foot
Will ne'er wear out the everlasting flint.
A lover may bestride the gossamers
That idles in the wanton summer air,
And yet not fall. So light is vanity.   20

JULIET. Good even to my ghostly confessor.

FRIAR. Romeo shall thank thee, daughter, for us both.

JULIET. As much to him, else is his thanks too much.

ROMEO. Ah, Juliet, if the measure of thy joy
Be heaped like mine, and that thy skill be more   25
To blazon it, then sweeten with thy breath
This neighbour air, and let rich music's tongue
Unfold the imagined happiness that both
Receive in either by this dear encounter.

JULIET. Conceit, more rich in matter than in words,   30
Brags of his substance, not of ornament.
They are but beggars that can count their worth.
But my true love is grown to such excess
I cannot sum up sum of half my wealth.   34

FRIAR.
Come, come with me, and we will make short work
For, by your leaves, you shall not stay alone
Till Holy Church incorporate two in one.
Exeunt.

ßigt. Lange Liebe tut es. Zu schnell kommt ebenso un-
pünktlich wie zu langsam.[2] [15]

JULIA *tritt ziemlich schnell auf. Sie umarmt* ROMEO.

Hier kommt die Dame. Oh, ein so leichter Fuß wird den
unverwüstlichen Kiesel nicht abnutzen. Ein Liebhaber
kann auf den Sommerfäden reiten, die in der übermütigen Sommerluft faulenzen und doch nicht fallen. So
leicht ist Eitelkeit[3]. [20]

JULIA. Guten Abend meinem geistlichen Beichtvater.

MÖNCH. Romeo soll dir, Tochter, für uns beide danken.

JULIA. Ebenso viel ihm, sonst ist sein Dank zu viel.[4]

ROMEO. Ah, Julia, wenn das Maß deiner Freude gehäuft
voll ist wie meins und wenn deine Geschicklichkeit größer ist, [25] sie in richtigen Farben zu schildern, dann ver-
süße mit deinem Atem die umgebende Luft, und lass die
Zunge reicher Musik in der Vorstellung das Glück entfal-
ten, das wir beide voneinander durch dieses teure Treffen empfangen.

JULIA. Gedanke, reicher an Wesen als an Worten, [30]
rühmt sich ihrer Substanz, nicht des Schmucks. Nur
Bettler können ihren Wert aufzählen. Aber meine wahre
Liebe ist zu einem solchen Übermaß gewachsen, dass
ich die Summe meines halben Reichtums nicht sum-
mieren kann.[5]

MÖNCH. Kommt, kommt mit mir, und wir wollen kurze
Arbeit machen. [35] Denn, bei eurer Erlaubnis, ihr sollt
nicht alleine bleiben, bis die Heilige Kirche zwei zu einem Leib zusammenfügt.

Sie gehen ab.

Act III

Scene 1

A public place.
Enter MERCUTIO, BENVOLIO, *and their men.*

BENVOLIO. I pray thee, good Mercutio, let's retire.
    The day is hot, the Capels are abroad.
    And if we meet we shall not 'scape a brawl,
    For now, these hot days, is the mad blood stirring.
MERCUTIO. Thou art like one of these fellows that, when [5]
    he enters the confines of a tavern, claps me his sword
    upon the table and says 'God send me no need of thee!',
    and by the operation of the second cup draws him on the
    drawer, when indeed there is no need.
BENVOLIO. Am I like such a fellow? [10]
MERCUTIO. Come, come, thou art as hot a Jack in thy
    mood as any in Italy; and as soon moved to be moody,
    and as soon moody to be moved.
BENVOLIO. And what to?
MERCUTIO. Nay, an there were two such, we should
    have [15] none shortly, for one would kill the other. Thou!
    Why, thou wilt quarrel with a man that hath a hair more
    or a hair less in his beard than thou hast. Thou wilt quar-
    rel with a man for cracking nuts, having no other reason
    but because thou hast hazel eyes. What eye but such an

Dritter Akt

Erste Szene

Ein öffentlicher Platz.
MERCUTIO, BENVOLIO *und ihre Dienstmänner treten auf.*

BENVOLIO. Ich bitte dich, guter Mercutio, wir wollen uns
zurückziehen. Der Tag ist heiß, die Capels sind draußen.
Und wenn wir uns begegnen, werden wir einer Streiterei nicht entkommen, denn jetzt, an diesen heißen Tagen, ist das verrückte Blut in Wallung.

MERCUTIO. Du bist wie einer von den Burschen, die mir,
wenn [5] sie über die Schwelle einer Schenke treten, ihr
Schwert auf den Tisch klatschen und sagen: »Gott sende
mir keine Notwendigkeit für dich!« und die bei der Wirkung des zweiten Glases gegen den Schankburschen ziehen, wenn in der Tat keine Notwendigkeit besteht.[1]

BENVOLIO. Bin ich wie einer von diesen Burschen? [10]

MERCUTIO. Komm, komm, du bist in deiner Laune ein so
hitziger Kerl wie je einer in Italien; und ebenso schnell
dazu bewegt, launisch zu sein; und ebenso schnell launisch, bewegt zu sein.

BENVOLIO. Und wozu?

MERCUTIO. Nein, wenn es zwei[2] solche gäbe, sollten
wir [15] bald keine haben, denn einer würde den andern
töten. Du! Wie du streitest doch mit einem Mann, der
ein Haar mehr oder ein Haar weniger im Bart hat als du.
Du streitest doch mit einem Mann, weil er Nüsse knackt,
und hast keinen andern Grund als den, dass du nuss-
braune Augen hast. Welches Auge außer einem solchen

eye [20] would spy out such a quarrel? Thy head is as full
of quarrels as an egg is full of meat; and yet thy head hath
been beaten as addle as an egg for quarrelling. Thou hast
quarrelled with a man for coughing in the street, because
he hath wakened thy dog that hath lain asleep [25] in the
sun. Didst thou not fall out with a tailor for wearing his
new doublet before Easter; with another for tying his
new shoes with old riband? And yet thou wilt tutor me
from quarrelling!

BENVOLIO. An I were so apt to quarrel as thou art, any [30]
man should buy the fee simple of my life for an hour and
a quarter.

MERCUTIO. The fee simple? O simple!

Enter TYBALT *and others.*

BENVOLIO. By my head, here comes the Capulets.

MERCUTIO. By my heel, I care not. [35]

TYBALT. Follow me close, for I will speak to them.
Gentlemen, good-e'en. A word with one of you.

MERCUTIO. And but one word with one of us? Couple it
with something. Make it a word and a blow.

TYBALT. You shall find me apt enough to that, sir, an
you [40] will give me occasion.

MERCUTIO. Could you not take some occasion without
giving?

TYBALT. Mercutio, thou consortest with Romeo.

MERCUTIO. Consort? What, dost thou make us minstrels? [45] An thou make minstrels of us, look to hear

Auge[3] [20] würde einen solchen Streit ausspähen? Dein Kopf ist so voller Streit wie ein Ei voller Nahrung[4]; und doch ist dein Kopf vor lauter Streiten so faul geschlagen worden wie ein Ei. Du hast mit einem Mann gestritten, weil er auf der Straße gehustet und dadurch deinen Hund geweckt hat, der schlafend [25] in der Sonne lag. Hast du dich nicht mit einem Schneider zerstritten, weil er sein neues Wams vor Ostern trug; mit einem anderen, weil er seine neuen Schuhe mit altem Band schnürte? Und doch willst du mir beibringen, vom Streiten abzulassen!

BENVOLIO. Wenn ich so geneigt wäre zu streiten wie du es bist, sollte jeder [30] Mann das volle Eigengut meines Lebens für den Preis von ein und einer viertel Stunde kaufen.[5]

MERCUTIO. Das volle Eigengut? Oh, einfältig!

TYBALT *und andere treten auf.*

BENVOLIO. Bei meinem Kopf, hier kommen die Capulets.

MERCUTIO. Bei meiner Ferse, es kümmert mich nicht. [35]

TYBALT. Folgt mir dicht, denn ich will mit ihnen sprechen. Ihr Herren, guten Abend. Ein Wort mit einem von euch.

MERCUTIO. Und nur ein Wort mit einem von uns? Paart es mit etwas. Lasst es ein Wort und ein Schlag sein.

TYBALT. Ihr sollt mich dazu geneigt genug finden, Sir, wenn Ihr [40] mir Gelegenheit dazu geben wollt.

MERCUTIO. Könntet Ihr nicht irgendeine Gelegenheit ergreifen, ohne dass man sie gibt?

TYBALT. Mercutio, du harmonierst mit Romeo.

MERCUTIO. Harmonieren[6]? Was, machst du uns zu Spielmännern? [45] Wenn du uns zu Spielmännern machst,

nothing but discords. Here's my fiddlestick. Here's that
shall make you dance. Zounds, consort!
BENVOLIO. We talk here in the public haunt of men.
    Either withdraw unto some private place,   50
    Or reason coldly of your grievances,
    Or else depart. Here all eyes gaze on us.
MERCUTIO.
    Men's eyes were made to look, and let them gaze.
    I will not budge for no man's pleasure, I.   54
    Enter ROMEO.
TYBALT. Well, peace be with you, sir. Here comes my man.
MERCUTIO. But I'll be hanged, sir, if he wear your livery.
    Marry, go before to field, he'll be your follower!
    Your worship in that sense may call him 'man'.
TYBALT. Romeo, the love I bear thee can afford
    No better term than this: thou art a villain.   60
ROMEO. Tybalt, the reason that I have to love thee
    Doth much excuse the appertaining rage
    To such a greeting. Villain am I none.
    Therefore farewell, I see thou knowest me not.
TYBALT. Boy, this shall not excuse the injuries   65
    That thou hast done me. Therefore turn and draw.
ROMEO. I do protest I never injured thee,
    But love thee better than thou canst devise
    Till thou shalt know the reason of my love.

erwarte nichts als Misstöne zu hören. Hier ist mein Gei-
genstock. Hier ist etwas, das Euch tanzen lassen wird.
Bei Gottes Wunden, harmonieren!

BENVOLIO. Wir reden hier auf dem öffentlichen Sammel-
platz der Menschen. Entweder zieht euch zu einem privaten Ort zurück, [50] oder argumentiert kühl über eure
Gründe zur Klage, oder sonst geht fort. Hier sehen alle
Augen auf uns.

MERCUTIO. Menschenaugen wurden zum Schauen gemacht, und lass sie doch sehen. Ich will mich bestimmt
für niemandes Vergnügen vom Fleck rühren.[7]

ROMEO *tritt auf.*

TYBALT. Gut, Friede sei mit Euch, Sir. Hier kommt mein
Mann. [55]

MERCUTIO. Aber ich will hängen, Sir, wenn er Eure Livrée
trägt. Wahrlich, geht vor zum Duellplatz, und er wird
Euer Gefolgsmann sein. Euer Hochwohlgeboren mögen
ihn in diesem Sinn »Mann« nennen.

TYBALT. Romeo, die Liebe, die ich für dich hege, kann sich
keinen besseren Ausdruck als diesen leisten: du bist ein
Schurke. [60]

ROMEO. Tybalt, der Grund, den ich habe, dich zu lieben,
befreit mich von der gebührenden Wut über solche Be-
grüßung. Schurke bin ich keiner. Darum, leb wohl, ich
sehe, du kennst mich nicht.

TYBALT. Junge, dies soll die Kränkungen nicht entschuldi-
gen, [65] die du mir angetan hast. Darum dreh dich um
und zieh.

ROMEO. Ich beteuere, ich habe dich wirklich nie gekränkt,
sondern liebe dich mehr als du dir vorstellen kannst, bis
du den Grund meiner Liebe kennst. Und darum, guter

  And so, good Capulet, which name I tender   70
  As dearly as mine own, be satisfied.
MERCUTIO. O calm, dishonourable, vile submission!
  Alla stoccata carries it away.
  He draws.
  Tybalt, you ratcatcher, will you walk?
TYBALT. What wouldst thou have with me? [75]
MERCUTIO. Good King of Cats, nothing but one of your
  nine lives. That I mean to make bold withal, and, as you
  shall use me hereafter, dry-beat the rest of the eight.
  Will you pluck your sword out of his pilcher by the ears?
  Make haste, lest mine be about your ears ere it be out. [80]
TYBALT. I am for you.
  He draws.
ROMEO. Gentle Mercutio, put thy rapier up.
MERCUTIO. Come, sir, your *passado*!
  They fight.
ROMEO. Draw, Benvolio. Beat down their weapons.
  Gentlemen, for shame! Forbear this outrage!   85
  Tybalt, Mercutio, the Prince expressly hath
  Forbid this bandying in Verona streets.
  Hold, Tybalt! Good Mercutio!
  TYBALT *under Romeo's arm thrusts* MERCUTIO.
FOLLOWER. Away, Tybalt!
  Exit TYBALT *with his followers.*
MERCUTIO. I am hurt.   90
  A plague a'both houses! I am sped.
  Is he gone and hath nothing?

Capulet, welchen Namen ich so teuer schätze [70] wie meinen eigenen, sei zufrieden.

MERCUTIO. O ruhige, unehrenhafte, gemeine Unterwerfung! *Alla stoccata*[8] trägt den Sieg davon.

Er zieht.

Tybalt, du Rattenfänger, willst du gehen?

TYBALT. Was willst du von mir? [75]

MERCUTIO. Guter Katzenkönig, nichts als eines Eurer neun Leben. Damit will ich mir Freiheiten herausnehmen, und, je nachdem wie Ihr mich hiernach behandelt, die restlichen acht herausprügeln. Wollt Ihr Euer Schwert bei den Ohren aus der Scheide reißen? Macht schnell, damit nicht meins Euch um die Ohren ist, bevor es draußen ist.[9] [80]

TYBALT. Ich bin für Euch da.

Er zieht.

ROMEO. Edler Mercutio, stecke dein Rapier ein.

MERCUTIO. Kommt, Sir, Euer *passado*.

Sie kämpfen.

ROMEO. Zieh, Benvolio. Schlag ihre Waffen nieder. Ihr Herren, pfui! Lasst von diesem Frevel ab! [85] Tybalt, Mercutio, der Fürst hat ausdrücklich diesen Schlagabtausch in Veronas Straßen verboten. Halt, Tybalt! Guter Mercutio!

TYBALT *ersticht unter Romeos Arm hindurch*

MERCUTIO.

GEFOLGSMANN. Fort, Tybalt!

TYBALT *geht mit seinen Gefolgsleuten ab.*

MERCUTIO. Ich bin verletzt. [90] Die Pest auf beide Häuser! Ich bin erledigt. Ist er gegangen und hat nichts abgekriegt?

BENVOLIO. What, art thou hurt?

MERCUTIO. Ay, ay, a scratch, a scratch. Marry, 'tis enough.
Where is my page? Go, villain, fetch a surgeon.
Exit PAGE.

ROMEO. Courage, man. The hurt cannot be much. 95

MERCUTIO. No, 'tis not so deep as a well, nor so wide as a
church door. But 'tis enough. 'Twill serve. Ask for me tomorrow, and you shall find me a grave man. I am pep-
pered, I warrant, for this world. A plague a'both your
houses! Zounds, a dog, a rat, a mouse, a cat, to scratch [100]
a man to death! A braggart, a rogue, a villain, that fights
by the book of arithmetic! Why the devil came you between us? I was hurt under your arm.

ROMEO. I thought all for the best.

MERCUTIO. Help me into some house, Benvolio, 105
Or I shall faint. A plague a'both your houses!
They have made worms' meat of me.
I have it, and soundly too. Your houses!
Exit MERCUTIO *with* BENVOLIO.

ROMEO. This gentleman, the Prince's near ally,
My very friend, hath got this mortal hurt 110
In my behalf – my reputation stained
With Tybalt's slander – Tybalt, that an hour
Hath been my cousin. O sweet Juliet,
Thy beauty hath made me effeminate
And in my temper softened valour's steel! 115
Enter BENVOLIO.

BENVOLIO. Was, bist du verletzt?

MERCUTIO. Ja, ja, ein Kratzer, ein Kratzer. Wahrlich 's ist genug. Wo ist mein Page? Geh, Schurke, hol einen Arzt.

Der PAGE *geht ab.*

ROMEO. Mut, Mann. Die Wunde kann nicht groß sein. [95]

MERCUTIO. Nein, sie ist nicht so tief wie ein Brunnen und nicht so breit wie eine Kirchentür. Aber 's ist genug. 's wird reichen. Fragt morgen nach mir, und ihr werdet mich als schweren[10] Mann finden. Mich hat's garantiert erwischt, was diese Welt angeht. Die Pest auf eure beiden Häuser! Gottes Wunden, dass ein Hund, eine Ratte, eine Maus, eine Katze einen Mann zu Tode kratzt! [100] Ein Prahlhans, ein Schelm, ein Schurke, der nach dem Rechenbuch kämpft! Warum zum Teufel kamt Ihr zwischen uns? Ich wurde unter Eurem Arm hindurch verwundet.

ROMEO. Ich wollte nur das beste.

MERCUTIO. Hilf mir in ein Haus, Benvolio, [105] oder ich werde ohnmächtig. Die Pest auf eure beiden Häuser! Sie haben Würmerspeise aus mir gemacht. Mich hat's erwischt und gründlich dazu. Eure Häuser!

MERCUTIO *geht mit* BENVOLIO *ab.*

ROMEO. Dieser Edelmann, des Fürsten naher Verwandter, mein guter Freund, erhielt diese tödliche Wunde [110] für mich – mein Ruf befleckt von Tybalts Verleumdung – Tybalt, der seit einer Stunde mein Vetter ist. O süße Julia, deine Schönheit hat mich weibisch gemacht und in meinem Charakter den Stahl des Mutes verweichlicht! [115]

BENVOLIO *tritt auf.*

BENVOLIO. O Romeo, Romeo, brave Mercutio is dead!
  That gallant spirit hath aspired the clouds,
  Which too untimely here did scorn the earth.
ROMEO. This day's black fate on more days doth depend.
  This but begins the woe others must end.   120
  Enter TYBALT.
BENVOLIO. Here comes the furious Tybalt back again.
ROMEO. Alive in triumph, and Mercutio slain!
  Away to heaven respective lenity,
  And fire-eyed fury be my conduct now!
  Now, Tybalt, take the 'villain' back again   125
  That late thou gavest me. For Mercutio's soul
  Is but a little way above our heads,
  Staying for thine to keep him company.
  Either thou or I, or both, must go with him.   129
TYBALT. Thou, wretched boy, that didst consort him here,
  Shalt with him hence.
ROMEO.   This shall determine that.
  They fight. TYBALT *falls.*
BENVOLIO. Romeo, away, be gone!
  The citizens are up, and Tybalt slain.
  Stand not amazed. The Prince will doom thee death
  If thou art taken. Hence, be gone, away!   135
ROMEO. O, I am fortune's fool!
BENVOLIO.   Why dost thou stay?
  Exit ROMEO.
  Enter CITIZENS.
CITIZENS. Which way ran he that killed Mercutio?
  Tybalt, that murderer, which way ran he?
BENVOLIO. There lies that Tybalt.

BENVOLIO. O Romeo, Romeo, der tapfere Mercutio ist tot!
Der feurige Geist ist zu den Wolken hochgestiegen, der
zu unzeitig hier die Erde verachtete.
ROMEO. Das schwarze Geschick dieses Tages schwebt dro-
hend über weiteren Tagen. Dieser beginnt nur das Leid,
das andere enden müssen." [120]

TYBALT *tritt auf.*

BENVOLIO. Hier kommt der wütende Tybalt wieder zurück.
ROMEO. Lebend im Triumph und Mercutio erschlagen!
Weg zum Himmel, unterscheidende Milde, und feuer-
äugige Wut sei jetzt mein Führer! Nun, Tybalt, nimm
den »Schurken« wieder zurück, [125] den du mir kürzlich
gabst. Denn Mercutios Seele ist nur wenig über unseren
Köpfen und wartet auf deine, um sie zu begleiten. Entweder du oder ich oder beide müssen mit ihm gehen.
TYBALT. Du, elender Junge, der du ihn hierher begleitet
hast, [130] sollst mit ihm von hier fort.
ROMEO. Dies soll das entscheiden.

Sie kämpfen. TYBALT *fällt.*

BENVOLIO. Romeo, fort, verschwinde! Die Bürger sind in
Waffen, und Tybalt ist erschlagen. Steh nicht erstarrt.
Der Fürst wird dich zum Tode verurteilen, wenn du er-
griffen wirst. Weg von hier, verschwinde, fort! [135]
ROMEO. Oh, ich bin von Fortuna genarrt!
BENVOLIO. Warum bleibst du noch?

ROMEO *geht ab.*

BÜRGER *treten auf.*

BÜRGER. Wo lief der hin, der Mercutio tötete? Tybalt, der
Mörder, wo lief er hin?
BENVOLIO. Da liegt der Tybalt.

CITIZEN. Up, sir, go with me.
I charge thee in the Prince's name obey. 140
Enter PRINCE, MONTAGUE, CAPULET, *their wives,*
and all.
PRINCE. Where are the vile beginners of this fray?
BENVOLIO. O noble Prince, I can discover all
The unlucky manage of this fatal brawl.
There lies the man, slain by young Romeo,
That slew thy kinsman, brave Mercutio. 145
LADY CAPULET.
Tybalt, my cousin! O my brother's child!
O Prince! O cousin! Husband! O, the blood
is spilled
Of my dear kinsman! Prince, as thou art true,
For blood of ours shed blood of Montague.
O cousin, cousin! 150
PRINCE. Benvolio, who began this bloody fray?
BENVOLIO.
Tybalt, here slain, whom Romeo's hand did slay.
Romeo, that spoke him fair, bid him bethink
How nice the quarrel was, and urged withal
Your high displeasure. All this – utterèd 155
With gentle breath, calm look, knees humbly
bowed –
Could not take truce with the unruly spleen
Of Tybalt deaf to peace, but that he tilts
With piercing steel at bold Mercutio's breast;
Who, all as hot, turns deadly point to point, 160
And, with a martial scorn, with one hand beats
Cold death aside and with the other sends
It back to Tybalt, whose dexterity

BÜRGER. Auf, Sir, geht mit mir. Ich befehle dir im Namen des Fürsten zu gehorchen. [140]

Der FÜRST, MONTAGUE, CAPULET, *ihre Frauen und alle treten auf.*

FÜRST. Wo sind die gemeinen Anstifter dieser Schlägerei?

BENVOLIO. O edler Fürst, ich kann den ganzen unglückli- chen Verlauf[12] dieser tödlichen Streiterei entdecken. Dort liegt, erschlagen vom jungen Romeo, der Mann, der dei- nen Verwandten, den tapferen Mercutio, erschlug. [145]

LADY CAPULET. Tybalt, mein Vetter! Oh, meines Bruders Kind! O Fürst! O Vetter! Gatte! Oh, das Blut meines teuren Verwandten ist verschüttet! Fürst, so du wahr- haftig bist, für Blut von uns vergieße Blut von Monta- gue. O Vetter, Vetter![13] [150]

FÜRST. Benvolio, wer stiftete diese blutige Schlägerei an?

BENVOLIO. Tybalt, hier erschlagen, den Romeos Hand er- schlug. Romeo, der ihm gut zuredete, sagte ihm, er solle daran denken, wie unbedeutend der Streit sei und brach- te zudem Eure hohe Missbilligung vor. All dies – geäu- ßert [155] mit sanftem Atem, ruhigem Blick, demütig ge- beugten Knien, – konnte mit der ungebärdigen Hitze[14] des Tybalt, taub gegenüber Frieden, keinen Waffenstill- stand schließen; statt dessen sticht er mit dem durch- bohrenden Stahl nach der Brust des kühnen Mercutio;[15] der, ebenso hitzig, richtet tödliche Spitze gegen Spitze [160] und schlägt mit kriegerischer Verachtung mit einer Hand kalten Tod beiseite und schickt ihn mit der ande- ren Tybalt zurück, dessen Geschicklichkeit das beant-

Retorts it. Romeo he cries aloud,
'Hold, friends! Friends, part!' and swifter than
                                    his tongue   165
His agile arm beats down their fatal points,
And 'twixt them rushes; underneath whose arm
An envious thrust from Tybalt hit the life
Of stout Mercutio, and then Tybalt fled.
But by and by comes back to Romeo,   170
Who had but newly entertained revenge,
And to't they go like lightning. For, ere I
Could draw to part them, was stout Tybalt slain.
And as he fell, did Romeo turn and fly.
This is the truth, or let Benvolio die.   175
LADY CAPULET. He is a kinsman to the Montague.
Affection makes him false. He speaks not true.
Some twenty of them fought in this black strife,
And all those twenty could but kill one life.
I beg for justice, which thou, Prince, must give.   180
Romeo slew Tybalt. Romeo must not live.
PRINCE. Romeo slew him. He slew Mercutio.
Who now the price of his dear blood doth owe?
MONTAGUE.
Not Romeo, Prince. He was Mercutio's friend;
His fault concludes but what the law should end,   185
The life of Tybalt.
PRINCE.   And for that offence
Immediately we do exile him hence.
I have an interest in your hate's proceeding,
My blood for your rude brawls doth lie a-bleeding.
But I'll amerce you with so strong a fine   190
That you shall all repent the loss of mine.

wortet. Romeo, er ruft laut: »Halt, Freunde! Freunde, trennt euch!« und schneller als seine Zunge [165] schlägt sein behender Arm ihre tödlichen Spitzen nieder, und zwischen sie eilt er; unter seinem Arm hindurch traf ein missgünstiger Stoß[16] von Tybalt das Leben des kräftigen Mercutio, und dann floh Tybalt. Aber kommt gleich zu Romeo zurück, [170] der erst seit kurzem auf Rache gesonnen hatte, und aufeinander losgehen sie wie der Blitz.[17] Denn bevor ich ziehen konnte, um sie zu trennen, war der kräftige Tybalt erschlagen. Und während er fiel, wandte sich Romeo und floh. Dies ist die Wahrheit, oder lasst Benvolio sterben. [175]

LADY CAPULET. Er ist ein Verwandter des Montague. Zuneigung macht ihn falsch. Er spricht nicht die Wahrheit. Etwa zwanzig von ihnen kämpften in diesem schwarzen Streit, und all diese zwanzig konnten nur ein Leben töten. Ich bitte um Gerechtigkeit, die du, Fürst, geben musst. [180] Romeo erschlug Tybalt. Romeo darf nicht leben.

FÜRST. Romeo erschlug ihn. Er erschlug Mercutio. Wer schuldet jetzt den Preis seines teuren Bluts?

MONTAGUE. Nicht Romeo, Fürst. Er war Mercutios Freund; sein Fehler schließt nur ab, was das Gesetz beenden sollte, [185] das Leben Tybalts.

FÜRST. Und für dies Vergehen verbannen wir ihn sofort von hier. Ich habe Teil am Fortgang eures Hasses, mein Blut liegt wegen eurer rohen Streitereien im Blut. Aber ich werde euch mit einer so strengen Buße belegen[18], [190] dass ihr alle meinen Verlust bereuen sollt. Ich will taub

I will be deaf to pleading and excuses.
Nor tears nor prayers shall purchase out abuses.
Therefore use none. Let Romeo hence in haste,
Else, when he is found, that hour is his last.   195
Bear hence this body, and attend our will.
Mercy but murders, pardoning those that kill.
Exeunt.

Scene 2

Capulet's house.
Enter JULIET *alone.*

JULIET. Gallop apace, you fiery-footed steeds,
   Towards Phoebus' lodging! Such a waggoner
   As Phaëton would whip you to the West
   And bring in cloudy night immediately.
   Spread thy close curtain, love-performing night,   5
   That runaway's eyes may wink, and Romeo
   Leap to these arms untalked of and unseen.
   Lovers can see to do their amorous rites
   By their own beauties; or, if love be blind,
   It best agrees with night. Come, civil night,   10
   Thou sober-suited matron, all in black,
   And learn me how to lose a winning match,
   Played for a pair of stainless maidenhoods.
   Hood my unmanned blood, bating in my cheeks,
   With thy black mantle till strange love grow bold,   15
   Think true love acted simple modesty.

für Fürbitten und Entschuldigungen sein. Weder Tränen noch Gebete sollen Missbräuche freikaufen. Daher verwendet keine. Lasst Romeo eilig von hier weg, sonst, wenn er gefunden wird, ist diese Stunde seine letzte. [195] Tragt diesen Körper von hier fort, und erwartet unseren Willen. Gnade mordet nur, indem sie die begnadigt, die töten[19].

Sie gehen ab.

Zweite Szene

Capulets Haus.
JULIA *tritt allein auf.*

JULIA. Galoppiert[1] rasch, ihr feuerfüßigen Rosse zu Phoebus' Wohnung! Ein Kutscher wie Phaëton würde euch zum Westen peitschen und gleich wolkige Nacht herbeibringen. Breite deinen dichten Vorhang aus, Liebe vollziehende Nacht, [5] dass sich die Augen des Ausreißers[2] schließen mögen und Romeo unerwähnt und ungesehen in diese Arme stürzen kann. Liebende können mit ihrer eigenen Schönheit sehen, um ihren Liebesriten nachzukommen, oder, wenn Liebe blind ist, passt sie am besten zur Nacht. Komm, ernste[3] Nacht, [10] du würdig gekleidete Matrone, ganz in Schwarz, und lehre mich ein siegendes Spiel zu verlieren, gespielt um ein Paar makelloser Jungfräulichkeiten.[4] Verhülle mein ungezähmtes Blut, das wild in meinen Wangen schlägt, mit deinem schwarzen Mantel,[5] bis fremde Liebe kühn wird; [15] halte den wahren Akt der Liebe für einfache Sittsamkeit.

Come, night. Come, Romeo. Come, thou day in night;
For thou wilt lie upon the wings of night
Whiter than new snow upon a raven's back.
Come, gentle night. Come, loving, black-browed
       night.   20
Give me my Romeo. And when he shall die,
Take him and cut him out in little stars,
And he will make the face of heaven so fine
That all the world will be in love with night
And pay no worship to the garish sun.   25
O I have bought the mansion of a love,
But not possessed it; and though I am sold,
Not yet enjoyed. So tedious is this day
As is the night before some festival
To an impatient child that hath new robes 30
And may not wear them.

Enter NURSE, *wringing her hands, with the ladder
of cords.*

        O here comes my Nurse,
And she brings news; and every tongue that speaks
But Romeo's name speaks heavenly eloquence.
Now, Nurse, what news? What, hast thou there?
       The cords
That Romeo bid thee fetch?

NURSE.   Ay, ay, the cords. 35

She throws them down.

JULIET. Ay me! what news? Why dost thou wring
       thy hands?

NURSE. Ah, weraday! He's dead, he's dead, he's dead!
We are undone, lady, we are undone!
Alack the day! he's gone, he's killed, he's dead!

Komm, Nacht. Komm, Romeo. Komm, du Tag in Nacht;
denn du wirst auf den Schwingen der Nacht liegen wei-
ßer als Neuschnee auf eines Raben Rücken. Komm,
sanfte Nacht. Komm, liebende, schwarzbraugie Nacht.
[20] Gib mir meinen Romeo. Und wenn er stirbt, nimm
ihn und schneid ihn in kleine Sterne aus, und er wird das
Gesicht des Himmels so schön machen, dass die ganze
Welt in die Nacht verliebt ist und die grelle Sonne nicht
anbetet.[6] [25] Oh, ich habe das Haus eines Geliebten gekauft, aber nicht besetzt; und obwohl ich gekauft bin,
bin ich noch nicht besessen.[7] So ermüdend ist dieser Tag
wie die Nacht vor einem Fest für ein ungeduldiges Kind,
das neue Kleider hat [30] und sie nicht tragen darf.
Die AMME *tritt mit der Strickleiter händeringend auf.*
Oh, hier kommt meine Amme, und sie bringt Nachricht; und jede Zunge, die nur Romeos Namen spricht,
spricht himmlisch beredt. Nun, Amme, was gibt es Neues? Was hast du da? Die Seile, die Romeo dich holen
ließ?

AMME. Ja, ja, die Seile. [35]

Sie wirft sie hin.

JULIA. Ah über mich! Was gibt es Neues? Warum ringst
du die Hände?

AMME. Ah weh! er ist tot, er ist tot, er ist tot! Es ist aus mit
uns. Lady, es ist aus mit uns! Weh über den Tag! Er ist
von uns gegangen, er ist getötet, er ist tot!

JULIET. Can heaven be so envious?

NURSE.   Romeo can,   40
    Though heaven cannot. O Romeo, Romeo!
    Who ever would have thought it? Romeo!

JULIET. What devil art thou that dost torment me thus?
    This torture should be roared in dismal hell.
    Hath Romeo slain himself? Say thou but 'Ay',   45
    And that bare vowel 'I' shall poison more
    Than the death-darting eye of cockatrice.
    I am not I, if there be such an 'I'
    Or those eyes shut that makes thee answer 'Ay'.
    If he be slain, say 'Ay'; or if not, 'No'.   50
    Brief sounds determine of my weal or woe.

NURSE. I saw the wound. I saw it with mine eyes –
    God save the mark! – here on his manly breast.
    A piteous corse, a bloody piteous corse;
    Pale, pale as ashes, all bedaubed in blood,   55
    All in gore-blood. I swounded at the sight.

JULIET. O, break, my heart! Poor bankrupt, break at once!
    To prison, eyes; ne'er look on liberty!
    Vile earth, to earth resign; end motion here,
    And thou and Romeo press one heavy bier!   60

NURSE. O Tybalt, Tybalt, the best friend I had!
    O courteous Tybalt, honest gentleman!
    That ever I should live to see thee dead!

JULIET. What storm is this that blows so contrary?
    Is Romeo slaughtered, and is Tybalt dead,   65
    My dearest cousin and my dearer lord?
    Then, dreadful trumpet, sound the General Doom!
    For who is living, if those two are gone?

JULIA. Kann der Himmel so missgünstig sein?

AMME. Romeo kann, [40] wenn auch der Himmel nicht. O Romeo, Romeo! Wer hätte das je gedacht? Romeo!

JULIA. Was für ein Teufel bist du, dass du mich so marterst? Diese Marter sollte man in der furchtbaren Hölle brüllen. Hat Romeo sich selbst erschlagen? Sag du nur »Ja«, [45] und der bloße Laut »Ich« soll mehr vergiften als das todschleudernde Auge des Basilisken.[8] Ich bin nicht ich, wenn es ein solches »Ich« gibt oder die Augen geschlossen sind, die dich »Ja« antworten lassen. Wenn er erschlagen ist, sag »Ja«; oder wenn nicht: »Nein«. [50] Kurze Laute bestimmen über mein Wohl oder Wehe.

AMME. Ich habe die Wunde gesehen. Ich habe sie mit meinen Augen gesehen – Gott helfe[9] – hier auf seiner männlichen Brust. Ein mitleiderregender Leichnam, ein blutiger, mitleiderregender Leichnam; fahl, fahl wie Asche, ganz beschmiert mit Blut, [55] ganz voll geronnenem Blut. Ich fiel bei dem Anblick in Ohnmacht.

JULIA. Oh, brich, mein Herz! Armer Bankrotteur, brich gleich! Ins Gefängnis, Augen; seht nie die Freiheit an! Gemeine Erde, füge dich der Erde; beende Bewegung hier, und du und Romeo: drückt eine schwere Bahre! [60]

AMME. O Tybalt, Tybalt, der beste Freund, den ich hatte! O höflicher Tybalt, ehrlicher Edelmann! Dass ich es noch erleben sollte, dich tot zu sehen!

JULIA. Was für ein Sturm ist dies, der so entgegen bläst? Ist Romeo geschlachtet, und ist Tybalt tot, [65] mein liebster Vetter und mein noch lieberer Herr? Dann, schreckliche Trompete, verkünde das Jüngste Gericht! Denn wer lebt, wenn diese beiden von uns gegangen sind?

NURSE. Tybalt is gone, and Romeo banishèd;
　　Romeo that killed him, he is banishèd.　　　　70
JULIET. O God! Did Romeo's hand shed Tybalt's blood?
NURSE. It did, it did! Alas the day, it did!
JULIET. O serpent heart, hid with a flowering face!
　　Did ever dragon keep so fair a cave?
　　Beautiful tyrant! fiend angelical!　　　　75
　　Dove-feathered raven! Wolvish-ravening lamb!
　　Despisèd substance of divinest show!
　　Just opposite to what thou justly seemest –
　　A damnèd saint, an honourable villain!
　　O nature, what hadst thou to do in hell　　　　80
　　When thou didst bower the spirit of a fiend
　　In mortal paradise of such sweet flesh?
　　Was ever book containing such vile matter
　　So fairly bound? O, that deceit should dwell
　　In such a gorgeous palace!
NURSE.　　　　　　　　There's no trust,　　　　85
　　No faith, no honesty in men; all perjured,
　　All forsworn, all naught, all dissemblers.
　　Ah, where's my man? Give me some *aqua vitae*.
　　These griefs, these woes, these sorrows make me old.
　　Shame come to Romeo!
JULIET.　　　　　　　　Blistered be thy tongue　　　90
　　For such a wish! He was not born to shame.
　　Upon his brow shame is ashamed to sit.
　　For 'tis a throne where honour may be crowned
　　Sole monarch of the universal earth.
　　O, what a beast was I to chide at him!　　　　95
NURSE.
　　Will you speak well of him that killed your cousin?

AMME. Tybalt ist von uns gegangen und Romeo verbannt; Romeo, der ihn tötete, er ist verbannt. [70]

JULIA. O Gott! Hat Romeos Hand Tybalts Blut vergossen?

AMME. Sie hat, sie hat! Weh über den Tag, sie hat.

JULIA. O Schlangenherz, von einem blühenden Gesicht verborgen! Hielt sich je ein Drache eine so schöne Höhle? Schöner Tyrann! Teufel engelgleich![10] [75] Taubengleich gefiederter Rabe! Wölfisch-reißendes Lamm! Verachtetes Wesen göttlichen Anscheins! Genau entgegengesetzt dem, als was du richtig erscheinst – ein verdammter Heiliger, ein ehrenwerter Schurke! O Natur, was hattest du in der Hölle zu tun, [80] als du den Geist eines Teufels ins sterbliche Paradies solch süßen Fleisches einsperrtest? War je ein Buch, das so gemeinen Inhalt enthielt, so schön gebunden? Oh, dass Verstellung in einem so prachtvollen Palast wohnt![11]

AMME. Es ist kein Verlass, [85] keine Treue, keine Ehrlichkeit in Männern; alle meineidig, eidbrüchig, alle nichtswürdig, alle Heuchler. Ah, wo ist mein Dienstmann? Gib mir etwas *aqua vitae*[12]. Diese Schmerzen, dieses Leid, dieser Kummer machen mich alt. Schande komme über Romeo!

JULIA. Voller Blasen sei deine Zunge [90] für solch einen Wunsch! Er wurde nicht für Schande geboren. Auf seiner Braue schämt sich die Schande[13] zu sitzen. Denn sie ist ein Thron, wo Ehre zum Alleinherrscher der allumfassenden Erde gekrönt werden kann. Oh, was für ein Tier war ich, ihn zu schelten! [95]

AMME. Wollt Ihr gut von dem sprechen, der Euren Vetter tötete?

JULIET. Shall I speak ill of him that is my husband?
      Ah, poor my lord, what tongue shall smooth thy name
      When I, thy three-hours wife, have mangled it?
      But wherefore, villain, didst thou kill my cousin?   100
      That villain cousin would have killed my husband.
      Back, foolish tears, back to your native spring!
      Your tributary drops belong to woe,
      Which you, mistaking, offer up to joy.
      My husband lives, that Tybalt would have slain;   105
      And Tybalt's dead, that would have slain my husband.
      All this is comfort. Wherefore weep I then?
      Some word there was, worser than Tybalt's death,
      That murdered me. I would forget it fain.
      But O, it presses to my memory   110
      Like damnèd guilty deeds to sinners' minds!
      'Tybalt is dead, and Romeo – banishèd.'
      That 'banishèd', that one word 'banishèd',
      Hath slain ten thousand Tybalts. Tybalt's death
      Was woe enough, if it had ended there;   115
      Or, if sour woe delights in fellowship
      And needly will be ranked with other griefs,
      Why followed not, when she said 'Tybalt's dead',
      Thy father, or thy mother, nay, or both,
      Which modern lamentation might have moved?   120
      But with a rearward following Tybalt's death,
      'Romeo is banishèd' – to speak that word
      Is father, mother, Tybalt, Romeo, Juliet,
      All slain, all dead. 'Romeo is banishèd' –
      There is no end, no limit, measure, bound,   125
      In that word's death. No words can that woe sound.
      Where is my father and my mother, Nurse?

JULIA. Soll ich schlecht von dem sprechen, der mein Gatte ist? Ah, mein armer Herr, welche Zunge soll deinen Namen glätten, wenn ich, deine Drei-Stunden-Frau, ihn verstümmelt habe? Aber, warum, Schurke, hast du meinen Vetter getötet? [100] Dieser schurkische Vetter wollte meinen Gatten töten. Zurück, törichte Tränen, zurück zu eurer heimischen Quelle! Eure tributpflichtigen Tropfen gehören dem Leid, die ihr, fälschlich, der Freude opfert. Mein Gatte lebt, den Tybalt erschlagen wollte; [105] und Tybalt ist tot, der meinen Gatten erschlagen wollte.[14] All dies ist Trost. Wozu weine ich dann? Es gab ein Wort, schlimmer als Tybalts Tod, das mich ermordete. Ich wollte es gern vergessen. Aber oh, es bedrängt mein Gedächtnis [110] wie verdammte schuldige Taten den Geist von Sündern! »Tybalt ist tot und Romeo – verbannt.« Dies »verbannt«, dies eine Wort »verbannt« hat zehntausend Tybalts erschlagen. Tybalts Tod war Leid genug, wenn es damit beendet gewesen wäre; [115] oder wenn saures Leid an Gemeinschaft Freude findet und unbedingt zu anderen Schmerzen gezählt werden will, warum folgten nicht, als sie sagte »Tybalt ist tot«, dein Vater oder deine Mutter, nein, oder beide; das hätte gewöhnliche[15] Klagen hervorrufen können? [120] Aber mit einer Nachhut, Tybalts Tod folgend, »Romeo ist verbannt«, dies Wort zu sprechen, bedeutet: Vater, Mutter, Tybalt, Romeo, Julia, alle erschlagen, alle tot. »Romeo ist verbannt« – es gibt kein Ende, keine Grenze, kein Maß, keine Schranke [125] in dieses Wortes Tod. Worte können dieses Leid nicht ausloten. Wo sind mein Vater und meine Mutter, Amme?

NURSE. Weeping and wailing over Tybalt's corse.
　　Will you go to them? I will bring you thither.
JULIET. Wash they his wounds with tears. Mine shall be
　　　　　　　　spent,　　　　　　　　　　　　　　　130
　　When theirs are dry, for Romeo's banishment.
　　Take up those cords. Poor ropes, you are beguiled,
　　Both you and I, for Romeo is exiled.
　　He made you for a highway to my bed,
　　But I, a maid, die maiden-widowèd.　　　　　　135
　　Come, cords. Come, nurse. I'll to my wedding bed,
　　And death, not Romeo, take my maidenhead!
NURSE. Hie to your chamber. I'll find Romeo
　　To comfort you. I wot well where he is.
　　Hark ye, your Romeo will be here at night.　　140
　　I'll to him. He is hid at Laurence' cell.
JULIET. O, find him! Give this ring to my true knight
　　And bid him come to take his last farewell.
　　Exit JULIET *with* NURSE.

Scene 3

Friar Laurence's cell with his study at the back.
Enter FRIAR LAURENCE.

FRIAR. Romeo, come forth. Come forth, thou fearful man.
　　Affliction is enamoured of thy parts,
　　And thou art wedded to calamity.
　　Enter ROMEO.

AMME. Beim Weinen und Jammern über Tybalts Leichnam. Wollt Ihr zu ihnen gehen? Ich will Euch dorthin bringen.

JULIA. Mögen sie seine Wunden mit Tränen waschen. Meine sollen sich erschöpfen, [130] wenn ihre trocken sind, für Romeos Verbannung. Nimm diese Stricke auf. Arme Stricke, ihr seid betrogen, ihr und auch ich, denn Romeo ist verbannt. Er schuf euch als Straße zu meinem Bett, aber ich, eine Jungfrau, sterbe, als Jungfrau zur Witwe gemacht. [135] Kommt, Stricke. Komm, Amme. Ich will zu meinem Ehebett, und Tod, nicht Romeo nehme meine Jungfräulichkeit!

AMME. Eilt in Euer Zimmer. Ich will Romeo finden, um Euch zu trösten. Ich weiß[16] wohl, wo er ist. Hört Ihr, Euer Romeo wird heute abend hier sein. [140] Ich will zu ihm. Er ist in Laurences Zelle versteckt.

JULIA. Oh, finde ihn! Gib diesen Ring meinem wahren Ritter und sag ihm, er solle kommen, um seinen letzten Abschied zu nehmen.

JULIA *geht mit der* AMME *ab.*

Dritte Szene

Bruder Laurences Zelle mit dem Studierzimmer im Hintergrund.
BRUDER LAURENCE *tritt auf.*

MÖNCH. Romeo, komm hervor. Komm hervor, du ängstlicher[1] Mann. Betrübnis ist in dein Wesen verliebt, und du bist dem Unglück angetraut.
ROMEO *tritt auf.*

ROMEO. Father, what news? What is the Prince's doom?
    What sorrow craves acquaintance at my hand   5
    That I yet know not?
FRIAR.   Too familiar
    Is my dear son with such sour company.
    I bring thee tidings of the Prince's doom.
ROMEO. What less than doomsday is the Prince's doom?
FRIAR. A gentler judgement vanished from his lips: 10
    Not body's death, but body's banishment.
ROMEO. Ha, banishment? Be merciful, say 'death'.
    For exile hath more terror in his look,
    Much more than death. Do not say 'banishment'.
FRIAR. Hence from Verona art thou banishèd.   15
    Be patient, for the world is broad and wide.
ROMEO. There is no world without Verona walls,
    But purgatory, torture, hell itself.
    Hence banishèd is banished from the world,
    And world's exile is death. Then 'banishèd'   20
    Is death mistermed. Calling death 'banishèd',
    Thou cuttest my head off with a golden axe
    And smilest upon the stroke that murders me.
FRIAR. O deadly sin! O rude unthankfulness!
    Thy fault our law calls death. But the kind Prince,   25
    Taking thy part, hath rushed aside the law,
    And turned that black word 'death' to banishment.
    This is dear mercy, and thou seest it not.
ROMEO. 'Tis torture, and not mercy. Heaven is here,
    Where Juliet lives. And every cat and dog   30
    And little mouse, every unworthy thing,

ROMEO. Vater, was gibt es Neues? Was ist des Fürsten Richtspruch? Welcher Kummer bittet um meine Bekanntschaft, [5] den ich noch nicht kenne?

MÖNCH. Zu vertraut ist mein lieber Sohn mit solch saurer Begleitung. Ich bringe dir Nachricht von des Fürsten Richtspruch.

ROMEO. Was weniger als das Jüngste Gericht ist des Fürsten Richtspruch?

MÖNCH. Ein sanfteres Urteil entschwand[2] seinen Lippen: [10] Nicht des Körpers Tod, sondern des Körpers Verbannung.

ROMEO. Ha, Verbannung? Sei gnädig, sage »Tod«. Denn Exil ist schrecklicher anzusehen, viel schrecklicher als Tod. Sag nicht »Verbannung«.

MÖNCH. Hier aus Verona bist du verbannt. [15] Sei geduldig, denn die Welt ist weit und breit.

ROMEO. Außerhalb von Veronas Mauern gibt es keine Welt, sondern Fegefeuer, Marter, Hölle selbst. Von hier verbannt ist aus der Welt verbannt, und der Welt Exil ist Tod. Dann ist »verbannt« [20] ein falscher Name für Tod. Dadurch dass du Tod »verbannt« nennst, schlägst du mir den Kopf mit einer goldenen Axt ab und lächelst über den Streich, der mich ermordet.

MÖNCH. O Todsünde! O grobe Undankbarkeit! Deinen Fehltritt nennt unser Gesetz Tod. Aber der gütige Fürst, [25] deine Partei ergreifend, hat das Gesetz beiseite gedrängt und das schwarze Wort »Tod« in Verbannung verwandelt. Dies ist kostbare Gnade, und du siehst es nicht.

ROMEO. 's ist Marter und nicht Gnade. Himmel ist hier, wo Julia lebt. Und jede Katze und jeder Hund [30] und jede kleine Maus, jedes unwürdige Ding lebt hier im Himmel

Live here in heaven and may look on her.
But Romeo may not. More validity,
More honourable state, more courtship lives
In carrion flies than Romeo. They may seize   35
On the white wonder of dear Juliet's hand
And steal immortal blessing from her lips,
Who, even in pure and vestal modesty,
Still blush, as thinking their own kisses sin.
This may flies do, when I from this must fly.   40
And sayest thou yet that exile is not death?
But Romeo may not, he is banishèd.
Flies may do this but I from this must fly.
They are free men. But I am banishèd.   44
Hadst thou no poison mixed, no sharp-ground knife,
No sudden mean of death, though ne'er so mean,
But 'banishèd' to kill me – 'banishèd'?
O Friar, the damnèd use that word in hell.
Howling attends it! How hast thou the heart,
Being a divine, a ghostly confessor,   50
A sin-absolver, and my friend professed,
To mangle me with that word 'banishèd'?
FRIAR. Thou fond mad man, hear me a little speak.
ROMEO. O, thou wilt speak again of banishment.
FRIAR. I'll give thee armour to keep off that word –   55
          Adversity's sweet milk, philosophy,
          To comfort thee, though thou art banishèd.
ROMEO. Yet 'banishèd'? Hang up philosophy!
          Unless philosophy can make a Juliet,
          Displant a town, reverse a prince's doom,   60
          It helps not, it prevails not. Talk no more.
FRIAR. O, then I see that madmen have no ears.

und darf auf sie sehen. Aber Romeo darf nicht. Mehr
Wert, mehr Ehrenstand, mehr Höfisch-Sein lebt in Aas-
fliegen als in Romeo. Sie dürfen [35] das weiße Wunder
der lieben Julia Hand ergreifen und unsterblichen Segen
von ihren Lippen stehlen, die, sogar in reiner und jung-
fräulicher Sittsamkeit, immer erröten, als hielten sie ihre
eigenen Küsse[3] für Sünde. Dies dürfen Fliegen, wenn ich
von hier fliehen muss. [40] Und sagst du doch, dass Exil
nicht Tod ist? Aber Romeo darf nicht, er ist verbannt.
Fliegen dürfen dies, aber ich muss von hier fliehen. Sie
sind freie Menschen. Aber ich bin verbannt. Hattest du
kein Gift gemischt, kein scharf geschliffenes Messer, [45]
kein plötzliches Mittel für Tod, wenn auch noch so niedrig,[4] außer »verbannt«, um mich zu töten – »verbannt«?
O Mönch, die Verdammten benutzen das Wort in der
Hölle. Heulen begleitet es! Wie hast du das Herz, als
Theologe, als geistlicher Beichtvater, [50] als Sündenfrei-
sprecher und mein erklärter Freund, mich mit dem Wort
»verbannt« zu verstümmeln?
MÖNCH. Du törichter, verrückter Mensch, hör mir ein wenig zu.
ROMEO. Oh, du wirst wieder von Verbannung reden.
MÖNCH. Ich will dir Rüstung geben, um das Wort fernzu-
halten – [55] der Not süße Milch, Philosophie; die dich
trösten kann, obwohl du verbannt bist.
ROMEO. Doch »verbannt«? Häng Philosophie! Wenn Philosophie keine Julia schaffen, keine Stadt verpflanzen,
keines Fürsten Richtspruch umkehren kann, [60] hilft
sie nichts, nützt sie nichts. Rede nicht mehr.
MÖNCH. Oh, dann sehe ich, dass Verrückte keine Ohren
haben.

ROMEO.
　　How should they, when that wise men have no eyes?
FRIAR. Let me dispute with thee of thy estate.
ROMEO. Thou canst not speak of that thou dost not feel.　65
　　Wert thou as young as I, Juliet thy love,
　　An hour but married, Tybalt murderèd,
　　Doting like me, and like me banishèd,
　　Then mightst thou speak; then mightst thou tear
　　　　　　　　　thy hair,
　　And fall upon the ground, as I do now,　　　　70
　　Taking the measure of an unmade grave.
　　Knock.
FRIAR. Arise. One knocks. Good Romeo, hide thyself.
ROMEO. Not I; unless the breath of heartsick groans
　　Mist-like infold me from the search of eyes.
　　Knock.
FRIAR.
　　Hark, how they knock! – Who's there? – Romeo, arise.
　　Thou wilt be taken. – Stay awhile! – Stand up.　76
　　Knock.
　　Run to my study. – By and by! – God's will,
　　What simpleness is this! – I come, I come!
　　Knock.
　　Who knocks so hard? Whence come you? What's
　　　　　　　　　your will?
NURSE. Let me come in, and you shall know my errand.　80
　　I come from Lady Juliet.
FRIAR.　　　　　　　　　　Welcome then.
　　Enter NURSE.
NURSE. O holy Friar, O, tell me, holy Friar,
　　Where's my lady's lord, where's Romeo?

ROMEO. Wie sollten sie, wenn Weise keine Augen haben?

MÖNCH. Lass mich mit dir über deine Lage disputieren.

ROMEO. Du kannst nicht über das reden, das du nicht fühlst. [65] Wärst du so jung wie ich, Julia deine Liebste, erst eine Stunde verheiratet, Tybalt ermordet, vernarrt wie ich und wie ich verbannt, dann dürftest du reden; dann dürftest du dir das Haar ausreißen und auf den Boden fallen, wie ich es jetzt tue, [70] und das Maß eines ungemachten Grabes nehmen.[5]

Klopfen.

MÖNCH. Steh auf. Man klopft. Guter Romeo, verstecke dich.

ROMEO. Nicht ich; wenn mich nicht der Atem herzenskranken Stöhnens nebelgleich einhülle gegen die Suche der Augen.[6]

Klopfen.

MÖNCH. Hör, wie sie klopfen! – Wer ist das? – Romeo, erhebe dich. [75] Man wird dich fassen. – Bleib ein wenig! – Steh auf.

Klopfen.

Lauf in mein Studierzimmer. – Sogleich! – Gottes Willen, was für Einfalt ist dies! – Ich komme, ich komme!

Klopfen.

Wer klopft so fest? Woher kommt Ihr? Was ist Euer Wille?

AMME. Lasst mich hereinkommen, und Ihr sollt meine Botschaft hören. [80] Ich komme von Lady Julia.

MÖNCH. Willkommen dann.

Die AMME *tritt auf.*

AMME. O heiliger Mönch, oh, sagt mir, heiliger Mönch, wo ist meiner Dame Herr, wo ist Romeo?

FRIAR.
>   There on the ground, with his own tears made drunk.

NURSE. O, he is even in my mistress' case,   85
>   Just in her case! O woeful sympathy!
>   Piteous predicament! Even so lies she,
>   Blubbering and weeping, weeping and blubbering.
>   Stand up, stand up! Stand, an you be a man.
>   For Juliet's sake, for her sake, rise and stand!   90
>   Why should you fall into so deep an O?
>   *He rises.*

ROMEO. Nurse –

NURSE.   Ah sir! ah sir! Death's the end of all.

ROMEO. Spakest thou of Juliet? How is it with her?
>   Doth not she think me an old murderer,
>   Now I have stained the childhood of our joy   95
>   With blood removed but little from her own?
>   Where is she? and how doth she? and what says
>   My concealed lady to our cancelled love?

NURSE. O, she says nothing, sir, but weeps and weeps,
>   And now falls on her bed, and then starts up,   100
>   And Tybalt calls, and then on Romeo cries,
>   And then down falls again.

ROMEO.   As if that name,
>   Shot from the deadly level of a gun,
>   Did murder her; as that name's cursèd hand
>   Murdered her kinsman. O, tell me, Friar, tell me,   105
>   In what vile part of this anatomy
>   Doth my name lodge? Tell me, that I may sack
>   The hateful mansion.
>   *He offers to stab himself, and the* NURSE *snatches the
>   dagger away.*

MÖNCH. Dort auf dem Boden, von seinen eigenen Tränen betrunken gemacht.

AMME. Oh, er ist genau in meiner Herrin Lage, [85] genau in ihrer Lage! O leidvoller Einklang! Bejammernswerter Zustand! Genau so liegt sie, heulend und weinend, weinend und heulend. Steht auf, steht auf! Steht, wenn Ihr ein Mann seid. Um Julias Willen, um ihretwillen, erhebt Euch und steht! [90] Warum solltet Ihr in ein so tiefes »Oh« fallen?

Er steht auf.

ROMEO. Amme –

AMME. Ah, Sir! Ah, Sir! Tod ist das Ende von allem.

ROMEO. Sprachst du von Julia? Wie steht es mit ihr? Hält sie mich nicht für einen alten Mörder, nun da ich die Kindheit unserer Freude befleckt habe [95] mit Blut, das von ihrem eigenen nur wenig entfernt ist? Wo ist sie? Und wie geht es ihr? Und was sagt meine verborgene Dame zu unserer aufgehobenen Liebe?[7]

AMME. Oh, sie sagt nichts, Sir, sondern weint und weint und fällt nun auf ihr Bett und schreckt dann wieder hoch [100] und ruft Tybalt und eifert dann gegen Romeo und fällt dann wieder nieder.

ROMEO. Als ob dieser Name, gefeuert aus der tödlichen Schusslinie einer Kanone[8], sie ermordete; wie dieses Namens verfluchte Hand ihren Verwandten ermordete. Oh, sag mir, Mönch, sag mir, [105] in welchem gemeinen Teil dieses Körpers mein Name wohnt? Sag es mir, damit ich das verhasste Gebäude[9] plündern kann.

Er versucht sich zu erstechen, und die AMME *entreißt den Dolch.*

FRIAR.   Hold thy desperate hand.
Art thou a man? Thy form cries out thou art.
Thy tears are womanish. Thy wild acts denote   110
The unreasonable fury of a beast.
Unseemly woman in a seeming man!
And ill-beseeming beast in seeming both!
Thou hast amazed me. By my holy order,
I thought thy disposition better tempered.   115
Hast thou slain Tybalt? Wilt thou slay thyself?
And slay thy lady that in thy life lives,
By doing damnèd hate upon thyself?
Why railest thou on thy birth, the heaven, and earth?
Since birth and heaven and earth, all three, do meet.
In thee at once; which thou at once wouldst lose.   121
Fie, fie, thou shamest thy shape, thy love, thy wit,
Which, like a usurer, aboundest in all,
And usest none in that true use indeed
Which should bedeck thy shape, thy love, thy wit.   125
Thy noble shape is but a form of wax,
Digressing from the valour of a man;
Thy dear love sworn but hollow perjury,
Killing that love which thou hast vowed to cherish;
Thy wit, that ornament to shape and love,   130
Misshapen in the conduct of them both,
Like powder in a skilless soldier's flask
Is set afire by thine own ignorance,
And thou dismembered with thine own defence.
What, rouse thee, man! Thy Juliet is alive,   135
For whose dear sake thou wast but lately dead.
There art thou happy. Tybalt would kill thee,
But thou slewest Tybalt. There art thou happy.

MÖNCH. Halte deine verzweifelte Hand zurück. Bist du ein Mann? Deine Gestalt ruft aus, du bist es. Deine Tränen sind weibisch. Deine wilden Taten bezeichnen [110] die unvernünftige Wut eines Tieres. Unziemliche Frau in einem scheinbaren Mann! Und unschickliches Tier dadurch, dass du als beides erscheinst![10] Du hast mich in Staunen versetzt. Bei meinem heiligen Orden, ich hielt deine Veranlagung für besser gemischt. [115] Hast du Tybalt erschlagen? Willst du dich selbst erschlagen? Und die Dame erschlagen, die durch dein Leben lebt, indem du dir selbst verdammten Hass antust? Warum beschimpfst du deine Geburt, den Himmel und die Erde? Da Geburt und Himmel und Erde, alle drei, sich [120] zugleich in dir treffen; was du zugleich verlieren würdest.[11] Pfui, pfui, du beschämst deine Gestalt, deine Liebe, deinen Geist, der du, wie ein Wucherer, Überfluss an allem hast und wahrhaftig nichts in der wahren Weise benutzt, die deine Gestalt, deine Liebe, deinen Geist zieren sollte.[12] [125] Deine edle Gestalt ist nur eine Form aus Wachs, wenn du vom Mannesmut ablässt; deine geschworene teure Liebe nur hohler Meineid, wenn du die Liebe tötest, die du hochzuhalten gelobt hast; dein Geist, diese Zierde von Gestalt und Liebe, [130] ungestalt in der Handhabung beider, wird wie Pulver im Horn[13] eines ungeschickten Soldaten, durch deine eigene Unwissenheit entflammt und du wirst durch deine eigene Verteidigung verstümmelt.[14] Was, raff dich auf, Mann! Deine Julia lebt, [135] der zu Liebe[15] du erst kürzlich tot warst. Darin bist du glücklich. Tybalt wollte dich töten, aber du erschlugst Tybalt. Darin bist du glücklich. Das Gesetz,

The law, that threatened death, becomes thy friend
And turns it to exile. There art thou happy.   140
A pack of blessings light upon thy back.
Happiness courts thee in her best array.
But, like a mishavèd and sullen wench,
Thou pouts upon thy fortune and thy love.
Take heed, take heed, for such die miserable.   145
Go, get thee to thy love, as was decreed.
Ascend her chamber. Hence and comfort her.
But look thou stay not till the Watch be set,
For then thou canst not pass to Mantua,
Where thou shalt live till we can find a time   150
To blaze your marriage, reconcile your friends,
Beg pardon of the Prince, and call thee back
With twenty hundred thousand times more joy
Than thou wentest forth in lamentation.
Go before, Nurse. Commend me to thy lady,   155
And bid her hasten all the house to bed,
Which heavy sorrow makes them apt unto.
Romeo is coming.
NURSE. O Lord, I could have stayed here all the night
To hear good counsel. O, what learning is! –   160
My lord, I'll tell my lady you will come.
ROMEO. Do so, and bid my sweet prepare to chide.
    The NURSE *begins to go in and turns back again.*
NURSE. Here, sir, a ring she bid me give you, sir.
Hie you, make haste, for it grows very late.
    Exit NURSE.

das Tod androhte, wird dein Freund und verwandelt ihn in Exil. Darin bist du glücklich. [140] Ein Bündel Segnungen lässt sich auf deinem Rücken nieder. Glück umwirbt dich in seinem besten Gewand. Aber, wie ein ungebührliches und mürrisches Frauenzimmer schmollst du deinem Geschick und deiner Liebe. Gib acht, gib acht, denn solche sterben elend. [145] Geh, mach dass du zu deiner Liebsten kommst, wie es bestimmt wurde. Steig in ihr Zimmer. Fort von hier und tröste sie. Aber sieh zu, dass du nicht bleibst, bis die Wache aufgestellt ist, denn dann kannst du nicht nach Mantua gelangen, wo du wohnen sollst, bis wir einen Zeitpunkt finden können, [150] um eure Ehe auszuposaunen, eure Freunde zu versöhnen, den Fürsten um Verzeihung zu bitten und dich mit zwanzig hunderttausend mal mehr Freude zurückrufen als du in Klagen fortgingst. Geh vor, Amme. Empfiehl mich deiner Herrin, [155] und lass sie dafür sorgen, dass das ganze Haus eilig zu Bett geht, wozu schwerer Kummer sie geneigt macht. Romeo kommt.

AMME. O Gott, ich hätte die ganze Nacht hier bleiben können, um guten Rat zu hören. Oh, was Gelehrsamkeit ist! – [160] Mylord, ich werde meiner Herrin sagen, dass Ihr kommt.

ROMEO. Tu das, und sag meiner Süßen, sie soll sich zum Schelten vorbereiten.

Die AMME *beginnt hineinzugehen und dreht sich wieder um.*

AMME. Hier, Sir, einen Ring trug sie mir auf, Euch zu geben, Sir. Eilt Euch, macht schnell, denn es wird sehr spät.

Die AMME *geht ab.*

ROMEO. How well my comfort is revived by this! 165
FRIAR.

> Go hence. Good night. And here stands all your state:
> Either be gone before the Watch be set,
> Or by the break of day disguised from hence.
> Sojourn in Mantua. I'll find out your man,
> And he shall signify from time to time 170
> Every good hap to you that chances here.
> Give me thy hand. 'Tis late. Farewell. Good night.

ROMEO. But that a joy past joy calls out on me,

> It were a grief so brief to part with thee.
> Farewell. 175
> *Exeunt.*

Scene 4

Capulet's house.
Enter old CAPULET, *his wife, and* PARIS.

CAPULET. Things have fallen out, sir, so unluckily

> That we have had no time to move our daughter.
> Look you, she loved her kinsman Tybalt dearly,
> And so did I. Well, we were born to die.
> 'Tis very late. She'll not come down tonight. 5
> I promise you, but for your company,
> I would have been abed an hour ago.

PARIS. These times of woe afford no times to woo.

> Madam, good night. Commend me to your daughter.

ROMEO. Wie sehr mein Trost hierdurch wiederbelebt wird! [165]

MÖNCH. Geh fort von hier. Gute Nacht. Und hiervon hängt euer ganzes Wohl ab; entweder seid fort, bevor die Wache aufgestellt ist, oder bei Tagesanbruch verkleidet von hier. Haltet Euch in Mantua auf. Ich werde Euren Dienstmann ausfindig machen, und er soll Euch von Zeit zu Zeit [170] alles Gute melden, das sich hier begeben mag. Gib mir die Hand, 's ist spät. Leb wohl. Gute Nacht.

ROMEO. Wenn nicht eine Freude über alle Freude nach mir riefe, wäre es ein Schmerz, mich so kurz von dir zu verabschieden.[16] Leb wohl. [175]

Sie gehen ab.

Vierte Szene

Capulets Haus.
Der alte CAPULET, *seine Frau und* PARIS *treten auf.*

CAPULET. Die Dinge haben sich, Sir, so unglücklich zugetragen, dass wir keine Zeit gehabt haben, in unsere Tochter zu dringen. Seht Ihr, sie liebte ihren Verwandten Tybalt sehr, und ich auch. Nun, wir wurden zum Sterben geboren. 's ist sehr spät. Sie wird heute abend nicht herunterkommen. [5] Ich versichere Euch, wäre es nicht wegen Eures Besuches, wäre ich schon vor einer Stunde im Bett gewesen.[1]

PARIS. Diese Zeiten des Leids gewähren keine Zeiten zum Freien. Madame, gute Nacht, empfehlt mich Eurer Tochter.

LADY CAPULET.

    I will, and know her mind early tomorrow.   10

    Tonight she's mewed up to her heaviness.

    PARIS *offers to go in and* CAPULET *calls him again.*

CAPULET. Sir Paris, I will make a desperate tender

    Of my child's love. I think she will be ruled

    In all respects by me. Nay more, I doubt it not.

    Wife, go you to her ere you go to bed.   15

    Acquaint her here of my son Paris' love,

    And bid her – mark you me? – on Wednesday next –

    But soft! what day is this?

PARIS.   Monday, my lord.

CAPULET. Monday! Ha, ha! Well, Wednesday is too soon.

    A'Thursday let it be. A'Thursday, tell her,   20

    She shall be married to this noble earl.

    Will you be ready? Do you like this haste?

    We'll keep no great ado – a friend or two.

    For hark you, Tybalt being slain so late,

    It may be thought we held him carelessly,   25

    Being our kinsman, if we revel much.

    Therefore we'll have some half a dozen friends,

    And there an end. But what say you to Thursday?

PARIS. My lord, I would that Thursday were tomorrow.

CAPULET. Well, get you gone. A'Thursday be it, then.   30

    Go you to Juliet ere you go to bed.

    Prepare her, wife, against this wedding day.

    Farewell, my lord. – Light to my chamber, ho!

    Afore me, it is so very late that we

    May call it early by and by. Good night.   35

    Exeunt.

LADY CAPULET. Ich will es und morgen früh ihren Willen erfahren. [10] Heute abend ist sie zu ihrer Schwermut eingesperrt².

PARIS beginnt hineinzugehen, und CAPULET *ruft ihn wieder.*

CAPULET. Sir Paris, ich will ein verzweifeltes Angebot über die Liebe meines Kindes machen. Ich glaube, sie wird sich in jeder Hinsicht von mir leiten lassen. Nein mehr, ich zweifle nicht daran. Frau, geht Ihr zu ihr, bevor Ihr zu Bett geht. [15] Macht sie hier mit meines Sohnes³ Paris Liebe bekannt und sagt ihr – hört Ihr mir zu? –, am nächsten Mittwoch – aber still! welcher Tag ist heute?

PARIS. Montag, Mylord.

CAPULET. Montag! Ha, ha! Gut, Mittwoch ist zu früh. Am Donnerstag soll's sein. Am Donnerstag, sagt ihr, [20] soll sie mit diesem edlen Grafen⁴ verheiratet werden. Werdet Ihr bereit sein? Gefällt Euch diese Eile? Wir werden keine großen Umstände machen – ein Freund oder zwei. Denn hört, da Tybalt so kürzlich erschlagen wurde, denkt man vielleicht, wir achteten ihn nicht hoch, [25] da er unser Verwandter ist, wenn wir viel feiern.⁵ Darum wollen wir etwa ein halbes Dutzend Freunde haben, und weiter nichts. Was sagt Ihr zu Donnerstag?

PARIS. Mylord, ich wollte, Donnerstag wäre morgen.

CAPULET. Gut, macht Euch fort. Am Donnerstag sei's denn. [30] Geht Ihr zu Julia, bevor Ihr zu Bett geht. Bereitet sie, Frau, auf den Hochzeitstag vor. Lebt wohl, Mylord. – Licht zu meinem Zimmer, ho! Meiner Seel⁶, es ist so spät, dass wir es gleich früh nennen können. Gute Nacht. [35]

Sie gehen ab.

Scene 5

Juliet's bedroom; to one side the window above the orchard,
to the other a door.
Enter ROMEO *and* JULIET *aloft, at the window.*

JULIET. Wilt thou be gone? It is not yet near day.
    It was the nightingale, and not the lark,
    That pierced the fearful hollow of thine ear.
    Nightly she sings on yond pomegranate tree.
    Believe me, love, it was the nightingale.   5
ROMEO. It was the lark, the herald of the morn;
    No nightingale. Look, love, what envious streaks
    Do lace the severing clouds in yonder East.
    Night's candles are burnt out, and jocund day
    Stands tiptoe on the misty mountain tops.   10
    I must be gone and live, or stay and die.
JULIET. Yond light is not daylight; I know it, I.
    It is some meteor that the sun exhales
    To be to thee this night a torchbearer
    And light thee on thy way to Mantua.   15
    Therefore stay yet. Thou needest not to be gone.
ROMEO. Let me be ta'en, let me be put to death.
    I am content, so thou wilt have it so.
    I'll say yon grey is not the morning's eye;
    'Tis but the pale reflex of Cynthia's brow.   20
    Nor that is not the lark whose notes do beat
    The vaulty heaven so high above our heads.
    I have more care to stay than will to go.

Fünfte Szene

Julias Schlafzimmer; auf der einen Seite das Fenster über
dem Garten; auf der anderen eine Tür.
ROMEO *und* JULIA *treten oben am Fenster auf.*

JULIA. Willst du schon fort? Der Tag ist noch nicht nahe.
Es war die Nachtigall und nicht die Lerche, die die angst-
volle Höhlung deines Ohrs durchdrang. Nächtlich singt
sie in dem Granatapfelbaum dort drüben. Glaub mir,
Liebster, es war die Nachtigall.[1] [5]

ROMEO. Es war die Lerche, der Herold des Morgens; keine
Nachtigall. Sieh, Liebste, was für neidische Streifen dort
drüben im Osten die trennenden Wolken mit Spitzen
säumen[2]. Die Kerzen der Nacht sind ausgebrannt, und
der fröhliche Tag steht auf Zehenspitzen auf den dunsti-
gen Berggipfeln. [10] Ich muss fort und leben oder bleiben und sterben.

JULIA. Das Licht dort drüben ist nicht Tageslicht; ich weiß
es genau. Es ist ein Meteor, den die Sonne aushaucht, um
dir heute nacht ein Fackelträger zu sein und dir auf dem
Weg nach Mantua zu leuchten. [15] Darum bleib noch.
Du brauchst noch nicht fort.

ROMEO. Mögen sie mich fangen, mögen sie mich hinrich-
ten. Ich bin zufrieden, wenn du es so haben willst. Ich
will sagen, das Grau dort drüben ist nicht des Morgens
Auge; 's ist nur der bleiche Widerschein von Cynthias
Stirn.[3] [20] Und auch das ist nicht[4] die Lerche, deren Töne
an den gewölbten Himmel so hoch über unserm Kopf
schlagen. Ich habe mehr Neigung zu bleiben als Willen
zu gehen. Komm, Tod, und willkommen! Julia will es

Come, death, and welcome! Juliet wills it so.
How is't, my soul? Let's talk. It is not day.   25
JULIET. It is, it is! Hie hence, be gone, away!
It is the lark that sings so out of tune,
Straining harsh discords and unpleasing sharps.
Some say the lark makes sweet division.
This doth not so, for she divideth us.   30
Some say the lark and loathèd toad change eyes.
O, now I would they had changed voices too,
Since arm from arm that voice doth us affray,
Hunting thee hence with hunt's-up to the day.
O, now be gone! More light and light it grows.   35
ROMEO. More light and light: more dark and dark our woes.
Enter NURSE *hastily.*
NURSE. Madam!
JULIET. Nurse?
NURSE. Your lady mother is coming to your chamber.
The day is broke. Be wary. Look about.   40
Exit NURSE.
JULIET. Then, window, let day in, and let life out.
ROMEO. Farewell, farewell! One kiss, and I'll descend.
He goes down.
JULIET. Art thou gone so, love-lord, aye husband-friend?
I must hear from thee every day in the hour,
For in a minute there are many days.   45
O by this count I shall be much in years
Ere I again behold my Romeo.
ROMEO. Farewell!
I will omit no opportunity
That may convey my greetings, love, to thee.   50

so. Wie geht's, meine Seele? Lass uns reden. Es ist nicht Tag. [25]

JULIA. Es ist, es ist! Eil von hier, fort, weg! Es ist die Lerche, die so falsch gestimmt singt, harsche Missklänge tönt und unschöne Halbtöne. Manche sagen, die Lerche mache süße Variation. Diese nicht, denn sie trennt uns.[5] [30] Manche sagen, die Lerche und ekelhafte Kröte tauschen Augen. Oh, jetzt wollte ich, sie hätten auch die Stimmen getauscht, da uns diese Stimme aus unseren Armen aufschreckt, dich von hier jagt mit »Die Jagd ist auf« für den Tag.[6] Oh, fort jetzt, heller und heller wird es. [35]

ROMEO. Heller und heller: dunkler und dunkler unsere Leiden.

Die AMME tritt hastig auf.

AMME. Madame!

JULIA. Amme?

AMME. Eure Frau Mutter kommt zu Eurem Zimmer. Der Tag ist angebrochen. Seid vorsichtig. Seht Euch vor. [40]
Die AMME geht ab.

JULIA. Dann, Fenster, lass Tag hinein und lass Leben hinaus.

ROMEO. Leb wohl, leb wohl! Ein Kuss, und ich steige hinab.
Er geht nach unten.

JULIA. Bist du so fort, Liebster und Herr, ja Gatte und Freund?[7] Ich muss jeden Tag stündlich von dir hören, denn in einer Minute sind viele Tage. [45] Oh, nach dieser Zählung werde ich hoch in Jahren sein, ehe ich meinen Romeo wiedersehe.

ROMEO. Leb wohl! Ich will keine Gelegenheit auslassen, die meine Grüße, Liebste, zu dir befördern kann. [50]

JULIET. O, thinkest thou we shall ever meet again?

ROMEO. I doubt it not; and all these woes shall serve
    For sweet discourses in our times to come.

JULIET. O God, I have an ill-divining soul!
    Methinks I see thee, now thou art so low,   50
    As one dead in the bottom of a tomb.
    Either my eyesight fails, or thou lookest pale.

ROMEO. And trust me, love, in my eye so do you.
    Dry sorrow drinks our blood. Adieu, adieu!
    Exit ROMEO.

JULIET. O Fortune, Fortune! All men call thee fickle.   60
    If thou art fickle, what dost thou with him
    That is renowned for faith? Be fickle, Fortune,
    For then I hope thou wilt not keep him long
    But send him back.
    She goes down from the window.
    Enter JULIET*'s mother.*

LADY CAPULET.   Ho, daughter! Are you up?

JULIET. Who is't that calls? It is my lady mother.   65
    Is she not down so late, or up so early?
    What unaccustomed cause procures her hither?

LADY CAPULET. Why, how now, Juliet?

JULIET.   Madam, I am not well.

LADY CAPULET.
    Evermore weeping for your cousin's death?   69
    What, wilt thou wash him from his grave with tears?
    An if thou couldst, thou couldst not make him live.
    Therefore have done. Some grief shows much of love;
    But much of grief shows still some want of wit.

JULIA. Oh, glaubst du, wir werden uns je wiedersehen?

ROMEO. Ich zweifle nicht; und alle diese Leiden sollen uns in unseren späteren Zeiten zu süßen Unterhaltungen dienen.

JULIA. O Gott, meine Seele ahnt Übles! Mir scheint, ich sehe dich, nun da du so tief bist, [55] wie einen tot im Grunde eines Grabes. Entweder meine Augen lassen mich im Stich, oder du siehst blass aus.

ROMEO. Und vertraut mir, Liebste, Ihr in meinen Augen auch. Trockner Kummer trinkt unser Blut. Adieu, adieu!

ROMEO *geht ab.*

JULIA. O Fortuna, Fortuna[8]! Alle Menschen nennen dich unbeständig. [60] Wenn du unbeständig bist, was hast du mit ihm zu tun, der für seine Treue bekannt ist? Sei unbeständig, Fortuna, denn dann hoffe ich, du wirst ihn nicht lange halten, sondern ihn zurückschicken.

Sie geht von dem Fenster herunter.

JULIA*s Mutter tritt auf.*

LADY CAPULET. Ho, Tochter, seid Ihr auf?

JULIA. Wer ist's, der ruft? Es ist meine Frau Mutter. [65] Ist sie so spät noch nicht nieder oder so früh auf? Welch ungewohnter Grund schafft sie hierher?

LADY CAPULET. Warum, wie nun, Julia?

JULIA. Madame, mir geht es nicht gut.

LADY CAPULET. Immer noch in Tränen um den Tod Eures Vetters? Was, willst du ihn mit Tränen aus seinem Grab waschen? [70] Wenn du es könntest, könntest du ihn nicht wieder zum Leben bringen. Darum hör auf. Etwas Schmerz zeigt viel Liebe, aber viel Schmerz zeigt immer etwas Mangel an Geist.

JULIET. Yet let me weep for such a feeling loss.

LADY CAPULET.
So shall you feel the loss, but not the friend   75
Which you weep for.

JULIET.   Feeling so the loss,
I cannot choose but ever weep the friend.

LADY CAPULET.
Well, girl, thou weepest not so much for his death
As that the villain lives which slaughtered him.

JULIET. What villain, madam?

LADY CAPULET.   That same villain Romeo.   80

JULIET. [Aside.] Villain and he be many miles asunder. –
God pardon him! I do, with all my heart.
And yet no man like he doth grieve my heart.

LADY CAPULET. That is because the traitor murderer lives.

JULIET. Ay, madam, from the reach of these my hands.   85
Would none but I might venge my cousin's death!

LADY CAPULET.
We will have vengeance for it, fear thou not.
Then weep no more. I'll send to one in Mantua,
Where that same banished runagate doth live,
Shall give him such an unaccustomed dram   90
That he shall soon keep Tybalt company.
And then I hope thou wilt be satisfied.

JULIET. Indeed I never shall be satisfied
With Romeo till I behold him – dead –
Is my poor heart so for a kinsman vexed.   95
Madam, if you could find out but a man
To bear a poison, I would temper it –
That Romeo should, upon receipt thereof,

JULIA. Doch lasst mich weinen um solch einen tiefgefühlten Verlust.

LADY CAPULET. So sollt Ihr den Verlust fühlen, aber nicht den Freund, [75] um den Ihr weint.

JULIA. Da ich den Verlust so fühle, kann ich nicht umhin, immer um den Freund zu weinen.

LADY CAPULET. Gut, Mädchen, du weinst nicht so sehr um seinen Tod als darum, dass der Schurke lebt, der ihn geschlachtet hat.

JULIA. Welcher Schurke, Madame?

LADY CAPULET. Eben dieser Schurke Romeo. [80]

JULIA *(beiseite)*. Schurke und er sind viele Meilen von einander. – Gott verzeihe ihm! Ich tu es, von ganzem Herzen. Und doch bekümmert kein Mensch mein Herz wie er.

LADY CAPULET. Das ist, weil der verräterische Mörder lebt.

JULIA. Ja, Madame, außerhalb der Reichweite dieser meiner Hände. [85] Wollte, niemand außer mir dürfte meines Vetters Tod rächen!

LADY CAPULET. Wir wollen Rache dafür haben, sei unbesorgt. Darum weine nicht mehr. Ich will zu einem in Mantua schicken, wo eben dieser verbannte Vagabund[9] wohnt, der soll ihm einen so ungewohnten Schluck geben, [90] dass er bald Tybalt Gesellschaft leisten soll. Und dann hoffe ich, wirst du zufrieden sein.

JULIA. Wahrlich, ich werde nie zufrieden mit Romeo sein, bis ich ihn sehe – tot – ist mein armes Herz, so für einen Verwandten gequält[10]. [95] Madame, wenn Ihr nur jemanden finden könntet, um ein Gift zu tragen, ich würde es mischen[11], dass Romeo, wenn er es empfängt, bald

Soon sleep in quiet. O, how my heart abhors
To hear him named and cannot come to him,   100
To wreak the love I bore my cousin
Upon his body that hath slaughtered him!

LADY CAPULET.
Find thou the means, and I'll find such a man.
But now I'll tell thee joyful tidings, girl.

JULIET. And joy comes well in such a needy time.   105
What are they, beseech your ladyship?

LADY CAPULET.
Well, well, thou hast a careful father, child:
One who, to put thee from thy heaviness,
Hath sorted out a sudden day of joy
That thou expects not nor I looked not for.   110

JULIET. Madam, in happy time! What day is that?

LADY CAPULET.
Marry, my child, early next Thursday morn
The gallant, young, and noble gentleman,
The County Paris, at Saint Peter's Church,
Shall happily make thee there a joyful bride.   115

JULIET. Now by Saint Peter's Church, and Peter too,
He shall not make me there a joyful bride!
I wonder at this haste, that I must wed
Ere he that should be husband comes to woo.
I pray you tell my lord and father, madam,   120
I will not marry yet; and when I do, I swear
It shall be Romeo, whom you know I hate,
Rather than Paris. These are news indeed!

LADY CAPULET.
Here comes your father. Tell him so yourself,
And see how he will take it at your hands.   125

in Ruhe schlafen sollte. Oh, wie mein Herz es verab-
scheut, ihn nennen zu hören und kann doch nicht zu
ihm kommen, [100] um die Liebe, die ich für meinen Vetter hegte, an seinem Körper zu rächen, der ihn geschlachtet hat!

LADY CAPULET. Finde du die Mittel, und ich finde dir
solch einen Mann. Aber jetzt gebe ich dir freudvolle
Nachrichten, Mädchen.

JULIA. Und Freude kommt gut in solcher Notzeit. [105]
Welche sind es, ich bitte Euer Ladyschaft?

LADY CAPULET. Gut, gut, du hast einen sorgsamen Vater,
Kind: einen, der, um dich von deiner Schwermut zu befreien, einen plötzlichen Tag der Freude ausgesucht hat,
den du nicht erwartest und den ich nicht suchte. [110]

JULIA. Madame, zu glücklicher Zeit! Was für ein Tag ist
das?

LADY CAPULET. Fürwahr, mein Kind, früh am nächsten
Donnerstag morgen soll der tapfere, junge und edle
Herr, der Graf Paris in der Sankt Peters Kirche dich
glücklich dort zu einer freudvollen Braut machen. [115]

JULIA. Nun, bei Sankt Peters Kirche und auch bei Peter,
er soll mich nicht dort zu einer freudvollen Braut machen! Ich wundere mich über diese Hast, dass ich heiraten muss, bevor er, der Gatte sein soll, zum Werben
kommt. Ich bitte Euch, sagt meinem Herrn und Vater,
Madame, [120] ich will noch nicht heiraten; und wenn ich
es tue, schwöre ich, soll es Romeo sein – den ich, wie Ihr
wisst, hasse – eher als Paris. Dies sind wahrhaftig Neuig-
keiten!

LADY CAPULET. Hier kommt Euer Vater. Sagt es ihm
selbst, und seht, wie er es von Euch aufnimmt. [125]

Enter CAPULET *and* NURSE.

CAPULET. When the sun sets the earth doth drizzle dew,
But for the sunset of my brother's son
It rains downright.
How now? A conduit, girl? What, still in tears?
Evermore showering? In one little body   130
Thou counterfeitest a bark, a sea, a wind.
For still thy eyes, which I may call the sea,
Do ebb and flow with tears. The bark thy body is,
Sailing in this salt flood. The winds, thy sighs,
Who, raging with thy tears and they with them,   135
Without a sudden calm will overset
Thy tempest-tossèd body. How now, wife?
Have you delivered to her our decree?

LADY CAPULET.
Ay, sir. But she will none, she gives you thanks.
I would the fool were married to her grave!   140

CAPULET. Soft! Take me with you, take me with you, wife.
How? Will she none? Doth she not give us thanks?
Is she not proud? Doth she not count her blest,
Unworthy as she is, that we have wrought
So worthy a gentleman to be her bride?   145

JULIET. Not proud you have, but thankful that you have.
Proud can I never be of what I hate,
But thankful even for hate that is meant love.

CAPULET.
How, how, how, how, chopped logic? What is this?
'Proud' – and 'I thank you' – and 'I thank you not' –   150
And yet 'not proud'? Mistress minion you,
Thank me no thankings, nor proud me no prouds,
But fettle your fine joints 'gainst Thursday next

CAPULET *und die* AMME *treten auf.*

CAPULET. Wenn die Sonne untergeht, sprüht die Erde Tau, aber für den Sonnenuntergang von meines Bruders Sohn regnet es richtig. Wie nun? Ein Brunnen[12], Mädchen? Was, noch in Tränen? Immer noch prasselnd? In einem kleinen Körper [130] ahmst du eine Barke, ein Meer, einen Wind nach. Denn immer haben deine Augen, die ich die See nennen kann, Ebbe und Flut von Tränen. Die Barke ist dein Körper, der in dieser Salzflut segelt. Die Winde, deine Seufzer, die, mit deinen Tränen wütend und sie mit ihnen, [135] ohne plötzliche Flaute deinen sturmgeschüttelten Körper kentern lassen werden. Wie nun, Frau? Habt Ihr unsern Entschluss übermittelt?[13]

LADY CAPULET. Ja, Sir. Aber sie will nichts davon wissen, sie sagt Euch Dank. Ich wollte, die Närrin wäre mit ihrem Grab verheiratet.[14] [140]

CAPULET. Still! Ich kann Euch nicht folgen, ich kann Euch nicht folgen, Frau. Wie, will sie nichts davon wissen? Sagt sie uns keinen Dank? Ist sie nicht stolz? Hält sie sich nicht für gesegnet, dass wir, unwürdig wie sie ist, einen so würdigen Edelmann dazu gebracht haben, ihr Bräutigam zu sein? [145]

JULIA. Nicht stolz deswegen, aber dankbar deswegen. Stolz kann ich nie auf das sein, was ich hasse, aber dankbar sogar für Hass, der als Liebe gemeint ist.

CAPULET. Wie, wie, wie, wie, Haarspalterei? Was ist das? »Stolz« und »Ich danke Euch« und »Ich danke Euch nicht« [150] und doch »nicht stolz«? Fräulein Flittchen Ihr, dankt mir kein Danken und stolzt[15] mir keinen Stolz, sondern rüstet Eure feinen Gelenke dafür, am nächsten

> To go with Paris to Saint Peter's Church,
> Or I will drag thee on a hurdle thither.   155
> Out, you green-sickness carrion! Out, you baggage!
> You tallow-face!

LADY CAPULET.   Fie, fie! What, are you mad?

JULIET. Good father, I beseech you on my knees,
> Hear me with patience but to speak a word.   159

CAPULET. Hang thee, young baggage! Disobedient wretch!
> I tell thee what – get thee to church a'Thursday
> Or never after look me in the face.
> Speak not, reply not, do not answer me!
> My fingers itch. Wife, we scarce thought us blest
> That God had lent us but this only child.   165
> But now I see this one is one too much,
> And that we have a curse in having her.
> Out on her, hilding!

NURSE.   God in heaven bless her!
> You are to blame, my lord, to rate her so.

CAPULET.
> And why, my Lady Wisdom? Hold your tongue,   170
> Good Prudence. Smatter with your gossips, go!

NURSE. I speak no treason.

CAPULET.   O, God-i-good-e'en!

NURSE. May not one speak?

CAPULET.   Peace, you mumbling fool!
> Utter your gravity o'er a gossip's bowl,
> For here we need it not.

LADY CAPULET.   You are too hot.   175

CAPULET. God's bread! It makes me mad.
> Day, night; hour, tide, time; work, play;
> Alone, in company; still my care hath been

Donnerstag mit Paris zur Sankt Peters Kirche zu gehen, oder ich werde Euch auf einer Hürde dorthin zerren. [155] Was, Ihr bleichsüchtiges Aas! Was[16], Ihr Dirne, Ihr Talggesicht!

LADY CAPULET. Pfui, pfui! Was, seid Ihr verrückt?

JULIA. Guter Vater, ich bitte Euch auf Knien, hört mich mit Geduld nur ein Wort reden.

CAPULET. Häng dich, junge Dirne! Ungehorsame Schurkin! [160] Ich sag dir was – sieh, dass du am Donnerstag zur Kirche kommst, oder sieh mir danach nie mehr ins Gesicht. Sprich nicht, erwidere nichts, antworte mir nicht! Meine Finger jucken. Frau, wir hielten uns kaum für gesegnet, dass Gott uns nur dies eine Kind verliehen hatte. [165] Aber jetzt sehe ich, dies eine ist eines zu viel und dass es uns ein Fluch ist, sie zu haben. Pfui über sie, Weibsstück!

AMME. Gott im Himmel segne sie! Ihr seid zu tadeln, Mylord, sie so zu beschimpfen.

CAPULET. Und warum, Mylady Weisheit? Haltet den Mund, [170] gute Klugheit. Plappert mit Euren Klatschtanten, geht!

AMME. Ich rede keinen Verrat.

CAPULET. Oh, guten Abend![17]

AMME. Darf man nicht sprechen?

CAPULET. Frieden, Ihr murmelnde Närrin! Gebt Euren Tiefsinn über einem Klatschtantenglas von Euch, denn hier brauchen wir ihn nicht.

LADY CAPULET. Ihr seid zu hitzig. [175]

CAPULET. Gottes Brot! es macht mich verrückt. Tag, Nacht; Stunde, Jahreszeit, Zeit; Arbeit, Spiel; allein, in Gesellschaft; immer war es meine Sorge, sie verheiratet

To have her matched. And having now provided
A gentleman of noble parentage, 180
Of fair demesnes, youthful, and nobly trained,
Stuffed, as they say, with honourable parts,
Proportioned as one's thought would wish a man –
And then to have a wretched puling fool,
A whining mammet, in her fortune's tender, 185
To answer 'I'll not wed, I cannot love;
I am too young, I pray you pardon me'!
But, an you will not wed, I'll pardon you!
Graze where you will, you shall not house with me.
Look to't, think on't. I do not use to jest. 190
Thursday is near. Lay hand on heart. Advise.
An you be mine, I'll give you to my friend.
An you be not, hang, beg, starve, die in the streets,
For, by my soul, I'll ne'er acknowledge thee,
Nor what is mine shall never do thee good. 195
Trust to't. Bethink you. I'll not be forsworn.
Exit CAPULET.
JULIET. Is there no pity sitting in the clouds
That sees into the bottom of my grief?
O sweet my mother, cast me not away!
Delay this marriage for a month, a week. 200
Or if you do not, make the bridal bed
In that dim monument where Tybalt lies.
LADY CAPULET. Talk not to me, for I'll not speak a word.
Do as thou wilt, for I have done with thee. 204
Exit LADY CAPULET.
JULIET. O God! – O Nurse, how shall this be prevented?
My husband is on earth, my faith in heaven.

zu sehen. Und da ich jetzt für einen Edelmann von adliger Abkunft gesorgt habe, [180] mit schönen Gütern, jugendlich und edel erzogen, ausstaffiert, wie man sagt, mit ehrenwerten Eigenschaften, von Gestalt, wie man sich einen Mann nur wünschen kann[18] – und dann zu erleben, wie eine elende, greinende Närrin, eine weinerliche Puppe beim Angebot ihres Glücks[19] [185] antwortet »Ich will nicht heiraten, ich kann nicht lieben; ich bin zu jung; ich bitte Euch, vergebt mir!« Aber, wenn Ihr nicht heiraten wollt, werde ich Euch was vergeben! Grast, wo Ihr wollt, Ihr sollt bei mir nicht wohnen. Seht zu! Denkt darüber nach. Ich pflege nicht zu scherzen. [190] Donnerstag ist nahe. Legt die Hand aufs Herz. Geht mit Euch zu Rate. Wenn Ihr mein seid, gebe ich Euch meinem Freund. Wenn nicht, hängt, bettelt, verhungert, sterbt auf der Straße, denn, bei meiner Seele, ich werde dich nie anerkennen, und was mein ist, soll dir nie Gutes tun. [195] Verlass dich drauf. Besinnt Euch. Ich werde nicht wortbrüchig.[20]

CAPULET *geht ab.*

JULIA. Sitzt kein Mitleid in den Wolken, das auf den Grund meines Schmerzes sieht? O meine süße Mutter, verstoßt mich nicht. Verschiebt diese Ehe um einen Monat, eine Woche. [200] Oder wenn Ihr es nicht tut, macht das Brautbett in dem trüben Grabmal, wo Tybalt liegt.

LADY CAPULET. Rede nicht mit mir, denn ich will kein Wort sprechen. Mach, was du willst, denn ich bin fertig mit dir.

LADY CAPULET *geht ab.*

JULIA. O Gott! – O Amme, wie kann man dies verhindern? [205] Mein Gatte ist auf Erden, meine Treue im

How shall that faith return again to earth
Unless that husband send it me from heaven
By leaving earth? Comfort me, counsel me.   209
Alack, alack, that heaven should practise stratagems
Upon so soft a subject as myself!
What sayest thou? Hast thou not a word of joy?
Some comfort, Nurse.

NURSE.   Faith, here it is.
Romeo is banished; and all the world to nothing
That he dares ne'er come back to challenge you.   215
Or if he do, it needs must be by stealth.
Then, since the case so stands as now it doth,
I think it best you married with the County.
O, he's a lovely gentleman!
Romeo's a dishclout to him. An eagle, madam,   220
Hath not so green, so quick, so fair an eye
As Paris hath. Beshrew my very heart,
I think you are happy in this second match,
For it excels your first; or if it did not,
Your first is dead – or 'twere as good he were   225
As living here and you no use of him.

JULIET. Speakest thou from thy heart?

NURSE. And from my soul too. Else beshrew them both.

JULIET. Amen!

NURSE. What?   230

JULIET. Well, thou hast comforted me marvellous much.
Go in; and tell my lady I am gone,
Having displeased my father, to Laurence' cell,
To make confession and to be absolved.

NURSE. Marry, I will; and this is wisely done.   235
Exit NURSE.

Himmel. Wie soll diese Treue wieder auf die Erde zurückkehren, wenn nicht dieser Gatte sie mir vom Himmel schickt, indem er die Erde verlässt?²¹ Tröste mich,
rate mir. Weh, weh, dass der Himmel Kunstgriffe gegen [210] ein so zartes Wesen wie mich anwendet! Was
sagst du? Hast du kein Wort der Freude? Etwas Trost,
Amme.

AMME. Wahrhaftig, hier ist er. Romeo ist verbannt; und
die ganze Welt gegen nichts, dass er es nie wagt zurück-
zukommen, um Euch zu fordern. [215] Oder wenn er es
tut, muss es notwendig heimlich sein. Da also der Fall so
steht wie jetzt, denke ich, es wäre am besten, Ihr heiratet
den Grafen. Oh, er ist ein schöner Edelmann! Romeo ist
ein Wischtuch gegen ihn. Ein Adler, Madame, [220] hat
nicht ein so grünes²², so lebhaftes, so schönes Auge wie
Paris. Verwünscht sei mein Herz, ich glaube, ihr seid
glücklich in dieser zweiten Partie, denn sie übertrifft Eure erste; oder wenn sie es nicht täte, Eure erste ist tot –
oder es wäre ebenso gut, wenn er es wäre, [225] wie hier
zu leben und er Euch nicht von Nutzen.

JULIA. Sprichst du von Herzen?

AMME. Und auch aus der Seele. Sonst sollen beide verwünscht sein.

JULIA. Amen!

AMME. Was? [230]

JULIA. Gut, du hast mich wunderbar getröstet. Geh hinein;
und sagt Mylady, da ich meinem Vater missfallen habe,
bin ich zu Laurences Zelle gegangen, um zu beichten und
die Absolution zu erhalten.²³

AMME. Wahrlich, das will ich; und das ist klug getan. [235]
Die AMME *geht ab.*

JULIET. Ancient damnation! O most wicked fiend!
    Is it more sin to wish me thus forsworn,
    Or to dispraise my lord with that same tongue
    Which she hath praised him with above compare
    So many thousand times? Go, counsellor!   240
    Thou and my bosom henceforth shall be twain.
    I'll to the Friar to know his remedy.
    If all else fail, myself have power to die.
    Exit.

JULIA. Alte Verdammung! O bösester Teufel! Ist es sünd-
hafter, mich so wortbrüchig zu wünschen oder meinen
Herrn mit der gleichen Zunge herabzusetzen, mit der sie
ihn über jeden Vergleich so viele tausend Mal gepriesen
hat? Geh, Ratgeber! [240] Du und mein Busen sollen
künftig getrennt sein. Ich will zum Mönch, um sein
Heilmittel zu erfahren. Wenn alles andere scheitert, habe ich selbst Kraft zu sterben.
Sie geht ab.

Act IV

Scene 1

Friar Laurence's cell.
Enter FRIAR LAURENCE *and* COUNTY PARIS.

FRIAR. On Thursday, sir? The time is very short.
PARIS. My father Capulet will have it so,
    And I am nothing slow to slack his haste.
FRIAR. You say you do not know the lady's mind.
    Uneven is the course. I like it not.   5
PARIS. Immoderately she weeps for Tybalt's death,
    And therefore have I little talked of love;
    For Venus smiles not in a house of tears.
    Now, sir, her father counts it dangerous
    That she do give her sorrow so much sway,   10
    And in his wisdom hastes our marriage
    To stop the inundation of her tears,
    Which, too much minded by herself alone,
    May be put from her by society.
    Now do you know the reason of this haste.   15
FRIAR. [*Aside.*]
    I would I knew not why it should be slowed. –
    Look, sir, here comes the lady toward my cell.
    Enter JULIET.
PARIS. Happily met, my lady and my wife!
JULIET. That may be, sir, when I may be a wife.
PARIS. That 'may be' must be, love, on Thursday next.   20
JULIET. What must be shall be.

Vierter Akt

Erste Szene

Bruder Laurences Zelle.
BRUDER LAURENCE *und* GRAF PARIS *treten auf.*

MÖNCH. Am Donnerstag, Sir? Die Frist ist sehr kurz.

PARIS. Mein Vater Capulet will es so haben, und ich zeige keinerlei Zögern, das seine Eile verlangsamen könnte.[1]

MÖNCH. Ihr sagt, Ihr kennt den Sinn der Dame noch nicht. Uneben ist der Kurs. Ich mag das nicht. [5]

PARIS. Unmäßig weint sie über Tybalts Tod, und darum habe ich bisher wenig über Liebe gesprochen, denn Venus lächelt nicht in einem Haus der Tränen.[2] Nun, Sir, ihr Vater hält es für gefährlich, dass sie ihrem Kummer so viel Macht gibt, [10] und beschleunigt in seiner Weisheit unsere Ehe, um die Flut ihrer Tränen zu beenden, die, von ihr allein zu sehr bedacht, durch Gesellschaft von ihr entfernt werden kann.[3] Nun kennt Ihr den Grund für diese Eile. [15]

MÖNCH *(beiseite)*. Ich wollte, ich wüsste nicht, warum sie verlangsamt werden sollte. – Seht, Sir, hier kommt die Dame zu meiner Zelle.

JULIA *tritt auf.*

PARIS. Glücklich getroffen, meine Dame und meine Gattin![4]

JULIA. Das mag sein, Sir, wenn ich eine Gattin sein mag.

PARIS. Dieses »mag sein« muss, Liebste, am nächsten Donnerstag sein. [20]

JULIA. Was sein muss, soll sein.

FRIAR.   That's a certain text.
PARIS. Come you to make confession to this father?
JULIET. To answer that, I should confess to you.
PARIS. Do not deny to him that you love me.
JULIET. I will confess to you that I love him.   25
PARIS. So will ye, I am sure, that you love me.
JULIET. If I do so, it will be of more price,
    Being spoke behind your back, than to your face.
PARIS. Poor soul, thy face is much abused with tears.
JULIET. The tears have got small victory by that,   30
    For it was bad enough before their spite.
PARIS. Thou wrongest it more than tears with that report.
JULIET. That is no slander, sir, which is a truth.
    And what I spake, I spake it to my face.
PARIS. Thy face is mine, and thou hast slandered it.   35
JULIET. It may be so, for it is not mine own. –
    Are you at leisure, holy father, now,
    Or shall I come to you at evening mass?
FRIAR. My leisure serves me, pensive daughter, now. –
    My lord, we must entreat the time alone.   40
PARIS. God shield I should disturb devotion! –
    Juliet, on Thursday early will I rouse ye.
    Till then, adieu, and keep this holy kiss.
    Exit PARIS.
JULIET. O shut the door! and when thou hast done so,   44
    Come weep with me. Past hope, past cure, past help!

MÖNCH. Das ist ein sicherer Text.

PARIS. Kommt Ihr, um diesem Vater Beichte abzulegen?

JULIA. Das zu beantworten, würde ich Euch beichten.

PARIS. Leugnet ihm nicht, dass Ihr mich liebt.

JULIA. Ich will Euch beichten, dass ich ihn liebe. [25]

PARIS. Das werdet Ihr auch, da bin ich sicher, dass Ihr mich
liebt.

JULIA. Wenn ich das tue, wird es wertvoller sein, wenn es
hinter Eurem Rücken gesprochen wird als Euch ins Gesicht.

PARIS. Arme Seele, dein Gesicht ist von Tränen sehr miss-
braucht.

JULIA. Die Tränen haben dadurch nur kleinen Sieg errun-
gen, [30] denn es war vor ihrer Bosheit schlecht genug.

PARIS. Du tust ihm mit diesem Bericht mehr Unrecht an
als die Tränen.

JULIA. Das ist keine Verleumdung, Sir, was eine Wahrheit
ist. Und was ich sprach, sprach ich zu meinem Gesicht.

PARIS. Dein Gesicht ist mein, und du hast es verleum-
det. [35]

JULIA. Das mag wohl sein, denn es ist nicht mein eigen. –
Habt Ihr Zeit, heiliger Vater, jetzt, oder soll ich bei der
Abendandacht[5] zu Euch kommen?

MÖNCH. Meine Zeit dient mir, ernste Tochter, jetzt. – Mylord, wir müssen die Zeit allein verbringen.[6] [40]

PARIS. Gott verhüte, dass ich die Ehrfurcht störe! – Julia,
am Donnerstag früh will ich Euch wecken. Bis dann,
adieu, und bewahrt diesen heiligen Kuss.

PARIS *geht ab.*

JULIA. Oh, schließ die Tür! und wenn du es getan hast,
komm, weine mit mir. Hoffnungslos, heillos, hilflos! [45]

FRIAR. O, Juliet, I already know thy grief.
      It strains me past the compass of my wits.
      I hear thou must, and nothing may prorogue it,
      On Thursday next be married to this County.
JULIET. Tell me not, Friar, that thou hearest of this,   50
      Unless thou tell me how I may prevent it.
      If in thy wisdom thou canst give no help,
      Do thou but call my resolution wise
      And with this knife I'll help it presently.
      God joined my heart and Romeo's, thou our hands;   55
      And ere this hand, by thee to Romeo's sealed,
      Shall be the label to another deed,
      Or my true heart with treacherous revolt
      Turn to another, this shall slay them both.
      Therefore, out of thy long-experienced time,   60
      Give me some present counsel; or, behold,
      'Twixt my extremes and me this bloody knife
      Shall play the umpire, arbitrating that
      Which the commission of thy years and art
      Could to no issue of true honour bring.   65
      Be not so long to speak. I long to die
      If what thou speakest speak not of remedy.
FRIAR. Hold, daughter. I do spy a kind of hope,
      Which craves as desperate an execution
      As that is desperate which we would prevent.   70
      If, rather than to marry County Paris,
      Thou hast the strength of will to slay thyself,
      Then is it likely thou wilt undertake
      A thing like death to chide away this shame,
      That copest with death himself to 'scape from it.   75
      And, if thou darest, I'll give thee remedy.

MÖNCH. O Julia, ich kenne schon deinen Schmerz. Er überfordert die Reichweite meines Verstands. Ich höre, du musst, und nichts kann es vertagen, am nächsten Donnerstag mit diesem Grafen verheiratet werden.

JULIA. Sag mir nicht, Mönch, dass du davon hörst, [50] wenn du mir nicht sagst, wie ich es verhindern kann. Wenn du in deiner Weisheit keine Hilfe leisten kannst, nenne du nur meinen Entschluss weise, und mit diesem Messer will ich sofort Abhilfe schaffen. Gott verband mein Herz und Romeos, du unsere Hände; [55] und[7] ehe diese Hand, von dir mit Romeos versiegelt, das Kodizill zu einem anderen Dokument sein soll, oder mein treues Herz sich mit verräterischem Aufruhr einem anderen zuwendet, soll diese beide erschlagen. Darum gib mir aus deiner lang-erfahrenen Zeit [60] einen gegenwärtigen Rat; oder, sieh, zwischen meiner höchsten Not und mir soll dies blutige Messer den Schiedsrichter spielen und das schlichten, was die Vollmacht deiner Jahre und Kunst zu keinem Ausgang wahrer Ehre bringen konnte. [65] Brauche nicht so lang, um zu sprechen. Ich verlange danach zu sterben, wenn, was du sprichst, nicht von Hilfe spricht.

MÖNCH. Halt, Tochter. Ich erspähe so etwas wie Hoffnung, die eine ebenso verzweifelte Ausführung erfordert wie die verzweifelt ist, die wir verhindern wollen. [70] Wenn, eher als Graf Paris zu heiraten, du die Willenskraft hast, dich selbst zu erschlagen, dann ist es wahrscheinlich, dass du etwas Todähnliches unternehmen wirst, um diese Schmach mit Schimpf zu verjagen, die du es mit dem Tod selbst aufnimmst, um davor zu entfliehen.[8] [75] Und wenn du es wagst, will ich dir Hilfe geben.

JULIET. O bid me leap, rather than marry Paris,
      From off the battlements of any tower,
      Or walk in thievish ways, or bid me lurk
      Where serpents are. Chain me with roaring bears,   80
      Or hide me nightly in a charnel house,
      O'ercovered quite with dead men's rattling bones,
      With reeky shanks and yellow chapless skulls.
      Or bid me go into a new-made grave
      And hide me with a dead man in his shroud –   85
      Things that, to hear them told, have made me
                           tremble –
      And I will do it without fear or doubt,
      To live an unstained wife to my sweet love.
FRIAR. Hold, then. Go home, be merry, give consent
      To marry Paris. Wednesday is tomorrow.   90
      Tomorrow night look that thou lie alone.
      Let not the Nurse lie with thee in thy chamber.
      Take thou this vial, being then in bed,
      And this distilling liquor drink thou off;
      When presently through all thy veins shall run   95
      A cold and drowsy humour. For no pulse
      Shall keep his native progress, but surcease.
      No warmth, no breath, shall testify thou livest.
      The roses in thy lips and cheeks shall fade
      To wanny ashes, thy eyes' windows fall   100
      Like death when he shuts up the day of life.
      Each part, deprived of supple government,
      Shall, stiff and stark and cold, appear like death.
      And in this borrowed likeness of shrunk death
      Thou shalt continue two-and-forty hours,   105
      And then awake as from a pleasant sleep.

JULIA. Oh, sag mir, ich solle, eher als Paris heiraten, von den Zinnen irgendeines Turmes springen oder auf diebischen Wegen[9] gehen, oder sag mir, ich solle mich verborgen halten, wo Schlangen sind. Kette mich zu brüllenden Bären, [80] oder verbirg mich zur Nacht in einem Beinhaus, ganz bedeckt von den rasselnden Knochen Toter, von übelriechenden Schenkeln und gelben Schädeln ohne Kinnbacken. Oder sag mir, ich solle in ein neugemachtes Grab gehen und mich bei einem Toten in seinem Leichentuch verstecken – [85] Dinge, die mich beim Erzählenhören haben zittern lassen –, und ich will es ohne Furcht oder Zögern tun, um meinem süßen Liebsten als unbefleckte Frau zu leben.

MÖNCH. Halt denn. Geh heim, sei fröhlich, gib Zustimmung, Paris zu heiraten. Mittwoch ist morgen. [90] Sieh, dass du morgen abend allein liegst. Lass nicht die Amme bei dir im Zimmer liegen. Nimm du diese Phiole, wenn du dann im Bett bist, und trinke du dann diese durchdringende[10] Flüssigkeit aus; dann soll sofort durch alle deine Adern [95] ein kalter und schläfriger Saft fließen. Denn kein Puls soll seinen gewohnten Gang halten, sondern aufhören. Keine Wärme, kein Atem soll bezeugen, dass du lebst. Die Rosen in deinen Lippen und Wangen sollen zu bleicher Asche erblassen, die Fenster deiner Augen [100] wie Tod zufallen, wenn er den Tag des Lebens beschließt. Jeder Teil, beraubt seiner geschmeidigen Kontrolle, soll, steif und starr und kalt, wie Tod erscheinen. Und in diesem geliehenen Ebenbild des geschrumpften Todes sollst du zweiundvierzig Stunden[11] verharren [105] und dann aufwachen wie aus einem angenehmen Schlaf. Nun, wenn der Bräuti-

Now, when the bridegroom in the morning comes
To rouse thee from thy bed, there art thou dead.
Then, as the manner of our country is,
In thy best robes uncovered on the bier   110
Thou shalt be borne to that same ancient vault
Where all the kindred of the Capulets lie.
In the meantime, against thou shalt awake,
Shall Romeo by my letters know our drift.
And hither shall he come. And he and I   115
Will watch thy waking, and that very night
Shall Romeo bear thee hence to Mantua.
And this shall free thee from this present shame,
If no inconstant toy nor womanish fear
Abate thy valour in the acting it.   120

JULIET. Give me, give me! O tell not me of fear!
FRIAR. Hold. Get you gone. Be strong and prosperous
    In this resolve. I'll send a friar with speed
    To Mantua, with my letters to thy lord.   124
JULIET.
    Love give me strength, and strength shall help afford.
    Farewell, dear father.
    Exeunt.

gam am Morgen kommt, um dich aus deinem Bett auf-
zuwecken, bist du dort tot. Dann, wie es die Sitte unse-
res Landes ist, sollst du in deinen besten Kleidern unbe-
deckt auf der Bahre [110] zu eben dem alten Grabgewölbe
getragen werden, wo alle Verwandten der Capulets liegen. In der Zwischenzeit, rechtzeitig bevor du auf-
wachst, soll Romeo durch meine Briefe von unserer Absicht erfahren. Und er soll hierher kommen. Und er und
ich [115] werden dein Erwachen beobachten, und in eben
dieser Nacht soll Romeo dich von hier nach Mantua
bringen. Und dies soll dich von der gegenwärtigen
Schmach befreien, wenn keine treulose Laune oder wei-
bische Furcht deinen Mut bei der Durchführung ab-
schwächt. [120]

JULIA. Gib mir, gib mir! Oh, rede nicht mir von Furcht!

MÖNCH. Haltet. Macht, dass Ihr fortkommt. Seid stark und
glücklich in diesem Entschluss. Ich will eilig einen
Mönch nach Mantua schicken, mit meinen Briefen an
deinen Herrn.

JULIA. Liebe gib mir Kraft, und Kraft soll Hilfe leisten.¹² [125]
Leb wohl, lieber Vater.
Sie gehen ab.

Scene 2

Capulet's house.
Enter CAPULET, LADY CAPULET, NURSE, *and two*
or three SERVINGMEN.

CAPULET. So many guests invite as here are writ.
    Exit a SERVINGMAN.
    Sirrah, go hire me twenty cunning cooks.
SERVINGMAN. You shall have none ill, sir. For I'll try if
  they can lick their fingers.
CAPULET. How! Canst thou try them so? 5
SERVINGMAN. Marry, sir, 'tis an ill cook that cannot lick
  his own fingers. Therefore he that cannot lick his fingers
  goes not with me.
CAPULET. Go, begone.
    Exit SERVINGMAN.
    We shall be much unfurnished for this time. 10
    What, is my daughter gone to Friar Laurence?
NURSE. Ay, forsooth.
CAPULET. Well, he may chance to do some good on her.
    A peevish self-willed harlotry it is. 14
    Enter JULIET.
NURSE. See where she comes from shrift with merry look.
CAPULET. How now, my headstrong! Where have you
                     been gadding?
JULIET. Where I have learnt me to repent the sin
    Of disobedient opposition
    To you and your behests, and am enjoined
    By holy Laurence to fall prostrate here 20

Zweite Szene

Capulets Haus.
CAPULET, LADY CAPULET, *die* AMME *und zwei oder*
drei BEDIENTE *treten auf.*

CAPULET. So viele Gäste lade ein, wie hier geschrieben ist.
    Ein BEDIENTER *geht ab.*
    Du da, geh und miete mir zwanzig geschickte Köche.[1]
BEDIENTER. Ihr sollt keine schlechten haben, Sir. Denn ich
    will ausprobieren, ob sie sich die Finger lecken können.
CAPULET. Wie, kannst du sie so erproben? [5]
BEDIENTER. Fürwahr, Sir, 's ist ein schlechter Koch, der
    sich nicht die Finger lecken kann. Darum geht der, der
    sich nicht die Finger lecken kann, nicht mit mir.[2]
CAPULET. Geh, mach dass du fortkommst.
    Der BEDIENTE *geht ab.*
    Wir werden für diese Gelegenheit schlecht vorbereitet
    sein. [10] Was, ist meine Tochter zu Bruder Laurence ge-
    gangen?
AMME. Ja, wahrhaftig.
CAPULET. Gut, vielleicht tut er ihr etwas Gutes. Ein zänki-
    sches, eigensinniges Flittchen ist sie.
    JULIA *tritt auf.*
AMME. Seht, wo sie von der Beichte mit fröhlichem Blick
    kommt. [15]
CAPULET. Wie nun, mein Dickschädel! Wo habt Ihr Euch
    bis jetzt herumgetrieben?
JULIA. Wo ich gelernt habe, die Sünde ungehorsamen Wi-
    derstands gegen Euch und Eure Geheiße zu bereuen,[3]
    und mir der heilige Laurence auferlegt hat, hier nieder-

To beg your pardon. Pardon, I beseech you!
Henceforward I am ever ruled by you.
CAPULET. Send for the County. Go tell him of this.
I'll have this knot knit up tomorrow morning.
JULIET. I met the youthful lord at Laurence' cell   25
And gave him what becomèd love I might,
Not stepping o'er the bounds of modesty.
CAPULET. Why, I am glad on't. This is well. Stand up.
This is as't should be. Let me see, the County.
Ay, marry, go, I say, and fetch him hither.   30
Now, afore God, this reverend holy Friar,
All our whole city is much bound to him.
JULIET. Nurse, will you go with me into my closet
To help me sort such needful ornaments
As you think fit to furnish me tomorrow?   35
LADY CAPULET.
No, not till Thursday. There is time enough.
CAPULET.
Go, Nurse, go with her. We'll to church tomorrow.
Exeunt JULIET *and* NURSE.
LADY CAPULET. We shall be short in our provision.
'Tis now near night.
CAPULET.   Tush, I will stir about,
And all things shall be well, I warrant thee, wife.   40
Go thou to Juliet, help to deck up her.
I'll not to bed tonight. Let me alone.
I'll play the housewife for this once. What, ho!
They are all forth. Well, I will walk myself
To County Paris, to prepare up him   45

zufallen [20] und um Eure Vergebung zu bitten. Vergebung, ich bitte Euch! Künftig lasse ich mich immer von
Euch leiten.

CAPULET. Schick nach dem Grafen. Geh, erzähle ihm davon. Ich will diesen Knoten morgen früh geknüpft haben.[4]

JULIA. Ich traf den jugendlichen Herrn in Laurences Zelle [25] und gab ihm so viel geziemende Liebe, wie ich
durfte, und übertrat nicht die Grenzen der Sittsamkeit.

CAPULET. Wie, ich bin froh darüber. Dies ist gut. Steh auf.
Dies ist, wie es sein soll. Lass mich sehen, der Graf. Ja,
fürwahr, geh, Donnerwetter, und hol ihn her. [30] Nun,
bei Gott, dieser ehrwürdige, heilige Mönch, unsere ganze Stadt ist ihm sehr verpflichtet.[5]

JULIA. Amme, wollt Ihr mit mir in meine Kammer gehen,
um mir solch notwendigen Schmuck auswählen zu helfen, mit dem Ihr es für passend haltet, mich morgen aus-
zustatten? [35]

LADY CAPULET. Nein, nicht vor Donnerstag. Da ist Zeit
genug.

CAPULET. Geh, Amme, geht mit ihr. Wir wollen morgen
zur Kirche.

JULIA *und die* AMME *gehen ab.*

LADY CAPULET. Wir werden knapp an Vorräten sein. Der
Abend ist nun nahe.

CAPULET. Pah! Ich will mich tummeln, und alles soll gut
sein, Frau, das garantiere ich dir. [40] Geh du zu Julia, hilf
ihr, sich zu schmücken. Ich will heute nacht nicht zu
Bett. Lass mich allein. Ich will die Hausfrau für dies eine
Mal spielen. Was, ho! Sie sind alle weg. Gut, ich will
selbst zu Graf Paris gehen, um ihn [45] auf morgen vor-

Against tomorrow. My heart is wondrous light,
Since this same wayward girl is so reclaimed.
Exeunt.

Scene 3

Juliet's chamber; at the back a bed with curtains.
Enter JULIET *and* NURSE.

JULIET. Ay, those attires are best. But, gentle Nurse,
I pray thee leave me to myself tonight.
For I have need of many orisons
To move the heavens to smile upon my state,
Which, well thou knowest, is cross and full of sin.   5
Enter LADY CAPULET.

LADY CAPULET.
What, are you busy, ho? Need you my help?

JULIET. No, madam. We have culled such necessaries
As are behoveful for our state tomorrow.
So please you, let me now be left alone,
And let the Nurse this night sit up with you.   10
For I am sure you have your hands full all
In this so sudden business.

LADY CAPULET.   Good night.
Go thee to bed, and rest. For thou hast need.
Exeunt LADY CAPULET *and* NURSE.

JULIET. Farewell! God knows when we shall meet again.
I have a faint cold fear thrills through my veins   15
That almost freezes up the heat of life.
I'll call them back again to comfort me.

zubereiten. Mein Herz ist wunderbar leicht, seit dieses
unbeständige Mädchen so wiedergewonnen ist.
Sie gehen ab.

Dritte Szene

Julias Zimmer; hinten ein Bett mit Vorhängen.
JULIA *und die* AMME *treten auf.*

JULIA. Ja, diese Gewänder dort sind am besten. Aber sanfte
Amme, ich bitte dich, überlass mich heute abend mir
selbst.[1] Denn ich habe viele Gebete nötig, um den Himmel dazu zu bewegen, auf meinen Zustand zu lächeln,
der, wohl weißt du es, verderbt und voller Sünde ist. [5]
LADY CAPULET *tritt auf.*
LADY CAPULET. Was, seid Ihr beschäftigt, ho? Braucht Ihr
meine Hilfe?
JULIA. Nein, Madame. Wir haben solch notwendige Dinge
ausgewählt, wie sie für unsern Stand morgen pflichtge-
mäß sind. So es Euch gefällt, lasst mich nun allein, und
lasst die Amme heute nacht mit Euch aufsitzen. [10]
Denn ich bin sicher, Ihr habt alle Hände voll in dieser so
kurz bevorstehenden Sache.
LADY CAPULET. Gute Nacht. Geh du zu Bett und ruhe aus.
Denn du hast es nötig.
LADY CAPULET *und die* AMME *gehen ab.*
JULIA. Lebt wohl! Gott weiß, wann wir uns wiedersehen.
Eine schwache, kalte Furcht[2] durchschauert meine
Adern, [15] die fast die Hitze des Lebens einfriert. Ich will
sie wieder zurückrufen, um mich zu trösten. Amme! –

Nurse! – What should she do here?
My dismal scene I needs must act alone.
Come, vial.   20
What if this mixture do not work at all?
Shall I be married then tomorrow morning?
No, no! This shall forbid it. Lie thou there.
She lays down a knife.
What if it be a poison which the Friar
Subtly hath ministered to have me dead,   25
Lest in this marriage he should be dishonoured
Because he married me before to Romeo?
I fear it is. And yet methinks it should not,
For he hath still been tried a holy man.
How if, when I am laid into the tomb,   30
I wake before the time that Romeo
Come to redeem me? There's a fearful point!
Shall I not then be stifled in the vault,
To whose foul mouth no healthsome air breathes in,
And there die strangled ere my Romeo comes?   35
Or, if I live, is it not very like
The horrible conceit of death and night,
Together with the terror of the place –
As in a vault, an ancient receptacle
Where for this many hundred years the bones   40
Of all my buried ancestors are packed;
Where bloody Tybalt, yet but green in earth,
Lies festering in his shroud; where, as they say,
At some hours in the night spirits resort –
Alack, alack, is it not like that I,   45
So early waking – what with loathsome smells,
And shrieks like mandrakes torn out of the earth,

Was sollte sie hier? Meine schicksalsschwere Szene muss ich notwendig alleine spielen. Komm, Phiole. [20] Was, wenn diese Mischung gar nicht wirkt? Werde ich dann morgen früh verheiratet? Nein, nein! Dies soll das verhindern. Lieg du dort.

Sie legt ein Messer hin.

Was, wenn es ein Gift ist, das der Mönch listig gespendet hat, um mich tot zu haben, [25] damit er durch diese Ehe nicht entehrt werde, weil er mich vorher mit Romeo verheiratete? Ich fürchte, es ist eins. Und doch scheint mir, es sollte keins sein, denn er ist seit je als heiliger Mann erprobt. Wie, falls ich, wenn ich ins Grab gelegt bin, [30] vor der Zeit erwache, zu der Romeo kommt, um mich zu erlösen? Das ist ein furchtbarer Punkt! Werde ich dann nicht in dem Grabgewölbe ersticken, in dessen widerlichen Mund keine gesunde Luft atmet, und dort erdrosselt sterben, ehe mein Romeo kommt? [35] Oder, wenn ich lebe, ist es nicht sehr wahrscheinlich, dass die fürchterliche Vorstellung von Tod und Nacht, zusammen mit dem Schrecken des Ortes – da in einem Grabgewölbe, einem alten Behältnis, in das seit so viel hundert Jahren die Knochen [40] all meiner beerdigten Vorfahren gepackt sind; wo der blutige Tybalt, noch eben grün in der Erde,³ in seinem Leichentuch verwesend liegt; wo, wie man sagt, zu einigen Stunden der Nacht Geister⁴ zusammenkommen – weh, weh, ist es nicht wahrscheinlich, dass ich, [45] so früh erwachend – durch ekelhafte Gerüche und Schreie, wie Alraune aus der Erde ge-

That living mortals, hearing them, run mad –
O, if I wake, shall I not be distraught,
Environèd with all these hideous fears,   50
And madly play with my forefathers' joints,
And pluck the mangled Tybalt from his shroud,
And, in this rage, with some great kinsman's bone
As with a club dash out my desperate brains?
O, look! Methinks I see my cousin's ghost   55
Seeking out Romeo, that did spit his body
Upon a rapier's point. Stay, Tybalt, stay!
Romeo, Romeo, Romeo,
Here's drink. I drink to thee.
She falls upon her bed within the curtains.

Scene 4

Hall in Capulet's house.
Enter LADY CAPULET *and* NURSE, *with herbs.*

LADY CAPULET.
    Hold, take these keys and fetch more spices, Nurse.
NURSE. They call for dates and quinces in the pastry.
    Enter CAPULET.
CAPULET.
    Come, stir, stir, stir! The second cock hath crowed.
    The curfew bell hath rung. 'Tis three o'clock.
    Look to the baked meats, good Angelica.   5
    Spare not for cost.
NURSE.   Go, you cot-quean, go.

rissen,[5] dass lebende Sterbliche, wenn sie sie hören, verrückt werden – oh, wenn ich erwache, werde ich dann nicht verwirrt werden, umgeben von all diesen hässlichen Ängsten, [50] und verrückt mit den Gliedern meiner Vorfahren spielen und den zerfleischten Tybalt aus dem Leichentuch reißen und in diesem Rasen, mit dem Knochen irgendeines großen Verwandten, meinen verzweifelten Schädel wie mit einem Knüppel einschlagen? Oh, sieh! Mir scheint, ich sehe meines Vetters Geist [55] Romeo aufspüren, der seinen Körper auf eine Rapierspitze spießte. Bleib, Tybalt, bleib! Romeo, Romeo, Romeo! Hier ist etwas zu trinken. Ich trinke dir zu.[6]

Sie fällt innerhalb der Vorhänge auf ihr Bett.

Vierte Szene

Festsaal in Capulets Haus.
LADY CAPULET *und die* AMME *treten mit Kräutern auf.*

LADY CAPULET. Halt, nimm diese Schlüssel, und hol mehr Gewürze, Amme.
AMME. Man ruft nach Datteln und Quitten in der Backstube.
CAPULET *tritt auf.*
CAPULET. Kommt, tummelt euch, tummelt euch, tummelt euch! Der zweite Hahn hat gekräht. Die Morgenglocke[1] hat geläutet. 's ist drei Uhr. Sieh nach den Pasteten, gute Angelica[2]. [5] Spar nicht an Kosten.
AMME. Geht, Ihr Topfgucker[3], geht. Macht, dass Ihr ins

Get you to bed! Faith, you'll be sick tomorrow
For this night's watching.

CAPULET. No, not a whit. What, I have watched ere now
All night for lesser cause, and ne'er been sick.   10

LADY CAPULET.
Ay, you have been a mouse-hunt in your time.
But I will watch you from such watching now.
Exeunt LADY CAPULET *and* NURSE.

CAPULET. A jealous hood, a jealous hood!
Enter three or four SERVINGMEN *with spits and logs
and baskets.*

                                   Now, fellow,
What is there?

1 SERVINGMAN.
Things for the cook, sir; but I know not what.   15

CAPULET. Make haste, make haste.
Exit FIRST SERVINGMAN.

                              Sirrah, fetch drier logs.
Call Peter. He will show thee where they are.

2 SERVINGMAN. I have a head, sir, that will find out logs
And never trouble Peter for the matter.

CAPULET. Mass! and well said. A merry whoreson, ha!   20
Thou shalt be loggerhead.
Exit SECOND SERVINGMAN.

                          Good Father! 'tis day.
The County will be here with music straight,
For so he said he would.
Music plays.

                          I hear him near.
Nurse! Wife! What, ho! What, Nurse, I say!
Enter NURSE.

Bett kommt! Meiner Treu, morgen werdet Ihr krank sein
wegen dieser durchwachten Nacht.

CAPULET. Nein, kein bisschen. Was, ich habe früher schon
aus geringerem Grund die ganze Nacht durchwacht und
bin nie krank geworden. [10]

LADY CAPULET. Ja, zu Eurer Zeit seid Ihr ein Mäusejäger
gewesen. Aber ich will Euch an solchem Durchwachen
hindern.

LADY CAPULET und die AMME gehen ab.

CAPULET. Eine eifersüchtige Haube, eine eifersüchtige
Haube!

*Drei oder vier BEDIENTE treten mit Spießen und
Holzscheiten und Körben auf.*

Nun, Bursche, was ist dort?

1. BEDIENTE. Sachen für den Koch, Sir; aber ich weiß nicht,
was. [15]

CAPULET. Macht voran, macht voran.

Der 1. BEDIENTE geht ab.

Du da, hol trockenere Klötze. Ruf Peter, er wird dir zeigen, wo sie sind.

2. BEDIENTE. Ich habe einen Kopf, Sir, der Klötze ausfindig
macht und Peter dafür nicht belästigen wird.

CAPULET. Messe! und wohl gesprochen. Ein lustiger Hu-
rensohn, ha! [20] Du sollst Klotzkopf sein.

Der 2. BEDIENTE geht ab.

Guter Gott! 's ist Tag. Der Graf wird gleich mit Musik
hier sein, denn er sagte, das würde er.

Die Musik spielt.

Ich höre ihn nahe, Amme! Frau! Was, ho! Was, Amme,
Donnerwetter!

Die AMME tritt auf.

Go waken Juliet. Go and trim her up.   25
I'll go and chat with Paris. Hie, make haste,
Make haste! The bridegroom he is come already.
Make haste, I say.
Exeunt.

Scene 5

Juliet's chamber; the curtains closed about the bed.
Enter NURSE.

NURSE. Mistress! What, mistress! Juliet! Fast, I warrant
                        her, she.
        Why, lamb! Why, lady! Fie, you slug-abed!
        Why, love, I say! Madam! Sweetheart! Why, bride!
        What, not a word? You take your pennyworths now.
        Sleep for a week. For the next night, I warrant,   5
        The County Paris hath set up his rest
        That you shall rest but little. God forgive me!
        Marry, and amen! How sound is she asleep!
        I needs must wake her. Madam, madam, madam!
        Ay, let the County take you in your bed.   10
        He'll fright you up, i'faith. Will it not be?
        Draws back the curtains.
        What, dressed, and in your clothes, and down again?
        I must needs wake you. Lady! lady! lady!
        Alas, alas! Help, help! My lady's dead!
        O weraday that ever I was born!   15
        Some aqua vitae, ho! My lord! My lady!
        Enter LADY CAPULET.

Geh Julia wecken. Geh und putz sie raus. [25] Ich will gehen und mit Paris plaudern. Eil, mach schnell, mach schnell! Der Bräutigam, er ist schon gekommen. Mach schnell, Donnerwetter.

Sie gehen ab.

Fünfte Szene

Julias Zimmer; die Bettvorhänge geschlossen.
Die AMME *tritt auf.*

AMME. Herrin! Was, Herrin! Julia! Tief schläft sie garantiert![1] Wie, Lamm! Wie, Lady! Pfui, Ihr Langschläferin! Wie, Liebste, Donnerwetter! Madame! Schatz! Wie, Braut! Was, nicht ein Wort? Ihr nehmt Euren Pfennigwert[2] jetzt. Schlaft eine Woche lang. Für die nächste Nacht hat garantiert [5] der Graf Paris alles daran gesetzt, dass Ihr nur wenig ruhen sollt.[3] Gott vergebe mir! Fürwahr und amen! Wie fest sie schläft! Ich muss sie unbedingt wecken! Madame, Madame, Madame! Ja, lasst den Grafen Euch im Bett antreffen. [10] Er wird Euch aufschrecken, meiner Treu. Wird es noch nicht?
Sie zieht die Vorhänge zurück.
Was, angezogen, und in Euren Kleidern, und wieder hingelegt? Ich muss Euch unbedingt wecken. Lady! Lady! Lady! Weh! Weh! Hilfe! Hilfe! Mylady ist tot! Oh weh, dass ich je geboren wurde! [15] Etwas *aqua vitae*, ho! Mylord! Mylady!
LADY CAPULET *tritt auf.*

LADY CAPULET. What noise is here?

NURSE.   O lamentable day!

LADY CAPULET. What is the matter?

NURSE.   Look, look! O heavy day!

LADY CAPULET. O me, O me! My child, my only life!
  Revive, look up, or I will die with thee!   20
  Help, help! Call help.
  Enter CAPULET.

CAPULET. For shame, bring Juliet forth. Her lord is come.

NURSE. She's dead, deceased. She's dead, alack the day!

LADY CAPULET.
  Alack the day, she's dead, she's dead, she's dead!

CAPULET. Ha! let me see her. Out alas! she's cold,   25
  Her blood is settled, and her joints are stiff.
  Life and these lips have long been separated.
  Death lies on her like an untimely frost
  Upon the sweetest flower of all the field.

NURSE. O lamentable day!

LADY CAPULET.   O woeful time!   30

CAPULET.
  Death, that hath ta'en her hence to make me wail,
  Ties up my tongue and will not let me speak.
  Enter FRIAR LAURENCE *and the* COUNTY PARIS.

FRIAR. Come, is the bride ready to go to church?

CAPULET. Ready to go, but never to return.
  O son, the night before thy wedding day   35
  Hath death lain with thy wife. There she lies,
  Flower as she was, deflowerèd by him.
  Death is my son-in-law. Death is my heir.
  My daughter he hath wedded. I will die

LADY CAPULET. Was für ein Lärm ist hier?

AMME. O beklagenswerter Tag!

LADY CAPULET. Was ist los?

AMME. Seht, seht! O schwerer Tag!

LADY CAPULET. O über mich, o über mich! Mein Kind, mein einziges Leben! Erwach wieder, sieh auf, oder ich will mit dir sterben! [20] Hilfe! Hilfe! Ruf Hilfe!

CAPULET *tritt auf.*

CAPULET. Pfui, bringt Julia heraus. Ihr Herr ist gekommen.

AMME. Sie ist tot, verschieden. Sie ist tot, weh über den Tag!

LADY CAPULET. Weh über den Tag, sie ist tot, sie ist tot, sie ist tot!

CAPULET. Ha! lass mich sie sehen. Welch Weh! sie ist kalt, [25] ihr Blut ist eingedickt⁴, und ihre Gelenke sind steif. Leben und diese Lippen sind schon lange getrennt. Tod liegt auf ihr wie ein unzeitiger Frost auf der süßesten Blume des ganzen Feldes.

AMME. O beklagenswerter Tag.

LADY CAPULET. O leidvolle Zeit!⁵ [30]

CAPULET. Tod, der sie von hier genommen hat, um mich jammern zu lassen, bindet meine Zunge und will mich nicht reden lassen.

BRUDER LAURENCE *und* GRAF PARIS *treten auf.*

MÖNCH. Kommt, ist die Braut bereit, zur Kirche zu gehen?

CAPULET. Bereit zu gehen, aber nie zurückzukehren. O Sohn, in der Nacht vor deinem Hochzeitstag [35] hat der Tod bei deiner Frau geschlafen. Dort liegt sie, Blume, die sie war, defloriert⁶ von ihm. Tod ist mein Schwiegersohn. Tod ist mein Erbe. Meine Tochter hat er geheiratet.

And leave him all. Life, living, all is death's.   40

PARIS. Have I thought long to see this morning's face,
    And doth it give me such a sight as this?

LADY CAPULET.
    Accursed, unhappy, wretched, hateful day!
    Most miserable hour that e'er time saw
    In lasting labour of his pilgrimage!   45
    But one, poor one, one poor and loving child,
    But one thing to rejoice and solace in,
    And cruel death hath catched it from my sight.

NURSE. O woe! O woeful, woeful, woeful day!
    Most lamentable day, most woeful day   50
    That ever, ever I did yet behold!
    O day, O day, O day! O hateful day!
    Never was seen so black a day as this.
    O woeful day! O woeful day!

PARIS. Beguiled, divorcèd, wrongèd, spited, slain!   55
    Most detestable Death, by thee beguiled,
    By cruel, cruel thee quite overthrown.
    O love! O life! – not life, but love in death!

CAPULET. Despised, distressèd, hated, martyred, killed!
    Uncomfortable time, why camest thou now   60
    To murder, murder our solemnity?
    O child! O child! my soul, and not my child!
    Dead art thou – alack, my child is dead,
    And with my child my joys are burièd!

FRIAR. Peace, ho, for shame! Confusion's cure lives not   65
    In these confusions. Heaven and yourself
    Had part in this fair maid. Now heaven hath all,
    And all the better is it for the maid.
    Your part in her you could not keep from death,

Ich will sterben und ihm alles überlassen. Leben, Eigentum[7], alles gehört dem Tod. [40]

PARIS. Habe ich lange daran gedacht, dieses Morgens Gesicht zu sehen, und gibt er mir einen solchen Anblick?

LADY CAPULET. Verfluchter,[8] unglücklicher, elender, verhasster Tag! Jämmerlichste Stunde, die je die Zeit in der ewigen Mühe ihrer Pilgerfahrt sah! [45] Nur eines, arme Einzige, ein armes und liebendes Kind, nur eins, um mich daran zu erfreuen und um Trost darin zu finden, und der grausame Tod hat es mir vor den Augen weggerissen.

AMME. O Leid! O leidvoller, leidvoller, leidvoller Tag! Beklagenswertester, leidvollster Tag, [50] den ich je, je sah! O Tag, o Tag! o Tag, o verhasster Tag! Nie hat man je einen so schwarzen Tag wie diesen gesehen. O leidvoller Tag, o leidvoller Tag!

PARIS. Betrogen, geschieden, unrecht behandelt, gekränkt, erschlagen! [55] O abscheulichster Tod, von dir betrogen, von dir Grausamem, Grausamem ganz besiegt. O Liebe, o Leben! – nicht Leben, sondern Liebe im Tod!

CAPULET. Verachtet, in Not, verhasst, gemartert, getötet! Ungelegene Zeit, warum kamst du jetzt, [60] um zu ermorden, unsere Feier zu ermorden? O Kind! O Kind! Meine Seele, und nicht mein Kind! Tod bist du – weh, mein Kind ist tot, und mit meinem Kind sind meine Freuden begraben!

MÖNCH. Frieden, ho, pfui! Der Verwirrung Heil lebt nicht [65] in diesen Verwirrungen. Der Himmel und Ihr selbst hattet Teil an diesem schönen Mädchen. Nun hat der Himmel alles, und umso besser ist es für das Mädchen. Euren Teil an ihr konntet ihr nicht vom Tod fern-

But heaven keeps his part in eternal life.   70
The most you sought was her promotion,
For 'twas your heaven she should be advanced.
And weep ye now, seeing she is advanced
Above the clouds, as high as heaven itself?
O, in this love, you love your child so ill   75
That you run mad, seeing that she is well.
She's not well married that lives married long,
But she's best married that dies married young.
Dry up your tears and stick your rosemary
On this fair corse, and, as the custom is,   80
In all her best array bear her to church.
For though fond nature bids us all lament,
Yet nature's tears are reason's merriment.
CAPULET. All things that we ordainèd festival
      Turn from their office to black funeral.   85
      Our instruments to melancholy bells;
      Our wedding cheer to a sad burial feast;
      Our solemn hymns to sullen dirges change;
      Our bridal flowers serve for a buried corse;
      And all things change them to the contrary.   90
FRIAR. Sir, go you in; and, madam, go with him;
      And go, Sir Paris. Every one prepare
      To follow this fair corse unto her grave.
      The heavens do lour upon you for some ill.
      Move them no more by crossing their high will.   95
      Exeunt all except the NURSE, *casting rosemary
      on her and shutting the curtains.*

halten, aber der Himmel behält seinen Teil im ewigen Leben. [70] Was ihr am meisten suchtet, war ihr Aufstieg, denn es war euer Himmel, dass sie vorankommen sollte. Und weint ihr jetzt, da ihr seht, dass sie vorangekommen ist bis über die Wolken, so hoch wie der Himmel selbst?[9] Oh, in dieser Liebe liebt ihr euer Kind schlecht, [75] dass ihr verrückt werdet, da ihr seht, dass es ihr gut geht. Die ist nicht gut verheiratet, die lange verheiratet lebt, sondern die ist am besten verheiratet, die verheiratet jung stirbt.[10] Trocknet eure Tränen und steckt euer Rosmarin auf diesen schönen Leichnam, und, wie es der Brauch ist, [80] tragt sie in all ihrem besten Staat zur Kirche. Denn obwohl die törichte Natur uns allen zu klagen befiehlt, sind doch die Tränen der Natur das Vergnügen der Vernunft.[11]

CAPULET. Alles, was wir zum Fest bestimmten, soll sich in seinem Amt zu schwarzem Begräbnis verwandeln. [85] Unsere Instrumente mögen sich in melancholische Glocken, unsere Hochzeitsfreude in eine traurige Beerdigungsfeier, unsere feierlichen Hymnen in düstere Grabgesänge verwandeln, unsere Brautblumen einem beerdigten Leichnam dienen und alle Dinge sich ins Gegenteil verwandeln. [90]

MÖNCH. Sir, geht Ihr hinein; und, Madame, geht mit ihm; und geht, Sir Paris. Jeder bereite sich vor, diesem schönen Leichnam zum Grab zu folgen. Der Himmel blickt finster wegen etwas Bösem auf euch. Bewegt ihn nicht mehr, indem ihr seinen heiligen Willen durchkreuzt. [95]

Alle gehen ab außer der AMME, *die Rosmarin über sie wirft und die Vorhänge schließt.*

Enter MUSICIANS.

1 MUSICIAN. Faith, we may put up our pipes and be gone.

NURSE. Honest good fellows, ah, put up, put up!
    For well you know this is a pitiful case.

FIDDLER. Ay, by my troth, the case may be amended.

Exit NURSE.

Enter PETER.

PETER. Musicians, O musicians, 'Heart's ease', 'Heart's
[100] ease'! O, an you will have me live, play 'Heart's
ease'.

FIDDLER. Why 'Heart's ease'?

PETER. O musicians, because my heart itself plays 'My
heart is full'. O play me some merry dump to comfort
me. [105]

1 MUSICIAN. Not a dump we! 'Tis no time to play now.

PETER. You will not then?

1 MUSICIAN. No.

PETER. I will then give it you soundly. [110]

1 MUSICIAN. What will you give us?

PETER. No money, on my faith, but the gleek. I will give
you the minstrel.

1 MUSICIAN. Then will I give you the serving-creature. [115]

PETER. Then will I lay the serving-creature's dagger on
your pate. I will carry no crotchets. I'll re you, I'll fa you.
Do you note me?

1 MUSICIAN. An you re us and fa us, you note us.

Die MUSIKANTEN *treten auf.*

1. MUSIKANT. Meiner Treu, wir können aufhören[12] und uns fortmachen.

AMME. Ehrliche gute Burschen, ah, packt ein, packt ein! Denn wohl wisst ihr, dies ist ein trauriger Fall.

GEIGER. Ja, wahrlich, der Fall[13] kann verbessert werden.

Die AMME *geht ab.*

PETER *tritt auf.*

PETER. Musikanten, o Musikanten, »Herzensruhe, Her-zens-[100]ruhe!« Oh, wenn ihr wollt, dass ich lebe, spielt »Herzensruhe«[14].

GEIGER. Warum »Herzensruhe«?

PETER. O Musikanten, weil mein Herz selbst »Mein Herz ist voll« spielt. Oh, spielt mir eine fröhliche traurige Weise, um mich zu trösten. [105]

1. MUSIKANT. Wir und eine traurige Weise! 's ist jetzt keine Zeit zum Spielen.

PETER. Ihr wollt also nicht?

1. MUSIKANT. Nein.

PETER. Ich will es euch dann gründlich[15] geben. [110]

1. MUSIKANT. Was wollt Ihr uns geben?

PETER. Kein Geld, meiner Treu, sondern Spott. Ich will euch Spielmänner nennen.

1. MUSIKANT. Dann will ich Euch Dienerkreatur nennen. [115]

PETER. Dann will ich Euch den Dolch der Dienerkreatur auf den Schädel legen. Ich will keine Schrullen[16] ertragen. Ich will Euch was re-en, ich will Euch was fa-en? Notiert Ihr mich?

1. MUSIKANT. Wenn Ihr uns re-t und uns fa-t, benotet Ihr uns.

2 MUSICIAN. Pray you put up your dagger, and [120] put out your wit.

PETER. Then have at you with my wit! I will dry-beat you with an iron wit, and put up my iron dagger. Answer me like men.

> 'When griping griefs the heart doth wound,   125
>> And doleful dumps the mind oppress,
>
> Then music with her silver sound' –

Why 'silver sound'? Why 'music with her silver sound'? What say you, Simon Catling?

1 MUSICIAN. Marry, sir, because silver hath a sweet [130] sound.

PETER. Pretty! What say you, Hugh Rebeck?

2 MUSICIAN. I say 'silver sound' because musicians sound for silver.

PETER. Pretty too! What say you, James Soundpost? [135]

3 MUSICIAN. Faith, I know not what to say.

PETER. O, I cry you mercy! You are the singer. I will say for you. It is 'music with her silver sound' because musicians have no gold for sounding.

> 'Then music with her silver sound   140
>> With speedy help doth lend redress.'

Exit PETER.

1 MUSICIAN. What a pestilent knave is this same!

2 MUSICIAN. Hang him, Jack! Come, we'll in here, tarry for the mourners, and stay dinner.

Exeunt.

2. MUSIKANT. Bitte Euch, steckt ein Euren Dolch und [120]
holt heraus Euren Witz.

PETER. Dann auf Euch mit meinem Witz! Ich will euch mit
einem Eisenwitz[17] verbleuen und meinen Eisendolch
einstecken. Antwortet mir wie Männer.

»Wenn quälende Schmerzen das Herz verwunden, [125]
und klagende, traurige Weisen den Geist
bedrängen,
dann verleiht Musik mit ihrem Silberklang«[18] –
Warum »Silberklang«? Warum »Musik mit ihrem Silberklang«? Was sagt Ihr, Simon Catling?

1. MUSIKANT. Fürwahr, Sir, weil Silber einen süßen [130]
Klang hat.

PETER. Hübsch! Was sagt Ihr, Hugh Rebeck?

2. MUSIKANT. Ich sage »Silberklang«, weil Musikanten für
Silber klingen.

PETER. Auch hübsch! Was sagt Ihr, James Soundpost? [135]

3. MUSIKANT. Meiner Treu, ich weiß nicht, was ich sagen
soll.

PETER. Oh, ich bitte Euch um Vergebung! Ihr seid der Sän-
ger. Ich will es für Euch sagen. Es ist »Musik mit ihrem
Silberklang«, weil Musikanten kein Gold für das Klingen
bekommen.

»Dann verleiht Musik mit ihrem Silberklang [140]
mit schneller Hilfe Wiedergutmachung.«

PETER *geht ab.*

1. MUSIKANT. Was für ein verteufelter Schuft das ist!

2. MUSIKANT. Häng ihn, gemeiner Kerl. Kommt, wir wollen hier hinein, auf die Trauernden warten und zum Essen bleiben.
Sie gehen ab.

Act V

Scene 1

Mantua. A street with shops.
Enter ROMEO.

ROMEO. If I may trust the flattering truth of sleep,
    My dreams presage some joyful news at hand.
    My bosom's lord sits lightly in his throne,
    And all this day an unaccustomed spirit
    Lifts me above the ground with cheerful thoughts.   5
    I dreamt my lady came and found me dead –
    Strange dream that gives a dead man leave to think! –
    And breathed such life with kisses in my lips
    That I revived and was an emperor.
    Ah me! how sweet is love itself possessed,   10
    When but love's shadows are so rich in joy!
    Enter BALTHASAR, *Romeo's man, booted.*
    News from Verona! How now, Balthasar?
    Dost thou not bring me letters from the Friar?
    How doth my lady? Is my father well?
    How doth my lady Juliet? That I ask again,   15
    For nothing can be ill if she be well.
BALTHASAR. Then she is well, and nothing can be ill.
    Her body sleeps in Capel's monument,
    And her immortal part with angels lives.
    I saw her laid low in her kindred's vault   20
    And presently took post to tell it you.

Fünfter Akt

Erste Szene

Mantua¹. Eine Straße mit Geschäften.
ROMEO *tritt auf.*

ROMEO. Wenn ich der schmeichelnden Wahrheit des
Schlafs trauen darf, sagen meine Träume eine kurz bevorstehende freudvolle Nachricht voraus. Meiner Brust
Herr sitzt leicht auf seinem Thron, und schon den ganzen Tag hebt mich ein ungewohnter Geist mit fröhlichen
Gedanken über den Boden empor.² [5] Ich träumte, meine Dame käme und fände mich tot – merkwürdiger
Traum, der einem Toten Erlaubnis zum Denken gibt! –
und atmete mit Küssen solches Leben in meine Lippen,
dass ich wieder erwachte und ein Kaiser war. Ah über
mich! Wie süß ist Liebesgenuss selbst, [10] wenn schon
der Liebe Schatten so reich an Freude sind!
BALTHASAR, *Romeos Dienstmann, tritt
in Stiefeln auf.*
Nachricht aus Verona! Wie nun, Balthasar? Bringst du
mir nicht Briefe von dem Mönch? Was macht meine Dame? Geht es meinem Vater gut? Was macht meine Dame Julia? Das frage ich noch einmal, [15] denn nichts
kann schlecht sein, wenn es ihr gut geht.
BALTHASAR. Dann geht es ihr gut, und nichts kann
schlecht sein. Ihr Körper schläft in Capels Grabmal, und
ihr unsterblicher Teil wohnt bei Engeln. Ich sah, wie
man sie tief in ihrer Verwandten Grabgewölbe legte [20]
und nahm sofort Pferde, um es Euch zu sagen.³ Oh, ver-

O, pardon me for bringing these ill news,
Since you did leave it for my office, sir.
ROMEO. Is it e'en so? Then I defy you, stars!
    Thou knowest my lodging. Get me ink and paper,   25
    And hire posthorses. I will hence tonight.
BALTHASAR. I do beseech you, sir, have patience.
    Your looks are pale and wild and do import
    Some misadventure.
ROMEO.   Tush, thou art deceived.
    Leave me and do the thing I bid thee do.   30
    Hast thou no letters to me from the Friar?
BALTHASAR. No, my good lord.
ROMEO.   No matter. Get thee gone
    And hire those horses. I'll be with thee straight.
    Exit BALTHASAR.
    Well, Juliet, I will lie with thee tonight.
    Let's see for means. O mischief, thou art swift   35
    To enter in the thoughts of desperate men.
    I do remember an apothecary,
    And hereabouts 'a dwells, which late I noted
    In tattered weeds, with overwhelming brows,
    Culling of simples. Meagre were his looks.   40
    Sharp misery had worn him to the bones.
    And in his needy shop a tortoise hung,
    An alligator stuffed, and other skins
    Of ill-shaped fishes; and about his shelves
    A beggarly account of empty boxes,   45
    Green earthen pots, bladders, and musty seeds,
    Remnants of packthread, and old cakes of roses
    Were thinly scattered, to make up a show.
    Noting this penury, to myself I said,

zeiht mir, dass ich Euch so schlechte Nachricht brachte, da Ihr es mir als Amt auftrugt, Sir.

ROMEO. Ist es eben so? Dann trotze ich euch, Sterne![4] Du kennst meine Wohnung. Hol mir Tinte und Papier [25] und miete Postpferde. Ich will heute abend fort von hier.

BALTHASAR. Ich flehe Euch an, Sir, habt Geduld. Eure Blicke sind bleich und wild und bedeuten Unglück.

ROMEO. Pah, du täuschst dich. Lass mich allein und tu, was ich dir zu tun auftrage. [30] Hast du keine Briefe an mich von dem Mönch?

BALTHASAR. Nein, mein guter Herr.

ROMEO. Macht nichts. Mach, dass du fortkommst und miete diese Pferde da. Ich bin gleich bei dir.

BALTHASAR *geht ab.*

Gut, Julia, ich will heute nacht bei dir liegen. Lass uns sehen, mit welchen Mitteln. O Unheil, du bist schnell darin, [35] in die Gedanken Verzweifelter zu kommen. Mir fällt ein Apotheker ein, und hier in der Gegend wohnt er, den ich kürzlich in zerfetzten Kleidern, mit überhängen-den[5] Brauen dabei bemerkte, wie er Heilkräuter pflückte. Mager sah er aus. [40] Schneidendes Elend hatte ihn bis auf die Knochen abmagern lassen. Und in seinem ärmlichen Laden hingen eine Schildkröte, ein ausgestopfter Alligator und andere Häute von übelgeformten Fischen; und auf seinen Regalen war eine erbärmliche Sammlung von leeren Schachteln, [45] grünen irdenen Töpfen, Blasen und modrigen Samen, Resten von Packfaden und alten Rosenkuchen dünn verstreut, um eine Ausstellung zu bilden.[6] Seine Armut bemerkend, sagte ich zu mir:

'An if a man did need a poison now   50
    Whose sale is present death in Mantua,
    Here lives a caitiff wretch would sell it him.'
    O, this same thought did but forerun my need,
    And this same needy man must sell it me.
    As I remember, this should be the house.   55
    Being holiday, the beggar's shop is shut.
    What, ho! Apothecary!
    Enter APOTHECARY.
APOTHECARY.   Who calls so loud?
ROMEO. Come hither, man. I see that thou art poor.
    Hold, there is forty ducats. Let me have
    A dram of poison, such soon-speeding gear   60
    As will disperse itself through all the veins,
    That the life-weary taker may fall dead
    And that the trunk may be discharged of breath
    As violently as hasty powder fired
    Doth hurry from the fatal cannon's womb.   65
APOTHECARY.
    Such mortal drugs I have. But Mantua's law
    Is death to any he that utters them.
ROMEO. Art thou so bare and full of wretchedness
    And fearest to die? Famine is in thy cheeks.
    Need and oppression starveth in thy eyes.   70
    Contempt and beggary hangs upon thy back.
    The world is not thy friend, nor the world's law.
    The world affords no law to make thee rich.
    Then be not poor, but break it and take this.
APOTHECARY. My poverty but not my will consents.   75
ROMEO. I pay thy poverty and not thy will.

»Wenn jemand jetzt ein Gift brauchte, [50] auf dessen Verkauf in Mantua sofortiger Tod steht,[7] hier lebt ein schurkischer Elender, der es ihm verkaufen würde.« Oh, eben dieser Gedanke lief meinem Bedürfnis nur voraus, und eben dieser notleidende Mann muss es mir verkaufen. Soweit ich mich erinnere, sollte dies sein Haus sein. [55] Da es Feiertag ist, ist des Bettlers Laden geschlossen. Was, ho! Apotheker!

APOTHEKER *tritt auf.*

APOTHEKER. Wer ruft so laut?

ROMEO. Komm her, Mann. Ich sehe, dass du arm bist. Halt, hier sind vierzig Dukaten[8]. Besorge mir einen Schluck Gift, solch schnell beförderndes Rüstzeug, [60] das sich durch alle Adern verteilt, so dass der lebensmüde Einnehmer tot umfällt und dass der Rumpf so heftig von Atem entladen werde, wie schnelles Pulver, abgefeuert aus dem tödlichen Leib der Kanone, enteilt. [65]

APOTHEKER. Solch tödliche Drogen habe ich. Aber Mantuas Gesetz sieht Tod für jeden vor, der sie veräußert.[9]

ROMEO. Bist du so nackt und voll Elend und fürchtest zu sterben? Hunger ist in deinen Wangen. Not und Bedrückung hungern in deinen Augen. [70] Verachtung und Bettelei hängen auf deinem Rücken. Die Welt ist nicht dein Freund, noch der Welt Gesetz. Die Welt bietet kein Gesetz, dich reich zu machen. Dann sei nicht arm, sondern brich es und nimm dies.

APOTHEKER. Meine Armut, aber nicht mein Wille stimmt zu. [75]

ROMEO. Ich zahle deiner Armut und nicht deinem Willen.

APOTHECARY. Put this in any liquid thing you will
    And drink it off, and if you had the strength
    Of twenty men it would dispatch you straight.   79
ROMEO. There is thy gold – worse poison to men's souls,
    Doing more murder in this loathsome world,
    Than these poor compounds that thou mayst not sell.
    I sell thee poison. Thou hast sold me none.
    Farewell. Buy food and get thyself in flesh.
    Come, cordial and not poison, go with me   85
    To Juliet's grave. For there must I use thee.
    Exeunt.

Scene 2

Verona. Friar Laurence's cell.
Enter FRIAR JOHN.

FRIAR JOHN. Holy Franciscan Friar, brother, ho!
    Enter FRIAR LAURENCE.
FRIAR LAURENCE.
    This same should be the voice of Friar John.
    Welcome from Mantua. What says Romeo?
    Or, if his mind be writ, give me his letter.
JOHN. Going to find a bare-foot brother out,   5
    One of our order, to associate me
    Here in this city visiting the sick,
    And finding him, the searchers of the town,
    Suspecting that we both were in a house

APOTHEKER. Tut dies in eine Euch genehme Flüssigkeit, und trinkt es aus, und wenn Ihr die Stärke von zwanzig Männern hättet, würde sie Euch gleich ins Jenseits befördern.

ROMEO. Da ist dein Gold – schlimmeres Gift für die Seelen von Menschen, [80] mehr Mord begehend in dieser verhassten Welt als diese armen Mischungen, die du nicht verkaufen darfst. Ich verkauf dir Gift. Du hast mir keins verkauft. Leb wohl. Kauf etwas zu essen und setz wieder an.[10] Komm, herzstärkendes Mittel und nicht Gift, geh mit mir [85] zu Julias Grab. Denn dort muss ich dich benutzen.

Sie gehen ab.

Zweite Szene

Verona, Bruder Laurences Zelle.
BRUDER JOHN *tritt auf.*

BRUDER JOHN. Heiliger Franziskanermönch, Bruder, ho!
　BRUDER LAURENCE *tritt auf.*
BRUDER LAURENCE. Eben dies ist wohl die Stimme von Bruder John. Willkommen aus Mantua. Was sagt Romeo? Oder, wenn seine Absicht geschrieben ist, gib mir seinen Brief.

JOHN. Als ich ging, um einen barfüßigen Bruder ausfindig zu machen, [5] einen aus unserem Orden, der mich hier in dieser Stadt bei Krankenbesuchen begleiten sollte, und als ich ihn fand, versiegelten die Leichenbeschauer[1] der Stadt, da sie vermuteten, wir beide seien in einem

Where the infectious pestilence did reign,   10
    Sealed up the doors, and would not let us forth,
    So that my speed to Mantua there was stayed.
LAURENCE. Who bare my letter, then, to Romeo?
JOHN. I could not send it – here it is again –
    Nor get a messenger to bring it thee,   15
    So fearful were they of infection.
LAURENCE. Unhappy fortune! By my brotherhood,
    The letter was not nice, but full of charge,
    Of dear import; and the neglecting it
    May do much danger. Friar John, go hence.   20
    Get me an iron crow and bring it straight
    Unto my cell.
JOHN.   Brother, I'll go and bring it thee.
    Exit FRIAR JOHN.
LAURENCE. Now must I to the monument alone.
    Within this three hours will fair Juliet wake.
    She will beshrew me much that Romeo   25
    Hath had no notice of these accidents.
    But I will write again to Mantua,
    And keep her at my cell till Romeo come.
    Poor living corse, closed in a dead man's tomb!
    Exit.

Haus, wo die ansteckende Seuche herrschte, [10] die Türen und wollten uns nicht herauslassen, so dass meine Eile nach Mantua dort aufgehalten wurde.[2]

LAURENCE. Wer trug meinen Brief denn dann zu Romeo?

JOHN. Ich konnte ihn nicht schicken – hier ist er wieder – und auch keinen Boten bekommen, um ihn dir zu bringen, [15] solche Angst hatten sie vor Ansteckung.[3]

LAURENCE. Unglückliches Geschick! Bei meiner Bruderschaft, der Brief war nicht läppisch, sondern voller Gewicht, von großer Wichtigkeit[4]; und ihn zu vernachlässigen, kann viel Gefahr bedeuten. Bruder John, geh fort. [20] Besorg mir ein Stemmeisen und bring es gleich zu meiner Zelle.

JOHN. Bruder, ich will gehen und es dir bringen.

BRUDER JOHN *geht ab.*

LAURENCE. Jetzt muss ich allein zu dem Grabmal. In spätestens drei Stunden wird die schöne Julia aufwachen. Sie wird mich sehr verwünschen, dass Romeo [25] von diesen Vorfällen keine Kenntnis hatte. Aber ich will wieder nach Mantua schreiben und sie in meiner Zelle halten, bis Romeo kommt. Armer lebender Leichnam, in eines toten Mannes Grab verschlossen.

Er geht ab.

Scene 3

Verona. A churchyard; in it the monument of the Capulets.
Enter PARIS *and his* PAGE, *with flowers and sweet water.*

PARIS. Give me thy torch, boy. Hence, and stand aloof.
    Yet put it out, for I would not be seen.
    Under yond yew trees lay thee all along,
    Holding thy ear close to the hollow ground.
    So shall no foot upon the churchyard tread,   5
    Being loose, unfirm, with digging up of graves,
    But thou shalt hear it. Whistle then to me,
    As signal that thou hearest something approach.
    Give me those flowers. Do as I bid thee, go.
PAGE. [*Aside.*] I am almost afraid to stand alone   10
    Here in the churchyard. Yet I will adventure.
    PAGE *retires.*
PARIS. Sweet flower, with flowers thy bridal bed I strew –
    O woe! thy canopy is dust and stones –
    Which with sweet water nightly I will dew;
    Or, wanting that, with tears distilled by moans.   15
    The obsequies that I for thee will keep
    Nightly shall be to strew thy grave and weep.
    PAGE *whistles.*
    The boy gives warning something doth approach.
    What cursèd foot wanders this way tonight
    To cross my obsequies and true love's rite?   20
    What, with a torch? Muffle me, night, awhile.
    PARIS *retires.*

Dritte Szene

Verona. Ein Kirchhof; darin das Grabmal der Capulets.
PARIS *und sein* PAGE *treten mit Blumen und parfümiertem Wasser auf.*

PARIS. Gib mir deine Fackel, Junge. Weg von hier und steh
abseits. Doch lösch sie aus, denn ich möchte nicht gesehen werden. Dort drüben unter den Eiben leg dich flach
hin und halt dein Ohr nah an den hohlen Boden. So soll
kein Fuß in den Kirchhof treten, [5] der lose ist, unfest
vom Gräberausheben, ohne dass du es hören sollst. Pfei-
fe mir dann zu, als Signal, dass du etwas näher kommen
hörst.[1] Gib mir die Blumen da. Tu, was ich dir sage, geh.
PAGE *(beiseite).* Ich habe beinahe Angst, alleine [10] hier auf
dem Kirchhof zu stehen. Doch ich will es wagen.
Der PAGE *zieht sich zurück.*
PARIS. Süße Blume, mit Blumen bestreu ich dein Brautbett
– o Leid! Dein Betthimmel sind Staub und Steine, die ich
mit Duftwasser nächtlich befeuchten will; oder, wenn
es daran fehlt, mit Tränen, aus Seufzern gewonnen. [15]
Die Trauerfeiern[2], die ich für dich abhalten will, sollen
darin bestehen, nächtlich dein Grab zu bestreuen und zu
weinen.
Der PAGE *pfeift.*
Der Junge kündigt an, dass etwas näher kommt. Welcher verfluchte Fuß wandert heute nacht hierher, um
meine Trauerfeier zu durchkreuzen und der wahren Liebe Ritus? [20] Was, mit einer Fackel? Hülle mich, Nacht,
eine Weile ein.
PARIS *zieht sich zurück.*

Enter ROMEO *and* BALTHASAR, *with a torch,*
a mattock, and a crow of iron.

ROMEO. Give me that mattock and the wrenching iron.
Hold, take this letter. Early in the morning
See thou deliver it to my lord and father.
Give me the light. Upon thy life I charge thee, 25
Whate'er thou hearest or seest, stand all aloof
And do not interrupt me in my course.
Why I descend into this bed of death
Is partly to behold my lady's face,
But chiefly to take thence from her dead finger 30
A precious ring, a ring that I must use
In dear employment. Therefore hence, be gone.
But if thou, jealous, dost return to pry
In what I farther shall intend to do,
By heaven, I will tear thee joint by joint 35
And strew this hungry churchyard with thy limbs.
The time and my intents are savage-wild,
More fierce and more inexorable far
Than empty tigers or the roaring sea.

BALTHASAR. I will be gone, sir, and not trouble ye. 40

ROMEO. So shalt thou show me friendship. Take thou that.
Live, and be prosperous; and farewell, good fellow.

BALTHASAR.
[*Aside.*] For all this same, I'll hide me hereabout.
His looks I fear, and his intents I doubt.
    BALTHASAR *retires.*

ROMEO. Thou detestable maw, thou womb of death, 45
Gorged with the dearest morsel of the earth,

ROMEO *und* BALTHASAR *treten mit einer Fackel,*
einer Hacke und einem Stemmeisen auf.

ROMEO. Gib mir die Hacke da und das Brecheisen. Halt,
nimm diesen Brief. Sieh, dass du ihn früh am Morgen
meinem Herrn und Vater aushändigst. Gib mir das Licht.
Bei deinem Leben, ich trage dir auf, [25] was du auch
hörst oder siehst, steh ganz abseits und unterbrich mich
nicht in meinem Kurs. Warum ich in dieses Bett des Todes hinabsteige,[3] ist teilweise, um das Gesicht meiner
Dame zu sehen, aber hauptsächlich, um von ihrem toten
Finger [30] einen wertvollen Ring wegzunehmen, einen
Ring, den ich zu einem teuren Zweck benutzen muss.
Darum weg, mach, dass du fortkommst. Aber wenn du,
argwöhnisch, zurückkehrst, um auszuspähen, was ich
weiter zu tun vorhabe, beim Himmel, ich werde dich
Gelenk um Gelenk zerreißen [35] und diesen hungri-
gen Kirchhof mit deinen Gliedern bestreuen. Die Zeit
und meine Vorhaben sind wüst-wild, grimmiger und
weit unerbittlicher als hungrige Tiger oder die brüllende
See.[4]

BALTHASAR. Ich will machen, dass ich fortkomme, und
Euch nicht belästigen. [40]

ROMEO. So sollst du mir Freundschaft erweisen. Nimm
du das. Lebe und sei glücklich; und leb wohl, guter
Bursche.

BALTHASAR *(beiseite).* Trotz alledem will ich mich hier irgendwo verstecken. Seine Blicke fürchte ich, und seinen
Absichten misstraue ich.

BALTHASAR *zieht sich zurück.*

ROMEO. Du abscheulicher Magen, du Leib des Todes, [45]
vollgestopft mit dem teuersten Bissen der Welt, so

Thus I enforce thy rotten jaws to open,
And in despite I'll cram thee with more food.
ROMEO *begins to open the tomb.*

PARIS. This is that banished haughty Montague
That murdered my love's cousin – with which grief 50
It is supposèd the fair creature died –
And here is come to do some villainous shame
To the dead bodies. I will apprehend him.
Stop thy unhallowed toil, vile Montague!
Can vengeance be pursued further than death? 55
Condemnèd villain, I do apprehend thee.
Obey, and go with me. For thou must die.

ROMEO. I must indeed; and therefore came I hither.
Good gentle youth, tempt not a desperate man.
Fly hence and leave me. Think upon these gone. 60
Let them affright thee. I beseech thee, youth,
Put not another sin upon my head
By urging me to fury. O, be gone!
By heaven, I love thee better than myself,
For I come hither armed against myself. 65
Stay not, be gone. Live, and hereafter say
A madman's mercy bid thee run away.

PARIS. I do defy thy conjuration
And apprehend thee for a felon here.

ROMEO.
Wilt thou provoke me? Then have at thee, boy! 70
They fight.

PAGE. O Lord, they fight! I will go call the Watch.
Exit PAGE.
PARIS *falls.*

zwinge ich deine faulen Kinnbacken, sich zu öffnen, und dir zum Trotz[5] will ich dich mit mehr Nahrung mästen.

ROMEO *beginnt die Gruft zu öffnen.*

PARIS. Dies ist der verbannte, hochmütige Montague, der meiner Liebsten Vetter ermordete – an welchem Kummer [50] das schöne Geschöpf, wie man annimmt, starb – und hierher gekommen ist, um den toten Körpern eine schurkische Schmach anzutun. Ich will ihn festnehmen. Hör auf mit deiner unheiligen Mühe, gemeiner Montague! Kann Rache über den Tod hinaus ausgeübt werden? [55] Verurteilter Schurke, ich nehme dich fest. Gehorch und gehe mit mir. Denn du musst sterben.[6]

ROMEO. Das muss ich wohl; und darum kam ich hierher. Guter edler Jüngling, reize nicht einen Verzweifelten. Flieh fort von hier, und lass mich allein. Denk an diese Dahingegangene. [60] Lass sie dich erschrecken. Ich flehe dich an, Jüngling, lege nicht noch eine Sünde auf mein Haupt, indem du mich zum Zorn drängst. Oh, mach dass du fortkommst. Beim Himmel, ich liebe dich mehr als mich selbst, denn ich komme hierher, bewaffnet gegen mich selbst. [65] Bleib nicht, mach dass du fortkommst. Lebe und sage später, eines Verrückten Gnade hat dich zum Weglaufen aufgefordert.[7]

PARIS. Ich trotze deiner Beschwörung und nehme dich hier als Verbrecher fest.

ROMEO. Willst du mich provozieren? Dann auf dich, Junge! [70]

Sie kämpfen.

PAGE. O Gott, sie kämpfen! Ich will die Wache rufen gehen.

Der PAGE geht ab.

PARIS *fällt.*

PARIS. O, I am slain! If thou be merciful,
       Open the tomb, lay me with Juliet.
       PARIS *dies.*
ROMEO. In faith, I will. Let me peruse this face.
       Mercutio's kinsman, noble County Paris!   75
       What said my man when my betossèd soul
       Did not attend him as we rode? I think
       He told me Paris should have married Juliet.
       Said he not so? Or did I dream it so?
       Or am I mad, hearing him talk of Juliet,   80
       To think it was so? O, give me thy hand,
       One writ with me in sour misfortune's book.
       I'll bury thee in a triumphant grave.
       A grave? O, no, a lantern, slaughtered youth.
       He opens the tomb.
       For here lies Juliet, and her beauty makes   85
       This vault a feasting presence full of light.
       Death, lie thou there, by a dead man interred.
       He lays him in the tomb.
       How oft when men are at the point of death
       Have they been merry! which their keepers call
       A lightning before death. O how may I   90
       Call this a lightning? O my love, my wife!
       Death, that hath sucked the honey of thy breath,
       Hath had no power yet upon thy beauty.
       Thou art not conquered. Beauty's ensign yet
       Is crimson in thy lips and in thy cheeks,   95
       And death's pale flag is not advancèd there.
       Tybalt, liest thou there in thy bloody sheet?
       O, what more favour can I do to thee
       Than with that hand that cut thy youth in twain

PARIS. Oh, ich bin erschlagen! Wenn du barmherzig bist,
öffne das Grab, leg mich zu Julia.

PARIS *stirbt.*

ROMEO. Meiner Treu, das will ich. Lass mich dieses Gesicht ansehen. Mercutios Verwandter, der edle Graf Paris! [75] Was sagte mein Dienstmann, als meine stürmi-
sche Seele nicht auf ihn achtete, während wir ritten? Ich
glaube, er sagte mir, Paris hätte Julia heiraten sollen. War
es das nicht? Oder habe ich es geträumt? Oder bin ich
verrückt, da ich ihn von Julia reden hörte, [80] zu glauben, es sei so? Oh, gib mir deine Hand, einer, der mit mir
ins Buch des sauren Unglücks geschrieben wurde. Ich
will dich in einem Triumphgrab beerdigen. Einem Grab?
Oh, nein, einer Laterne,[8] geschlachteter Jüngling.

Er öffnet die Gruft.

Denn hier liegt Julia, und ihre Schönheit macht [85] dieses Gewölbe zu einem Schlossfestsaal[9] voller Licht. Tod,
lieg du dort, von einem Toten beerdigt.

Er legt ihn in die Gruft.

Wie oft, wenn Menschen ganz nahe dem Tode sind, waren sie schon fröhlich! was ihre Wärter einen Blitz vor
dem Tod nennen. Oh, wie kann ich [90] dies einen Blitz
nennen? O meine Liebste, meine Frau! Tod, der den Honig deines Atems gesaugt hat, hat noch keine Macht über
deine Schönheit gehabt. Du bist nicht besiegt. Der
Schönheit Fahne ist noch rot in deinen Lippen und in
deinen Wangen, [95] und des Todes bleiche Flagge ist
dort noch nicht gehisst. Tybalt, liegst du dort in deinem
blutigen Tuch? Oh, welch größeren Gefallen kann ich
dir tun, als mit der Hand, die deine Jugend entzwei

To sunder his that was thine enemy? 100
Forgive me, cousin! Ah, dear Juliet,
Why art thou yet so fair? Shall I believe
That unsubstantial death is amorous,
And that the lean abhorrèd monster keeps
Thee here in dark to be his paramour? 105
For fear of that I still will stay with thee
And never from this palace of dim night
Depart again. Here, here will I remain
With worms that are thy chambermaids. O here
Will I set up my everlasting rest 110
And shake the yoke of inauspicious stars
From this world-wearied flesh. Eyes, look your last!
Arms, take your last embrace! and, lips, O you
The doors of breath, seal with a righteous kiss
A dateless bargain to engrossing death! 115
Come, bitter conduct, come, unsavoury guide!
Thou desperate pilot, now at once run on
The dashing rocks thy seasick weary bark!
Here's to my love! [*He drinks.*] O true Apothecary!
Thy drugs are quick. Thus with a kiss I die. 120
He falls.
Enter FRIAR LAURENCE, *with lantern, crow,*
and spade.
FRIAR. Saint Francis be my speed! How oft tonight
Have my old feet stumbled at graves! Who's there?
BALTHASAR.
Here's one, a friend, and one that knows you well.
FRIAR. Bliss be upon you! Tell me, good my friend,
What torch is yond that vainly lends his light 125

schlug, dessen Jugend zu zerreißen, der dein Feind war? [100] Vergib mir, Vetter! Ah, liebe Julia, warum bist du noch so schön? Soll ich glauben, dass der körperlose Tod verliebt ist und dass das dürre, verabscheute Ungeheuer dich hier im Dunkeln hält, damit du seine Geliebte bist?[10] [105] Aus Angst davor will ich immer bei dir bleiben und nie wieder aus diesem Palast der trüben Nacht fortgehen. Hier, hier will ich bleiben bei Würmern, die deine Kammerjungfern sind. Oh, hier will ich meine immerwährende Ruhe halten[11] [110] und das Joch unglückverheißender Sterne[12] von diesem weltmüden Fleisch abschütteln. Augen, schaut zum letzten Mal! Arme, nehmt eure letzte Umarmung! und, Lippen, o ihr, die Türen des Atems, besiegelt mit einem rechtmäßigen Kuss einen zeitlosen Handel mit dem alles an sich reißenden[13] Tod! [115] Komm, bitterer Führer, komm, widerwärtiger Wegweiser! Du verzweifelter Lotse, setze jetzt gleich auf die zerschmetternden Felsen deine seekranke, matte Barke![14] Auf das Wohl meiner Liebsten! *(Er trinkt.)* O zuverlässiger Apotheker! Deine Drogen sind schnell. So sterbe ich mit einem Kuss. [120]

Er fällt.

BRUDER LAURENCE *tritt mit Laterne, Stemmeisen und Spaten auf.*

MÖNCH. Der heilige Franziskus sei mein Schützer! Wie oft sind heute nacht meine alten Füße schon über Gräber gestolpert![15] Wer ist da?

BALTHASAR. Hier ist einer, ein Freund, und einer, der Euch gut kennt.

MÖNCH. Segen sei auf Euch! Sagt mir, mein guter Freund, was für eine Fackel ist das dort, die vergebens ihr Licht

To grubs and eyeless skulls? As I discern,
It burneth in the Capels' monument.

BALTHASAR. It doth so, holy sir; and there's my master,
One that you love.

FRIAR.   Who is it?

BALTHASAR.   Romeo.

FRIAR. How long hath he been there?

BALTHASAR.   Full half an hour. 130

FRIAR. Go with me to the vault.

BALTHASAR.   I dare not, sir.
My master knows not but I am gone hence,
And fearfully did menace me with death
If I did stay to look on his intents.

FRIAR. Stay then; I'll go alone. Fear comes upon me. 135
O much I fear some ill unthrifty thing.

BALTHASAR. As I did sleep under this yew tree here,
I dreamt my master and another fought,
And that my master slew him.

FRIAR.   Romeo!
He stoops and looks on the blood and weapons.
Alack, alack, what blood is this which stains 140
The stony entrance of this sepulchre?
What mean these masterless and gory swords
To lie discoloured by this place of peace?
He enters the tomb.
Romeo! O, pale! Who else? What, Paris too?
And steeped in blood? Ah, what an unkind hour 145
Is guilty of this lamentable chance!
The lady stirs.
JULIET *rises.*

[125] Maden und augenlosen Schädeln leiht? Wie ich er-
kenne, brennt sie im Grabmal der Capels.

BALTHASAR. Das tut sie, heiliger Sir; und dort ist mein
Herr, einer, den Ihr liebt.

MÖNCH. Wer ist es?

BALTHASAR. Romeo.

MÖNCH. Wie lang ist er schon dort?

BALTHASAR. Eine gute halbe Stunde. [130]

MÖNCH. Geh mit mir zum Gewölbe.

BALTHASAR. Ich wage es nicht, Sir. Mein Herr glaubt fest,
ich sei fortgegangen, und drohte mir fürchterlich Tod an,
wenn ich bliebe, um seine Pläne zu beobachten.

MÖNCH. Bleib denn; ich will alleine gehen. Furcht über-
kommt mich. [135] Oh, sehr fürchte ich etwas Übles,
nicht Gedeihliches.

BALTHASAR. Als ich unter diesem Eibenbaum hier schlief,
träumte ich, mein Herr und ein anderer kämpften und
dass mein Herr ihn erschlug.

MÖNCH. Romeo.

*Er beugt sich nach unten und sieht auf das Blut und
die Waffen.*

Ach, ach, was für Blut ist dies, das [140] den steinigen
Eingang dieses Grabs befleckt? Was bedeutet es, dass
diese herrenlosen und blutbeschmierten Schwerter ver-
färbt nahe diesem Ort des Friedens liegen?

Er betritt die Gruft.

Romeo! Oh, bleich! Wer sonst? Was, auch Paris? Und in
Blut getaucht? Ah, welche unnatürliche[16] Stunde [145] ist
an diesem jammervollen Geschick schuld! Die Dame
regt sich.

JULIA *erhebt sich.*

JULIET. O comfortable Friar! Where is my lord?
    I do remember well where I should be,
    And there I am. Where is my Romeo? 150
FRIAR. I hear some noise. Lady, come from that nest
    Of death, contagion, and unnatural sleep.
    A greater power than we can contradict
    Hath thwarted our intents. Come, come away.
    Thy husband in thy bosom there lies dead; 155
    And Paris too. Come, I'll dispose of thee
    Among a sisterhood of holy nuns.
    Stay not to question, for the Watch is coming.
    Come, go, good Juliet. I dare no longer stay.
JULIET. Go, get thee hence, for I will not away. 160
    Exit FRIAR.
    What's here? A cup, closed in my true love's hand?
    Poison, I see, hath been his timeless end.
    O churl! drunk all, and left no friendly drop
    To help me after? I will kiss thy lips.
    Haply some poison yet doth hang on them 165
    To make me die with a restorative.
    She kisses him.
    Thy lips are warm!
WATCHMAN. [*Within.*] Lead, boy. Which way?
JULIET. Yea, noise? Then I'll be brief. O happy dagger!
    She snatches Romeo's dagger.
    This is thy sheath; there rust, and let me die. 170
    She stabs herself and falls.
    Enter Paris's PAGE *and the* WATCH.

JULIA. O trostreicher Mönch! Wo ist mein Herr? Ich erinnere mich genau daran, wo ich sein sollte, und dort bin
ich. Wo ist mein Romeo? [150]

MÖNCH. Ich höre Geräusche. Lady, komm aus diesem Nest
des Todes, der Ansteckung und des unnatürlichen Schlafes. Eine größere Macht als die, der wir widersprechen
können, hat unsere Pläne vereitelt. Komm, komm fort.
Dein heimlicher Gatte liegt dort tot; [155] und Paris auch.
Komm, ich will dich bei einer Schwesternschaft heiliger
Nonnen unterbringen. Bleib nicht, um nachzufragen,
denn die Wache kommt. Komm, geh, gute Julia. Ich wage nicht mehr zu bleiben.

JULIA. Geh, pack dich fort, denn ich will nicht weg. [160]

Der MÖNCH *geht ab.*

Was ist hier? Ein Glas, fest in meines wahren Liebsten
Hand? Gift, sehe ich, war sein unzeitiges Ende. Geizhals! Alles getrunken, und keinen freundlichen Tropfen
übriggelassen, um mir nach zu helfen? Ich will deine
Lippen küssen. Vielleicht hängt noch etwas Gift daran, [165] um mich an einem Wiederbelebungsmittel sterben zu lassen.

Sie küsst ihn.

Deine Lippen sind warm!

WACHMANN *(drinnen).* Führe, Junge. Wohin?

JULIA. Ja, Lärm? Dann will ich kurz sein. O glücklicher
Dolch!

Sie reißt Romeos Dolch an sich.

Dies ist deine Scheide; roste dort, und lass mich sterben.[7] [170]

Sie ersticht sich und fällt.

Paris' PAGE *und die* WACHE *treten auf.*

PAGE. This is the place. There, where the torch doth burn.

1 WATCHMAN.
>   The ground is bloody. Search about the churchyard.
>   Go, some of you. Whoe'er you find attach.
>   *Exeunt some of the Watch.*
>   Pitiful sight! Here lies the County slain!
>   And Juliet bleeding, warm, and newly dead,   175
>   Who here hath lain this two days burièd.
>   Go, tell the Prince. Run to the Capulets.
>   Raise up the Montagues. Some others search.
>   *Exeunt others of the Watch.*
>   We see the ground whereon these woes do lie,
>   But the true ground of all these piteous woes   180
>   We cannot without circumstance descry.
>   *Enter some of the Watch, with* BALTHASAR.

2 WATCHMAN. Here's Romeo's man. We found him in
>   the churchyard.

1 WATCHMAN.
>   Hold him in safety till the Prince come hither.
>   *Enter* FRIAR LAURENCE *and another of the* WATCH.

3 WATCHMAN.
>   Here is a Friar that trembles, sighs, and weeps.
>   We took this mattock and this spade from him   185
>   As he was coming from this churchyard's side.

1 WATCHMAN. A great suspicion! Stay the Friar too.
>   *Enter the* PRINCE *and attendants.*

PRINCE. What misadventure is so early up,
>   That calls our person from our morning rest?
>   *Enter* CAPULET *and his wife with others.*

PAGE. Dies ist der Ort. Dort, wo die Fackel brennt.

1. WACHMANN. Der Boden ist blutig. Suche auf dem Kirchhof. Geht, einige von euch. Wen immer ihr findet, nehmt fest.

Einige der Wachmannschaft gehen ab.

Trauriger Anblick! Hier liegt der Graf erschlagen! Und Julia blutend, warm und gerade tot, [175] die hier schon seit zwei Tagen beerdigt liegt. Geht, sagt es dem Fürsten, lauft zu den Capulets. Weckt die Montagues auf; sucht noch einige andere.

Andere von der Wachmannschaft gehen ab.

Wir sehen den Grund, auf dem all diese Leiden liegen, aber den wahren Grund all dieser traurigen Leiden [180] können wir nicht ohne Indizien gewahren.

Einige von der Wachmannschaft treten mit BALTHASAR *auf.*

2. WACHMANN. Hier ist Romeos Dienstmann. Wir haben ihn auf dem Kirchhof gefunden.

1. WACHMANN. Halt ihn in Gewahrsam, bis der Fürst hierher kommt.

BRUDER LAURENCE *und ein weiterer* WACHMANN *treten auf.*

3. WACHMANN. Hier ist ein Mönch, der zittert, seufzt und weint. Wir nahmen ihm diese Hacke und diesen Spaten ab, [185] als er von dieser Seite des Kirchhofs kam.

1. WACHMANN. Ein schwerer Verdacht! Halt auch den Mönch fest.

Der FÜRST *und Gefolge treten auf.*[18]

FÜRST. Welches Unglück ist so früh auf, das unsere Person von unserer Morgenruhe wegruft.

CAPULET *und seine Frau mit anderen treten auf.*

CAPULET. What should it be, that is so shrieked abroad? 190
LADY CAPULET. O the people in the street cry 'Romeo',
    Some 'Juliet', and some 'Paris'; and all run
    With open outcry toward our monument.
PRINCE. What fear is this which startles in your ears?   194
1 WATCHMAN. Sovereign, here lies the County Paris slain;
    And Romeo dead; and Juliet, dead before,
    Warm and new killed.
PRINCE.
    Search, seek, and know, how this foul murder comes.
1 WATCHMAN.
    Here is a Friar, and slaughtered Romeo's man,
    With instruments upon them fit to open   200
    These dead men's tombs.
CAPULET.
    O heavens! O wife, look how our daughter bleeds!
    This dagger hath mista'en, for, lo, his house
    Is empty on the back of Montague,
    And it mis-sheathèd in my daughter's bosom!   205
LADY CAPULET. O me! This sight of death is as a bell
    That warns my old age to a sepulchre.
    Enter MONTAGUE *and others.*
PRINCE. Come, Montague. For thou art early up
    To see thy son and heir now early down.
MONTAGUE. Alas, my liege, my wife is dead tonight!   210
    Grief of my son's exile hath stopped her breath.
    What further woe conspires against mine age?
PRINCE. Look, and thou shalt see.

CAPULET. Was kann das sein, das draußen so umherge-
schrien wird? [190]

LADY CAPULET. Oh, die Leute auf der Straße rufen »Romeo«, einige »Julia« und einige »Paris«; und alle rennen
mit unverhohlenem Geschrei zu unserem Grabmal.

FÜRST. Was für eine Furcht ist das, die eure Ohren erschreckt?

1. WACHMANN. Herrscher, hier liegen der Graf Paris erschlagen; [195] und Romeo tot; und Julia, vorher tot,
warm und von neuem getötet.

FÜRST. Untersucht, sucht und findet heraus, wie es zu diesem hässlichen Mord kommt.

1. WACHMANN. Hier sind ein Mönch und des geschlach-
teten Romeo Dienstmann, die geeignete Werkzeuge
bei sich tragen, [200] um die Gruften dieser Toten zu öffnen.

CAPULET. O Himmel! O Frau, sieh wie unsere Tochter
blutet! Dieser Dolch hat gefehlt, denn, sieh, sein Haus
ist leer auf dem Rücken Montagues, und er falsch wie in
eine Scheide in meiner Tochter Busen gesteckt![19] [205]

LADY CAPULET. O über mich! Dieser Anblick des Todes
ist wie eine Glocke, die meinem Alter das Grab ankün-
digt.[20]

MONTAGUE *und andere treten auf.*

FÜRST. Komm, Montague. Denn du bist früh auf, um deinen Sohn und Erben nun früh nieder zu sehen.

MONTAGUE. Weh, mein Lehnsherr, meine Frau ist heute
nacht gestorben. [210] Schmerz über meines Sohnes Exil
hat ihren Atem angehalten. Welch weiteres Leid ver-
schwört sich gegen mein Alter?

FÜRST. Schau, und du wirst sehen.

MONTAGUE. O thou untaught! what manners is in this,
    To press before thy father to a grave?   215
PRINCE. Seal up the mouth of outrage for a while,
    Till we can clear these ambiguities
    And know their spring, their head, their true descent.
    And then will I be general of your woes
    And lead you, even to death. Meantime forbear,   220
    And let mischance be slave to patience.
    Bring forth the parties of suspicion.
FRIAR. I am the greatest, able to do least,
    Yet most suspected, as the time and place
    Doth make against me, of this direful murder.   225
    And here I stand, both to impeach and purge
    Myself condemnèd and myself excused.
PRINCE. Then say at once what thou dost know in this.
FRIAR. I will be brief, for my short date of breath
    Is not so long as is a tedious tale.   230
    Romeo, there dead, was husband to that Juliet;
    And she, there dead, that Romeo's faithful wife.
    I married them; and their stolen marriage day
    Was Tybalt's doomsday, whose untimely death   234
    Banished the new-made bridegroom from this city;
    For whom, and not for Tybalt, Juliet pined.
    You, to remove that siege of grief from her,
    Betrothed and would have married her perforce
    To County Paris. Then comes she to me
    And with wild looks bid me devise some mean   240
    To rid her from this second marriage,
    Or in my cell there would she kill herself.
    Then gave I her – so tutored by my art –

MONTAGUE. O du Ungezogener! Was für ein Benehmen ist das, dich vor deinem Vater zum Grab zu drän-
gen? [215]

FÜRST. Versiegle den Mund des Aufschreis für eine Weile,
bis wir diese Mehrdeutigkeiten klären können und ihre
Quelle, ihren Ursprung, ihre wahre Herkunft kennen.
Und dann will ich der General eurer Leiden sein und
euch anführen, sogar bis zum Tod.[21] Inzwischen haltet
ein, [220] und lasst das Unglück Sklave der Geduld sein.
Bringt die Parteien unter Verdacht her.

MÖNCH. Ich bin die größte, am wenigsten zu tun in der Lage, aber da die Zeit und der Ort gegen mich sprechen,
dieses grässlichen Mordes am meisten verdächtig. [225]
Und hier stehe ich, sowohl um mich, von mir selbst ver-
urteilt und von mir selbst entschuldigt, anzuklagen als
auch zu entlasten.[22]

FÜRST. Dann sag sofort, was du hiervon weißt.

MÖNCH. Ich will es knapp machen, denn die kurze Frist
meines Atems ist nicht so lang wie eine ermüdende Geschichte. [230] Romeo, dort tot, war Gatte jener Julia; und
sie, dort tot, dieses Romeos treue Frau.[23] Ich habe sie ge-
traut; und ihr verstohlener Hochzeitstag war Tybalts
Gerichtstag, dessen unzeitiger Tod den neugemachten
Bräutigam aus dieser Stadt verbannte; [235] um den und
nicht um Tybalt grämte sich Julia.[24] Ihr, um diese Belagerung des Schmerzes von ihr zu entfernen, verlobtet sie
und wolltet sie gewaltsam mit Graf Paris verheiraten.
Dann kommt sie zu mir und befahl mir mit wilden Blicken, ein Mittel zu finden, [240] um sie von dieser zweiten Ehe zu befreien, sonst würde sie sich in meiner Zelle
dort töten. Dann gab ich ihr – so von meiner Kunst un-

A sleeping potion; which so took effect
As I intended, for it wrought on her   245
The form of death. Meantime I writ to Romeo
That he should hither come as this dire night
To help to take her from her borrowed grave,
Being the time the potion's force should cease.
But he which bore my letter, Friar John,   250
Was stayed by accident and yesternight
Returned my letter back. Then all alone
At the prefixèd hour of her waking
Came I to take her from her kindred's vault;
Meaning to keep her closely at my cell   255
Till I conveniently could send to Romeo.
But when I came, some minute ere the time
Of her awakening, here untimely lay
The noble Paris and true Romeo dead.
She wakes; and I entreated her come forth   260
And bear this work of heaven with patience.
But then a noise did scare me from the tomb,
And she, too desperate, would not go with me,
But, as it seems, did violence on herself.
All this I know; and to the marriage   265
Her nurse is privy; and if aught in this
Miscarried by my fault, let my old life
Be sacrificed, some hour before his time,
Unto the rigour of severest law.

PRINCE. We still have known thee for a holy man.   270
　　Where's Romeo's man? What can he say to this?

BALTHASAR. I brought my master news of Juliet's death;
　　And then in post he came from Mantua
　　To this same place, to this same monument.

terwiesen – einen Schlaftrunk; der so wirkte, wie ich es plante, denn er bewirkte bei ihr [245] die Form des Todes. Inzwischen schrieb ich an Romeo, dass er in dieser grässlichen Nacht hierherkommen solle, um zu helfen, sie aus ihrem geborgten Grab zu nehmen, da dies die Zeit war, zu der die Kraft des Trunks aufhören sollte. Aber er, der meinen Brief trug, Bruder John, [250] wurde durch Zufall aufgehalten und gab mir gestern abend meinen Brief zurück. Dann kam ich ganz allein zur vorbestimmten Stunde ihres Erwachens, um sie aus dem Gewölbe ihrer Verwandten zu nehmen; in der Absicht, sie in meiner Zelle verborgen zu halten, [255] bis ich günstig nach Romeo senden konnte. Aber als ich kam, einige Minuten vor der Zeit ihres Erwachens, lagen hier unzeitig der edle Paris und der treue Romeo tot. Sie erwacht[25]; und ich drang in sie, herauszukommen [260] und dieses Werk des Himmels mit Geduld zu tragen. Aber dann schreckte mich ein Geräusch aus dem Grab, und sie, zu verzweifelt, wollte nicht mit mir gehen, sondern, wie es scheint, tat sie sich Gewalt an. All dies weiß ich; und in die Ehe [265] ist ihre Amme eingeweiht; und wenn etwas hierin durch meine Schuld fehlschlug, lasst mein altes Leben, einige Stunden vor seiner Zeit, der Härte des strengsten Gesetzes geopfert werden.[26]

FÜRST. Wir kennen dich seit je als heiligen Mann. [270] Wo ist Romeos Dienstmann? Was kann er hierzu sagen?

BALTHASAR. Ich brachte meinem Herrn die Nachricht von Julias Tod, und dann kam er postwendend von Mantua zu eben diesem Ort, zu eben diesem Grabmal. Diesen

This letter he early bid me give his father,   275
And threatened me with death, going in the vault,
If I departed not and left him there.
PRINCE. Give me the letter. I will look on it.
Where is the County's page that raised the Watch?
Sirrah, what made your master in this place?   280
PAGE. He came with flowers to strew his lady's grave,
And bid me stand aloof, and so I did.
Anon comes one with light to ope the tomb,
And by and by my master drew on him.
And then I ran away to call the Watch.   285
PRINCE. This letter doth make good the Friar's words,
Their course of love, the tidings of her death.
And here he writes that he did buy a poison
Of a poor pothecary, and therewithal
Came to this vault to die, and lie with Juliet.   290
Where be these enemies? Capulet, Montague,
See what a scourge is laid upon your hate,
That heaven finds means to kill your joys with love.
And I, for winking at your discords too,
Have lost a brace of kinsmen. All are punished.   295
CAPULET. O brother Montague, give me thy hand.
This is my daughter's jointure, for no more
Can I demand.
MONTAGUE.   But I can give thee more.
For I will raise her statue in pure gold,
That whiles Verona by that name is known,   300
There shall no figure at such rate be set
As that of true and faithful Juliet.
CAPULET. As rich shall Romeo's by his lady's lie,
Poor sacrifices of our enmity!

Brief trug er mir auf, früh seinem Vater zu geben, [275]
und drohte mir Tod an, als er in das Gewölbe ging, wenn
ich nicht wegginge und ihn dort allein ließe.

FÜRST. Gib mir den Brief. Ich will ihn durchsehen. Wo ist
des Grafen Page, der die Wache alarmierte? Du da, was
machte Euer Herr an diesem Ort? [280]

PAGE. Er kam mit Blumen, um seiner Dame Grab zu bestreuen, und befahl mir, abseits zu stehen, und das tat
ich. Gleich kommt einer mit Licht, um das Grab zu öffnen, und sofort zog mein Herr gegen ihn. Und dann lief
ich weg, um die Wache zu rufen. [285]

FÜRST. Dieser Brief bestätigt die Worte des Mönchs, ihren
Weg der Liebe, die Nachricht von ihrem Tod. Und hier
schreibt er, dass er ein Gift von einem armen Apotheker
kaufte und damit zu diesem Gewölbe kam, um zu sterben und bei Julia zu liegen. [290] Wo sind diese Feinde?
Capulet, Montague, seht, welche Geißel auf euren Hass
gelegt ist, dass der Himmel Mittel findet, um eure Freuden an Liebe sterben zu lassen. Und ich, weil ich auch
gegenüber eurer Zwietracht ein Auge zudrückte, habe
ein Paar Verwandte verloren. Alle sind bestraft. [295]

CAPULET. O Bruder Montague, gib mir die Hand. Dies ist
das Leibgedinge meiner Tochter, denn nicht mehr kann
ich verlangen.

MONTAGUE. Aber ich kann dir mehr geben. Denn ich will
ihre Statue in reinem Gold errichten, dass, solange Verona unter diesem Namen bekannt ist, [300] keine Figur so
teuer eingeschätzt werden soll wie die der wahren und
treuen Julia.

CAPULET. Ebenso reich soll Romeo neben der seiner Dame
liegen,[27] arme Opfer unserer Feindschaft!

PRINCE. A glooming peace this morning with it brings. 305
    The sun for sorrow will not show his head.
    Go hence, to have more talk of these sad things.
    Some shall be pardoned, and some punishèd.
    For never was a story of more woe
    Than this of Juliet and her Romeo. 310
    Exeunt.

FÜRST. Einen düsteren Frieden bringt dieser Morgen mit sich. [305] Die Sonne will aus Kummer nicht ihr Haupt zeigen. Geht fort, um mehr über diese traurigen Dinge zu sprechen. Einige sollen begnadigt werden und einige bestraft. Denn nie gab es eine Geschichte von größerem Leid als diese von Julia und ihrem Romeo.[28] [310]

Sie gehen ab.

Anmerkungen

Der englische Text ist mit geringfügigen Abweichungen und zusätzlichen Ortsangaben der *New Penguin Shakespeare*-Ausgabe von T. J. B. Spencer (Harmondsworth 1967) entnommen und den editorischen Prinzipien der zweisprachigen Shakespeare-Ausgaben in Reclams Universal-Bibliothek angepasst worden.

Dramatis Personæ

1 *Catling, Rebeck, Soundpost:* passende Namen für Musiker. Die Namen bedeuten »dünne Darmsaite«, ma. »dreisaitige Fiedel«, »die Stimme«, ein Holzsteg zwischen Saiten und Klangkörper.

Prologue

1 (3) *mutiny:* hier im Sinne von »Aufruhr« und »Streit«. Der Streitanlass bleibt ungenannt. Durch die Wortwahl wird jedoch angedeutet, dass es sich bei dem Streit der beiden Häuser nicht so sehr um eine konkret fassbare Auseinandersetzung handelt, sondern eher um einen müßigen, rational nicht erklärbaren Streit; vgl. auch *brawl* und *fray* in I,1,89.117.

2 (4) *civil:* Durch die Wahl dieses Wortes wird auf die Unnatürlichkeit des Verhaltens angespielt. Wie das lat. *civilis* kann auch *civil* »voll Bürgersinn« bedeuten, eine Tugend, die beiden Parteien fehlt.

3 (6) *star-crossed:* Wortschöpfung Shakespeares mit der Bedeutung »unter dem Einfluss eines bösen Sterns stehend, der Pläne vereitelt«.

4 (8) *doth:* in der elisabethanischen Zeit noch als Pluralform geläufig; vgl. IV,5,125; V,3,225.

5 (13) *the which if:* Vgl. auch I,5,72. Der relativische Anschluss eines Konditionalsatzes oder eines Temporalsatzes ist zur Shakespeare-Zeit noch möglich und nicht selten; vgl. auch *Richard III*, I,2,176 und III,7,27.

6 (14) Typischer epigrammatischer Schluss eines Shakespeare-

Sonetts. Gemeint ist: »was im Text unvollkommen ist, wollen wir, die Schauspieler, verbessern«. Anklänge an die Sonettdichtung sind in *Romeo und Julia* zahlreich; vgl. u. a. I,2,45 bis 50.87–92; I,5,93–106; II, Chor und V,3,305–310.

Act I, Scene 1

1 (1–3) Der komödiantische Beginn unterstreicht noch einmal wirkungsvoll die Müßigkeit der Fehde und bildet einen starken Kontrast zum zweiten Teil des Dramas mit seiner besonderen Betonung des Todes und des Tragischen, vor allem aber zu der parallel und zugleich kontrastiv strukturierten Szene III,1. Sampson und Gregory spielen mit den Quasi-Homophonen *coals, colliers, choler* und *collar* (Henkerschlinge). Zu *choler* vgl. *humour* in I,1,129. Beide Begriffe entstammen der ma. Humorestheorie, nach der die Charaktereigenschaften eines Menschen vom Mischungsverhältnis der vier Körpersäfte bestimmt wurden (vgl. III,3,115): diese waren *choler* (heiß, trocken; Feuer, gelbe Galle), *sanguis* (heiß, feucht; Luft, Blut), *phlegm* (kalt, feucht; Wasser, Schleim), *melancholia* (kalt, trocken; Erde, schwarze Galle). Fehlerhafte Mischungsverhältnisse dieser vier Säfte resultierten in krankhaften Charakterabweichungen. Vgl. II,1,2, wo Romeo sich als *dull earth* bezeichnet und damit auf sein Leiden, die Melancholie, die Krankheit des verschmähten Liebhabers verweist. – Die Konstruktion *an we be* und *an if we be* (III,5,71) waren im 17. Jh. als Äquivalent für *if we are* möglich; *be* ist eine alte Pluralform für *are*; vgl. auch I,2,78.90 und I,5,131, wo es für *is* steht.

2 (4) *you:* Von hier ab wechseln Sampson und Gregory zum vertrauteren *thou* »du«.

3 (11) *take the wall of:* eigentlich »innen, an der Mauerseite gehen«, die sauberer und bequemer war. Mit diesem Ausdruck beginnen die obszönen Wortspiele der beiden Diener.

4 (15) *vessels:* einerseits Anspielung auf die Bibel (1. Petrus 3,7), in der die Frau oft als *vessel* bezeichnet wird, andererseits aber auch Fortsetzung der obszönen Wortspiele: die Frau als Gefäß für den Penis.

5 (24f.) Das Wortspiel auf *heads of the maids* und *maidenheads* lässt sich im Deutschen nicht wiedergeben.

6 (25f.) Laut Partridge, *Shakespeare's Bawdy*, bedeutet *take it* »den Penis aufnehmen«, *sense* laut *OED* unter anderem »Gefühl«.

7 (29) *fish*: Bezeichnung für ein Mädchen oder eine Frau aus sexueller Sicht, zugleich Überleitung zu *poor John*; vgl. II,4,37f.

8 (30) *poor John*: wörtlich »getrockneter, gesalzener Seehecht«. Einerseits gebräuchlich als Bezeichnung für eine dürftige Mahlzeit, andererseits Anspielung auf das dem männlichen Geschlechtsorgan ähnelnde Aussehen dieser Fischspeise.

9 (30) *Here comes of*: eigentlich *Here come some of*. Bei Shakespeare auch für den Plural geläufige Form; vgl. II,5,5; II,6,19; III,1,34.

10 (41) *bite my thumb*: Zum Zeichen der Verachtung wurde ein Daumennagel in den Mund genommen und ruckartig wieder entfernt, wobei durch die Berührung zwischen Daumennagel und oberen Zähnen ein schnalzendes Geräusch entsteht.

11 (62) *washing blow*: eigentlich *swashing blow* »peitschenartiger Hieb mit der Rapierspitze auf den Kopf des Gegners«.

12 (63f.) Durch den Wechsel zur Versform deutet sich an, dass der Sprecher, Benvolio, dem Adel angehört. Prosa ist bei Shakespeare gewöhnlich niederen Volksschichten bzw. komischen Charakteren vorbehalten. Seinem Namen entsprechend (»wohlwollender Freund«) bemüht sich Benvolio um Frieden; vgl. auch Christi Worte am Kreuz (Lukas 23,34).

13 (65) *heartless hinds*: kann außerdem auch heißen »Hirschkühe ohne Hirsche«, *Heartless* ist homophon für *hartless*. Tybalts Auftreten erinnert einerseits an den *miles gloriosus* des elisabethanischen Theaters, den prahlenden Krieger, der Streit um jeden Preis sucht und nie versöhnungsbereit ist, andererseits gewinnt er durch seine Worte in Zeile 66 als Personifikation des Todes an Bedeutung. Benvolios Beschreibung unterstreicht in dieser Szene (I,1,108–112) jedoch den komischen Charakter Tybalts. So wie im ersten Teil des Dramas das Komische oft den Gedanken an den Tod überwuchert, wenn auch nicht verdeckt,

überwuchern nach der Peripetie des Dramas in III,1 der Tod und Todesahnungen bzw. -visionen das Komische.

14 (74 B.A.) Capulets Auftritt im Morgenmantel ist einer von vielen Hinweisen auf die sorgfältig herausgearbeitete Zeitstruktur des Stücks und ein erstes Indiz dafür, dass Shakespeare Capulet als lächerlichen, alten Mann charakterisiert.

15 (82) *neighbour-stainèd:* Der Fürst als Exponent der staatlichen Ordnung zeichnet sich durch eine ernste, würdevolle Sprache mit elaborierten Bildern und adjektivreichen Wendungen aus, die vor allem an Shakespeares Historien erinnert; vgl. u.a. *Richard II.* Er stellt zudem das oberste Glied der sozialen Hierarchie in *Romeo und Julia* dar. Nach den Dienern, den jungen Adligen und den Oberhäuptern der verfeindeten Familien, die immer in paarweiser Zuordnung auftraten, erscheint der Fürst durch das Fehlen eines Gegenpols zusätzlich als oberster Schiedsrichter im Dramengefüge gekennzeichnet. *Neighbour-stainèd* bedeutet »vom Blut des Nächsten befleckt«.

16 (95) *cankered:* Bis ins 18. Jh. bedeutete dieses Wort auch »rostig«, »verrostet«.

17 (97) *forfeit of the peace:* auch »die Strafe des Friedens«, und daraus abgeleitet »Strafe für den Friedensbruch«.

18 (102) *Free-town:* Shakespeare übernahm den Namen seiner Quelle, Arthur Brookes Verserzählung *Romeus and Juliet* nach einem italienischen Original. Brooke hatte das italienische *Villa Franca,* so hieß Capulets Haus, als *Free-town* übersetzt.

19 (104) *set … abroach:* eigentlich (ein Fass) »anzapfen«.

20 (106–115) Benvolio stattet seinen Bericht nach den Regeln der klassischen Rhetorik in der Form einer *percursio* ab (aufzählend-koordinierende Häufung von eigentlich detaillierter Behandlung würdigen Gegenständen; vgl. auch den Bericht des Mönchs in V,3,229–269). Mit der Figur des Polyptotons in Zeilen 114f., der vierfachen Wiederholung des Wortes *part* unter verschiedenen syntaktischen Aspekten unterstreicht Benvolio die durch die Fehde sich ergebende soziale Spaltung.

21 (120) *drive:* in anderen Quartoausgaben *drave.* Beides sind

Präteritumsformen des Verbs *to drive*; vgl. auch z. B. Edmund
Spenser, *The Fairie Queene*, I,9,38,5.

22 (121) *sycamore:* Vgl. *Othello*, IV,3,40. Sowohl zur Shakespeare-
Zeit als auch noch im 19. Jh. (vgl. Wordsworths *Tintern Abbey*,
Zeile 10) stand dieser Baum in engem Zusammenhang mit der
Stimmung von Liebenden.

23 (126–128) Mit der Wiederaufnahme der poetischen, elaborierten
Sprache deutet sich der Themenwechsel von dem Streit zu
Romeos Verhalten und Liebesleid an.

24 (130) *who:* grammatikalisch korrekt eigentlich *him who.*

25 (137) *heavy son:* Vgl. *light* in Zeile 137 und *sun* in Zeile 134. Ein
Wortspiel zur Unterstreichung des widernatürlichen Verhaltens
Romeos, der sich mit seiner Schwermut als von der Krankheit
des verliebten petrarkistischen Sonettdichters, der Melancholie,
befallen zeigt; vgl. Anm. 1 zu dieser Szene.

26 (134–142) Ebenso wenig wie Romeos Vater und Benvolio wissen
die Zuschauer, wer die Ursache für Romeos Liebesleid ist. Von
Julia wird erst in der zweiten Szene gesprochen. Auch hier wieder
deutet Shakespeare unnatürliches Verhalten Romeos an, der das
natürliche Tageslicht ausschließt, um sich eine künstliche Nacht
zu schaffen. Hier liegt ein bemerkenswerter Kontrast zur
Tag-Nacht-Metaphorik des Stückes vor, in der die Nacht der
Liebe und dem Tod, der Tag aber vorwiegend den komischen
Elementen und der Alltagswelt vorbehalten ist.

27 (152) *he:* bezieht sich grammatikalisch auf *bud.*

28 (156) *So please you:* eine bei Shakespeare geläufige Variante von
if it please you. Vgl. u. a. *Measure for Measure*, III,2,224 und
Henry V, V,2,343.

29 (165–168) Das Wortspiel auf *in – out* und *love – favour* lässt sich
im Deutschen nur unvollkommen wiedergeben. Das Wort
favour hat im übrigen auch stark sexuelle Untertöne; vgl. auch
Hamlet, II,2,234 f., wo sich *favours* eindeutig auf den weiblichen
Genitalbereich bezieht.

30 (171) *view is muffled:* Der Liebesgott Cupido wurde gewöhnlich
mit einer Binde vor den Augen dargestellt.

31 (175) *to-do:* hier als Substantiv verwandt. Der Tumult durch Liebe bezieht sich auf seinen Gemützstand, der in den Oxymora der folgenden Zeilen seinen Ausdruck findet.

32 (178) *heavy lightness:* Auf dieses Oxymoron spielt Romeo in I,4,12 wieder an. Eines der Hauptthemen des Dramas – das Verhältnis zwischen Liebe und Hass bzw. Tod – wird hier von Romeo eingeführt. Vgl. III,2,75, wo sich Julia nach dem Tod Tybalts im Konflikt zwischen Liebe und Hass für die Liebe entscheidet.

33 (183) *coz:* Vertraute Kurzform für *cousin;* vgl. auch Zeile 195 sowie I,5,65.

34 (187) *propagate ... pressed:* Romeo nimmt mit diesen Worten die frivolen Wortspiele wieder auf, wenn auch auf einer weniger deutlichen Ebene als die Diener zu Beginn dieser Szene.

35 (198) *he's some other where:* eigentlich *he's somewhere else.* Vgl. auch II,3,73 f., wo der Mönch ähnliche Gedanken ausspricht. Wieder ein Hinweis auf die Unnatürlichkeit von Romeos Verhalten. Er gefällt sich in der Rolle des zurückgewiesenen Geliebten. Weitere Zweifel an der Ernsthaftigkeit seiner Liebe zu Rosaline ergeben sich aus Zeile 214, wo er die Unkäuflichkeit seiner Geliebten beklagt.

36 (199) *sadness:* einerseits »Ernst«, andererseits »Trauer«. Romeo spielt mit der zweiten Bedeutung des Wortes (I,1,200).

37 (208) *hit:* auch »sarkastische Bemerkung«.

38 (209) *Dian's wit:* Diana, die römische Göttin der Keuschheit und des Mondes, verstand es durch List, alle Angriffe auf ihre Jungfräulichkeit abzuwehren. Typisch periphrastische Wendung.

39 (231) *black:* Bei Maskenbällen getragene Masken waren meist schwarz. Komplizierte syntaktische Konstruktion: die gesamte Zeile 230 und ein Teil von Zeile 231 stellen das Subjekt des Satzes dar; heute *That these ... are black ...*

40 (234) *passing:* damals auch im Sinne von *surpassing* »unübertrefflich« geläufig; vgl. auch *Richard III,* I,1,94.

Act I, Scene 2

1 (9) *fourteen years:* Abweichend von seiner Vorlage macht
   Shakespeare Julia noch zwei Jahre jünger und unterstreicht ihr
   Alter immer wieder: vgl. I,3,13.15.18.22. Auch andere Heldinnen
   Shakespeares sind sehr jung: Marina in *Pericles* ebenfalls vierzehn,
   Miranda im *Tempest* fünfzehn.

2 (15) Auch Julias Position als Alleinerbin wird immer wieder
   unterstrichen; *earth* bezieht sich auf Capulets Körper, der nach
   dem Tod wieder zu Erde wird. Vgl. II,1,2 und III,2,59.

3 (17–19) Shakespeare verwendet hier eine aus dem Lateinischen
   entlehnte, heute im Englischen nicht gebräuchliche absolute
   Partizipialkonstruktion. Capulets Bereitschaft, seiner Tochter
   ihren Willen zu lassen, und seine Bedenken wegen ihres Alters
   (Zeilen 10 f.) stehen in krassem Widerspruch zu seiner unbeugsa-
   men Grausamkeit in III,5,141–196, wo er Julia drängt, innerhalb
   von zwei Tagen gegen ihren Willen Paris zu heiraten.

4 (30) *Inherit:* hier im Sinne von »rechtmäßig Zustehendes
   erhalten«, zugleich Anspielung auf Julias Stellung als Alleinerbin.

5 (32 f.) Syntaktisch nicht auflösbar. Capulet spielt mit dem
   Sprichwort *One is as good as none.*

6 (38–41) Der Diener spielt, ähnlich wie Gregory und Sampson, mit
   zweideutigen Nebenbedeutungen: *yard* bedeutete bis ins 18. Jh.
   hinein »(erigierter) Penis«; auch *last* und *pencil* suggerieren
   ähnliches; *meddle with* bedeutete gewöhnlich »sich intim
   einlassen mit«.

7 (51) *Your plantain leaf: Your* steht hier als unbestimmter Artikel.
   Wegerich wurde zur Behandlung von Schnittwunden benutzt.

8 (54–56) Romeo spielt auf die damals übliche Behandlung von
   Geisteskranken an. Aufschlussreich für die Grausamkeit der
   Elisabethaner gegenüber Geisteskranken ist, dass ein Besuch im
   Irrenhaus zu den bevorzugten Freizeitbeschäftigungen der
   elisabethanischen Gesellschaft gehört.

9 (62) *Rest you merry:* Kurzform für *God rest you merry,* wobei *rest*
   »Ruhe gewähren« bedeutet.

10 (82) Hier wird zum ersten Mal erwähnt, dass Romeo eine andere
Dame und nicht Julia liebt. Rosaline ist wie Julia aus dem Hause
Capulet. *Loves* müsste eigentlich *lovest* heißen; vgl. auch I,5,8
und III,3,144.

11 (94) Die Augen werden hier als Waagschalen gesehen, in denen
Rosaline sich gegen sich selbst aufwiegt und nur deshalb, so
deutet Benvolio an, nicht unterliegen kann.

Act I, Scene 3

1 (3) *ladybird:* vertrauliche Koseform, eigentlich »Marienkäfer«.
Nicht nur durch die Wortwahl und die häufigen sexuellen
Anspielungen, sondern auch durch die Wiederholungen und
nicht immer einwandfreie Grammatik und Syntax wird die
Amme charakterisiert. Sie stellt zweifellos eine der besten
komischen Schöpfungen Shakespeares dar. Zugleich verfügt sie
im Hause Capulet offensichtlich über eine Vertrauensstellung.
Sie ist keinesfalls mit den Dienern auf eine Stufe zu stellen. Im
Dramengefüge ist sie das Pendant zu Benvolio, Romeos Freund.
Diese Szene entspricht dem letzten Teil von I,1, in dem Romeo
und Benvolio über Rosaline sprechen. Die ersten 62 Zeilen dieser
Szene stellen ein typisches Beispiel für die klassische *oratio
concisa* dar.

2 (16) *remembered me:* auch heute gelegentlich noch in dieser
Verwendung gebräuchlich; *thou's* eigentlich *thou shalt.*

3 (14) *teen:* damals noch »erlittener« oder »erduldeter Schaden« und
»Leid«, »Elend«.

4 (16) *Lammastide:* Abgeleitet aus dem ae. *hláfmaesse* aus *hláf*
»Brot« und *maesse* »Messe«, bezeichnet das Wort ein Erntedank-
fest, bei dem aus dem ersten geernteten Korn gebackenes Brot
geweiht wurde. Dieses Fest wurde am 1. August gefeiert.

5 (17) *Even or odd:* Die Amme nimmt das *odd* »ein paar« von Lady
Capulet mit der anderen Bedeutung »ungerade« wieder auf.

6 (24) Diese Zeile wurde von früheren Herausgebern zum Anlass
genommen, den Abfassungszeitraum auf 1591 festzulegen, weil

im Jahre 1580 in England ein schweres Erdbeben zu spüren gewesen war. Eine solche Festlegung ist jedoch wenig überzeugend. Erstens gab es auch 1583 und 1585 Erdbeben in England; zweitens ist wohl eher anzunehmen, dass diese Anspielung der Amme ihr ausgezeichnetes Detailgedächtnis beweisen soll.

7 (27) *dug:* eigentlich »Zitze«, das aber für Menschen inzwischen eindeutig abwertend ist.

8 (37) *high-lone:* Steigerungsform von *alone*, dessen etymologische Ableitung unklar ist; *rood* altes Wort für »Kreuz«, das in Kirchen- und Palastnamen *(Church of the Holy Rude, Holyrood House)* sowie in *roodscreen* »Lettner« fortlebt.

9 (44) *holidam:* frühe Form von *halidam* »Heiligtum«.

10 (53 f.) *it:* eigentlich *its. Cockerel's stone:* Die Amme setzt ihre sexuellen Anspielungen fort. Ein *cockerel* war auch eine Bezeichnung für einen jungen Mann, daher übertragen wohl auch heute noch *cock* vulgär für »Penis«.

11 (66) *dispositions:* im Plural »natürliche Neigung zu etwas«.

12 (67 f.) *honour:* Die Amme spielt mit dem homophonen Ausdruck *on her.*

13 (70–75) Lady Capulets Argumentation entspricht in etwa den klassischen Regeln des Syllogismus mit *propositio* (70), *praemissa maior* (70–72), *praemissa minor* (73 f.), *conclusio*-Formel (74) und *conclusio* (75). In Zeilen 72–74 findet sich im übrigen einer von vielen Hinweisen auf den beträchtlichen Altersunterschied zwischen Capulet und seiner Frau. Lady Capulet ist hiernach etwa 27 bis 28 Jahre alt. Vgl. aber V,3,206 f., wo sie im Zusammenhang mit sich das Wort *old age* verwendet. Möglicherweise gibt sie sich vor ihrer Tochter den Anschein der Jugend.

14 (82–95) Mit den Worten *volume, writ, pen, content, margent, book, unbound, cover, clasp* und *story* verwendet Lady Capulet Termini aus dem Bereich der Buchdruckerei, um äußere Erscheinung und Charakter des Paris zu preisen. Einige der Ausdrücke sind darüber hinaus noch erklärungsbedürftig: *unbound* bezieht sich auf die Ungebundenheit des Bewerbers,

cover und *clasp* beziehen sich auf die Umarmung des Mannes durch die Frau; *gold* deutet an, dass der materielle Aspekt der geplanten Ehe eine bedeutende Rolle spielt. Vgl. zur Umkehrung dieses Bildes durch Julia III,2,83 f.

15 (98) Wie um den rhetorischen Schwung ihrer Mutter zu ironisieren, antwortet Julia mit einem Wortspiel, das vier Alliterationen enthält. Wie Romeo zu dem Fest geht, um Rosaline zu sehen, so geht Julia in der Absicht, Paris zu treffen (vgl. Romeos Worte in I,2,99 f.).

16 (101–104) Die praktischen Hinweise des Dieners unterstreichen wirkungsvoll den bevorstehenden Stimmungswechsel und das Gekünstelte des vorangegangenen Szenenteils.

Act I, Scene 4

1 (1) *this speech:* eine vorbereitete Rede, mit der die nicht geladenen Gäste ihr Erscheinen bei einem Maskenfest entschuldigten; vgl. *Love's Labour's Lost*, V,2,158–174, *Timon of Athens*, I,2, 117 und *Henry VIII*, I,4,65–72.

2 (4–7) Maskeraden wurden oft von einem Knaben oder einer als Cupido verkleideten Person präsentiert. Cupidos Bogen war eigentlich kein Tartaren-, sondern ein Griechenbogen mit lippenförmig nach oben gebogenen Enden. *Painted* und *lath* beziehen sich auf den präsentierenden Knaben. Außer Cupido trägt auch der *crowkeeper*, der »Krähenwärter«, Pfeil und Bogen, um die Felder vor den Krähen zu schützen.

3 (9 f.) Das Wortspiel auf *measure* »gemessener Schreittanz« lässt sich im Deutschen nicht wiedergeben (vgl. *Richard III*, I,1,8).

4 (15) Ein bei Shakespeare geläufiges Wortspiel; vgl. auch *Comedy of Errors*, III,2,64; *Merchant of Venice*, IV,1,123 und *Julius Caesar*, I,1,14.

5 (19–21) Die exzessive Vorliebe Romeos für Wortspiele zeigt sich besonders deutlich im Zusammenhang mit dem Thema seiner Liebe zu Rosaline; *soar* »sich aufschwingen«, *sore* »schlimm«, »wund«; *bound* »Grenze«, aber auch »Sprung«. Mercutio ist schon

durch seinen Namen als lebhafter, spritziger, schlagfertiger Charakter ausgewiesen, eine Rolle, der er bis zu seinem Tod durch Tybalt treu bleibt.

6 (23 f.) Mercutios Witz ist eindeutig sexuell geprägt; vgl. auch *prick* für »stechen« im sexuellen Sinn in Zeile 28.

7 (30–32) *visor* verweist darauf, dass das von der Maske bedeckte Gesicht ähnlich hässlich ist wie die Maske selbst, darum ist auch von *beetle brows*, dicken, buschigen, dunklen Brauen die Rede.

8 (37–39) Romeo bezieht sich auf das Sprichwort: *a good candle holder proves a good gamester* »Ein guter Kerzenträger erweist sich als guter Spieler«. Zur metaphorischen Verwendung des Lichts vgl. auch I,4,11; I,5,44, besonders aber V,3, wo Romeo mit einer brennenden Fackel in Julias Grab eindringt und es als Laterne bzw. als Festsaal beschreibt (V,3,21 B. A., 83–87).

9 (40) *dun*: einerseits Wortspiel auf *done* (39), andererseits »Farbe der Maus«; daher auch die übertragene Bedeutung: »sei still und bleibe ungesehen« wie die Maus wegen ihrer Farbe.

10 (41 f.) Anspielung auf einen alten Weihnachtsbrauch, in dem ein großes Stück Holz, das ein braunes Pferd, ein *dun*, darstellte, hochgehoben und weggetragen wurde. Das Spiel hieß *Drawing Dun out of the Mire*.

11 (52) Das Wortspiel mit den beiden Bedeutungen von *lie* »lügen«, und »liegen« lässt sich im Deutschen nicht adäquat wiedergeben. Während Romeo an die Vorbedeutung von Träumen glaubt, steht Mercutio dieser Auffassung sehr skeptisch gegenüber (vgl. auch V,1,1–11). Nach ma. Vorstellungen gab es verschiedene Arten von Träumen mit möglichen Vorbedeutungen: Die *avisioun* war göttlichen Ursprungs und offenbarte die Zukunft in verschlüsselter Form; die *vision* wurde durch körperliches Unwohlsein hervorgerufen und war für Hoffnungen und Befürchtungen verantwortlich; das *fantome* schließlich war ein seltsames, erschreckendes Traumgesicht. Vgl. zum Problem der Traumdeutung u. a. Chaucers *Nonnes Preestes Tale*.

12 (53) *Queen Mab*: Name der Feenkönigin im keltischen Kulturkreis. Sowohl im Walisischen als auch im Bretonischen bedeutet

Mab »Kind« – ein geeigneter Name für die kleine Feenkönigin an dieser Stelle. Zur Rolle der Feen vgl. auch *Midsummer Night's Dream.*

13 (78) Bittschriften wurden dem Herrscher von Höflingen überbracht, die sich diesen Dienst von den Bittstellern reichlich entlohnen ließen. Zum Missbrauch, der später bei den so genannten *levées* und *couchées* der Hocharistokratie, den Morgen- und Abendaudienzen, mit solchen Bittschriften getrieben wurde, vgl. u. a. Smolletts *Roderick Random* (1748).

14 (81) Eine Pfründe war ein geistliches Amt, das zwar mit Einkünften, aber nicht mit Arbeit verbunden war. Schon seit dem Ma. ist das Pfründenwesen Gegenstand der Klerussatire.

15 (84f.) Klingen aus Toledo haben noch heute legendären Ruf. Soldaten waren für unmäßiges Trinken bekannt. Vgl. 2 *Henry IV*, V,3,51 f. Der Ausdruck *healths five fathom deep* bezieht sich auf den Wirtshausausdruck *One that will drink deep, though it be a mile to the bottom.*

16 (89–91) Nach elisabethanischem Aberglauben waren Geister, die als weißgekleidete Frauen mit brennenden Kerzen erschienen, dazu da, Pferdehaare vollständig zu verwirren.

17 (92–94) Hinter diesen Zeilen steht die gängige Vorstellung von der Existenz von Buhlgeistern, dem *incubus* und dem *succubus*. In *carriage* schwingt sowohl das moderne »Haltung« als auch die Nebenbedeutung »Tragfähigkeit« beim Beischlaf mit.

18 (106–113) Erneuter Hinweis auf die Rolle der Sterne beim Tod Romeos und Julias; Romeo ahnt, wie schon in I,4,47–49, seinen Tod voraus. Vgl. III,1,123 f., wo Romeo in ähnlich klingenden Worten die Wut zu seinem Führer bestimmt. Wichtig sind in diesem Zusammenhang auch die Rechtsmetaphorik *(conse-quence, expire the term, forfeit)* und die Seefahrtsmetapher, die in V,3, 116–119 wiederkehrt.

Act I, Scene 5

1 (2) *trencher:* ein hölzerner Teller, vornehmlich zum Vorschneiden oder Servieren von Fleisch.

2 (15 f.) Ein Sprichwort ähnlich dem lat. *carpe diem.* Mit dem *longer liver* ist der Tod gemeint, der alle Menschen überlebt.

3 (17 f.) Capulet spielt die Rolle des jovialen, fröhlichen Gastgebers, der das Gebot der Gastfreundschaft über die Fehde mit den Montagues stellt (vgl. Zeilen 64–74). Zugleich bereitet sein Zornesausbruch gegenüber Tybalt auch schon seine Unbeherrschtheit gegenüber Julia vor. Darüber hinaus erwecken die Art seiner Späße und seine interjektionsreiche Syntax und Gesprächigkeit den Eindruck des Mangels an geistiger Kompetenz und Autorität.

4 (19) *mistresses:* auch als Ehrentitel für verheiratete und unverheiratete Frauen gebräuchlich.

5 (27) *A hall:* ein damals gebräuchlicher Ausruf, um inmitten einer Gesellschaft Platz zum Tanzen zu schaffen.

6 (31) *cousin:* Eigentlich ist der alte Capulet ein Onkel Capulets. Der Terminus *cousin* war jedoch in seiner Bedeutung damals nicht so eng eingegrenzt wie heute; vgl. u. a. *Richard III*, II, 2, 8.

7 (34) *By'r Lady:* eine der gebräuchlichsten religiösen Beteuerungsformeln der elisabethanischen Zeit. Ähnliche Formeln wie *'Zounds = God's wounds* »Bei Gottes Wunden« (vgl. III, 1, 48); *'Sblood = God's blood; God amarcie; Bones a me; God's bread* »Bei der Hostie« (III, 5, 176) und *God's precious* wurden auf der Bühne meist von Personen niederen Standes verwandt. Zu Beginn des 17. Jh.s wurden solche Formeln als Blasphemie verboten.

8 (41) Durch den müßigen Streit um das Alter von Lucentios Sohn werden sowohl Capulet als auch sein Onkel als typische alte Männer mit nachlassendem Gedächtnis gekennzeichnet.

9 (44–53) In seiner ersten Reaktion auf Julias Anblick, deren Namen er allerdings erst später erfährt, erinnert Romeos Sprache auf den ersten Blick noch an seine konventionellen Äußerungen über seine Liebe zu Rosaline. Besonders bemerkenswert sind an dieser Stelle sowohl die Lichtmetaphorik als auch die Andeutung, dass

die Liebe zwischen Romeo und Julia ihre letzte Erfüllung nicht
auf der Erde finden kann, und das Bild von der Taube unter
Krähen, das in III,2,17–20 unter dem Vorzeichen des Todes
wiedererscheint. In dem ersten Dialogsonett zwischen Romeo
und Julia wird dann die Unterschiedlichkeit der Liebesbeziehung
zwischen Romeo und Rosaline bzw. Julia deutlich (vgl. Zeilen
93–106).

10 (66) *'A bears him*: eigentlich *He bears himself*; typisch für
Capulets volkstümliche Redeweise; vgl. II,1,4 *stolen him home*.

11 (77) *goodman boy*: eindeutige soziale Abwertung Tybalts, der von
seinem Onkel angeredet wird, als gehöre er zum Bürgertum und
nicht zum Adel; vgl. auch III,1,58 und *Richard III*, I,1,66.

12 (81) *set cock-a-hoop*: etymologische Ableitung ungeklärt; kann
sowohl bedeuten »zügellos trinken« als auch »triumphieren«,
»jubeln«.

13 (84) *may chance to*: doppelt tentativ und Hinweis auf die Rolle
von *chance* im Sinne von »Geschick«. Gleichzeitig vorbedeutend:
Tybalt wird in III,1,131 von Romeo erstochen.

14 (84) *I know what*: unvollständige Syntax – ähnlich wie in *I'll tell
you what*, eigentlich *I know what I'm talking about*.

15 (93–106) In diesem Sonett greift Romeo zwar die Religionsmetapher wieder auf (vgl. I,2,87–92); dennoch bestehen entscheidende Unterschiede: Julia ist keine zurückweisende und spröde
Geliebte, wegen deren Verhalten der Liebende in Melancholie
verfällt, sondern sie tritt von Anfang an als gleichberechtigter
Partner auf, der die von Romeo eingeführte Metaphorik nicht nur
aufgreift, sondern selbständig weiterentwickelt. Vgl. auch II,2,26
und III,5,206–211, wo Romeo nach Tybalts Tod das Bild
abwandelt.

16 (99 f.) *palmer's kiss*: Ein *palmer* war ein Pilger, der zum Zeichen
dafür, dass er das Heilige Grab besucht hatte, einen Palmzweig
am Hut trug; vgl. auch Chaucers *Canterbury Tales*, Prolog 13.
Die Pilger berührten mit ihren Händen die Hände der Heiligen-
figuren.

17 (110) Gemeint ist eines der zahlreichen Bücher über höfische

Etikette. Romeo macht ein Ritual aus dem Küssen. Vgl.
III,1,101 f., wo der tödlich verwundete Mercutio Tybalt vorwirft,
nach dem Rechenbuch zu kämpfen.

18 (112) *bachelor*: auch als Anrede für einen unverheirateten, jungen
Mann gebräuchlich.

19 (119 f.) Vgl. auch I,4,39. Man soll ein Fest verlassen, wenn es am
schönsten ist. Wieder eine der versteckten Anspielungen auf
die Macht des Todes, der die zweite Hälfte des Dramas be-
herrscht.

20 (138–141) Im Gegensatz zu den rhetorischen Paradoxa Romeos im
Zusammenhang mit seiner Liebe zu Rosaline sind die Paradoxa
in Julias Worten wahr geworden. Aus der gespielten Attitüde des
Leids wird das wahre Leid der Liebenden.

Act II, Chorus

1 (1 f.) Mit dem Gegensatz *old desire* und *young affection* wird eines
der Hauptthemen dieses Prologsonetts angesprochen. Romeos
Gefühle waren bisher hauptsächlich getragen von seinem nicht
erwiderten Wunsch nach Erfüllung und dem daraus erwachse-
nen Leid. An dessen Stelle tritt nun eine auf Gegenseitigkeit und
völliger Offenheit basierende Liebesbeziehung, deren Ziel die
Ehe und damit nicht ausschließlich die sexuelle Erfüllung ist
(vgl. Zeile 13), jedoch ohne das konventionelle Sprödigkeitszere-
moniell, das Romeos Verhältnis zu Rosaline charakterisierte
und das sein ebenso konventionelles Liebesleid-Verhalten
hervorrief.

2 (3) Sowohl *groaned* als auch *die* haben sexuelle Nebenbedeutungen; *groan* bezieht sich auf das Stöhnen im Augenblick des
Verlusts der Jungfräulichkeit; *die* bedeutet bis ins 18. Jh. auch
»einen sexuellen Höhepunkt erleben«. Möglicherweise hat diese
Doppeldeutigkeit ihren Ursprung in der engen Beziehung
zwischen Liebe und Tod, die in den Sonettzyklen der elisabethanischen Zeit und auch in *Romeo und Julia* zum Ausdruck
kommt.

3 (13 f.) Die »äußerste Not« bezieht sich auf die Zugehörigkeit der
Liebenden zu den verfeindeten Häusern, die der Liebe im Wege
steht. Da die Liebe Romeos zu Rosaline nie realisierbar war,
spielte deren Zugehörigkeit zum Hause Capulet keine Rolle.
Passion unterstreicht, dass die Liebe zwischen Romeo und
Julia auch einen stark leidenschaftlichen, sexuellen
Aspekt hat.

Act II, Scene 1

1 (2) Das Herz wurde als Zentrum des Menschen aufgefasst; sein
Körper wird entsprechend der Heiligen Schrift als »Erde« gesehen.
Romeos Körper sucht sein Zentrum, Julia, die sein Herz besitzt.
Zugleich Anspielung auf die Krankheit der Melancholie: *dull earth*
»trübe«, »schwarze Erde«; vgl. auch Zeile 7.

2 (13) *Abraham Cupid:* Cupido wird wegen seiner spärlichen
Kleidung als ein *Abraham-man* bezeichnet – ein Ausdruck, der
nach der Auflösung der Klöster unter Heinrich VIII. auf Menschen
angewandt wurde, die, ihrer Unterstützung durch die Klöster
beraubt, als Bettler durchs Land zogen. Etymologisch ist der
Ausdruck wohl auf die Geschichte vom Bettler Lazarus, der nach
seinem Tod zu Abraham kam, zurückzuführen. Möglicherweise
spielt Mercutio aber auch mit dem Paradox: Abraham = sehr alter
Mann; Cupido = kleiner Knabe.

3 (14 f.) Auf diese Ballade vom König Cophetua spielt Shakespeare
an vier weiteren Stellen an: *Love's Labour's Lost*, I,2,102 f.;
IV,1,66 f.; *Richard II*, V,3,78 und *2 Henry IV*, V,3, 99.

4 (16) *The ape is dead:* (1) Das arme Geschöpf spielt tot, aber auch
(2) ein Hinweis darauf, dass Romeo jetzt neugeboren ist,
dass seine Liebe zu Rosaline seinem eigentlichen Wesen
fremd ist.

5 (23–29) Wie üblich setzt Mercutio seine zweideutigen Wortspiele
fort, hier gepaart mit einer Parodie auf gängige Geisterbeschwö-
rungsformeln (vgl. *2 Henry VI*, I,4,15–39). *circle* bezieht sich auf
den Kreis, in den der Geist beschworen wurde; aber auch auf die

weiblichen Schamteile (vgl. II,4,91); *stand, laid it, raise up* beziehen sich hier eindeutig auf den erigierten Penis und den Beischlaf.

6 (34–38) Diese obszönen Wortspiele lassen sich im Deutschen nicht adäquat wiedergeben: *medlar* und *meddle with* »sich (sexuell) zu schaffen machen mit« sind Quasi-Homophone; *open-arse* war damals eine umgangssprachliche Bezeichnung für die Mispelfrucht, die außerdem wegen ihres Aussehens an weibliche Sexualorgane erinnert. *Pear* bezieht sich dagegen auf die männlichen Sexualorgane; Poperinghe ist der Name einer flämischen Stadt, nach der eine Birnensorte benannt ist; andererseits liegt eine klangliche Ähnlichkeit zu *pop her in* vor, also wieder eine Zweideutigkeit.

Act II, Scene 2

1 (1–25) Der stilistische Unterschied zwischen Romeos Sermocinatio mit ihrer musikalischen, wohltönenden und weich fließenden Sprache und den der traditionellen Liebeslyrik entnommenen Bildern einerseits und Mercutios frivolen Wortspielen und gewagten Bildern andererseits könnte schwerlich größer sein.

2 (6–9) Im Englischen wie im Lateinischen und Französischen ist der Mond weiblich. Die dem Mond zugeordnete Göttin ist Diana, auf deren Entschluss zu ewiger Keuschheit Romeo hier anspielt. Die Sonne ist dementsprechend männlich.

3 (8) *sick and green:* bedeutet noch heute »kränklich«, »bleichsüchtig«.

4 (17) *spheres:* Nach damaligen Vorstellungen bewegten sich die Planeten in festgefügten Sphären um die Erde. Die Entdeckung des Kopernikus, dass das Sonnensystem helio- und nicht geozentrisch sei, war noch nicht unumstritten. Vgl. auch *circled orb* in Zeile 110. Die Sternmetapher wird in III,2,22–25 von Julia unter dem Vorzeichen des Todes wieder aufgegriffen.

5 (26–32) Auch hier benutzt Romeo wieder religiöse Metaphorik im Zusammenhang mit Julia. Das evozierte Bild ist ein Bild der Ruhe und des heiteren Friedens, das von der fließenden Syntax und der Musikalität der Laute unterstrichen wird.

6 (39) *though not a Montague:* »wenn du auch kein Montague bist«.

7 (46) *owes:* damals üblich statt *owns*.

8 (62–65) Schon zu Beginn ihrer Beziehung erweist sich Julia als praktischer veranlagt als Romeo. Vgl. hierzu auch Zeilen 143–146 und 167 f. Romeo und Julia verwenden in ihren gemeinsamen Dialogen fast regelmäßig die Frage- und Verneinungsform ohne *to do*; vgl. auch Zeilen 79 und 105.

9 (66) *o'erperch:* eigentlich »überwinden, als säße man auf einer Sitzstange für Vögel«. Vgl. auch I,4,17 f.

10 (76) *and but:* wie *and unless* benutzt.

11 (81) *He:* bezieht sich wie *him* auf Cupido, den Gott der Liebe.

12 (82–84) Vgl. zu dieser Metapher V,3,116–118, wo Romeo mit ähnlichen Worten vor seinem Tod die Giftflasche anredet.

13 (89) *farewell compliment:* Julia lehnt den in den Etikettebüchern enthaltenen Verhaltenskodex für umworbene Damen als unnatürlich und unehrlich ab. Mit diesem radikalen Bruch mit der Konvention stellt sich Julia außerhalb der Gesellschaft, in der sie lebt.

14 (92) Aus Ovids *Ars Amatoria* entlehnt und in der elisabethanischen Zeit geläufig. Anspielung auf Jupiters zahlreiche Ehebrüche.

15 (123) *repose and rest:* emphatisches Hendiadyoin.

16 (116–124) Auch Julia ist voll von dunklen Vorahnungen. Die Zeit, in der ihre Liebe reifen soll, ist aber nur bis zum nächsten Wiedersehen bemessen.

17 (133–135) Eine Definition der Liebe, die weniger auf Besitzdenken basiert als vielmehr auf der Bereitschaft, alles zu geben, das Glück des Partners ebenso hoch zu achten wie das eigene. Vgl. hierzu Romeos Gefühle für Rosaline.

18 (151) *By and by:* damals in der Bedeutung »sofort« geläufig.

19 (159) *tassel-gentle:* eigentlich *tercel-gentle* »Terzel«, »männlicher

Falke«, vor allem Wanderfalke und Hühnerhabicht. Vgl. auch *nyas* »Nestling«, »junger Falke«, der aus dem Nest entnommen wurde, um abgerichtet zu werden (Zeile 167). Begriffe aus der Falknersprache waren in der Liebeslyrik keine Seltenheit; vgl. III,2,14 f.

20 (172) *still:* damals auch als »immer« geläufig.

21 (184 f.) Die Darstellung der Unfähigkeit zum endgültigen Abschied ist keineswegs parodistisch übersteigert.

22 (188–191) Viele Herausgeber weisen diese Zeilen dem Mönch zu, dessen Redeweise aber stilistisch nicht zu dieser Beschreibung des Morgengrauens passt. Allerdings passt auch die Charakterisierung der Nacht als *frowning* und *drunkard* nicht recht zu Romeos Worten *blessèd night* in Zeile 139. – Der Sonnengott Hyperion, einer der Titanen, fuhr in einem Streitwagen über den Himmel.

23 (192 f.) *ghostly friar, dear hap:* Ein *friar* war ein Angehöriger eines der Bettelorden Franziskaner (*Grey Friars*), Augustiner (*Austin Friars*), Dominikaner (*Black Friars*) und Karmeliter (*White Friars*) und als solcher nicht notwendigerweise auch Priester. Durch den Zusatz *ghostly* wird der Klerikerstatus des Mönchs geklärt. *Dear hap* bedeutete eigentlich »gutes Glück«, ist also ein emphatischer Pleonasmus.

Act II, Scene 3

1 (11) *mickle:* alte Form für »groß«. Dieser Monolog des Mönchs in *heroic couplets* stellt zugleich eine neue Stilebene des Stücks dar. Der Mönch wird hier als sympathischer, friedfertiger und unkomplizierter Ratgeber Romeos charakterisiert, der seine rhetorische Schulung als Priester nicht verleugnet (vgl. die chiastische *regressio* in Zeilen 5 f. sowie die Verwendung des Asyndetons in Zeilen 69 f. und des Epiphonems in Zeilen 75 f.). In dramatisch ironischer Verkehrung treffen seine Äußerungen über das Wirken der Natur (vgl. vor allem Zeilen 5–18) auch auf den Tod der Liebenden zu, der das Ende des tödlichen Streits

zwischen den beiden Häusern markiert und die tragische
Vollendung der Liebe Romeos und Julias darstellt; vgl. auch Zeile
88.

2 (15) *strained*: bis ins 17. Jh. in diesem Sinne geläufig.

3 (21) *with that part cheers each part*: Die Parallelität der Syntax ist
im Deutschen nicht wiederzugeben. *With that part* bezieht sich
auf die Macht der Medizin.

4 (27) *Benedicite*: eigentlich 2. Pers. Pl. Imp., aber später häufig als
»Seid gesegnet«. Vgl. auch Zeilen 61 und 65, wo der Mönch in
typischer Weise seinen Ordensgründer und die Mutter Gottes
anruft.

5 (33) *unbruisèd*: eigentlich »nicht zerquetscht«, »nicht zerschmet-
tert«, parallel zu *unstuffed*.

6 (34) Vgl. *Richard III*, IV,1,83, wo ebenfalls die heilbringende
Funktion des Schlafs durch den Zusatz *golden* unterstrichen
wird, und *Macbeth*, II,2,34–42.

7 (27–38) Der Mönch spricht mit Romeo in der vertrauten Sprache
des Beichtvaters.

8 (45–50) Romeo berichtet dem Mönch von seiner Liebe in der
klassischen Form des Rätsels, des *enigma* der Rhetoriker.

9 (65–68) Das Salz wurde benutzt, um Speisen zu würzen und vor
allem, um sie haltbar zu machen. Besonders auf den letzten
Aspekt spielt der Mönch an.

10 (81) *Her*: grammatikalisch inkongruenter Anschluss, eigentlich
She whom.

11 (84) *that*: bezieht sich auf *love*.

Act II, Scene 4

1 (8–12) Ein Wortspiel auf *answer* »(einen Brief) beantworten«
und »(eine Herausforderung) annehmen« sowie auf *dare* »wagen«
und »herausfordern«.

2 (16) *butt-shaft*: Pfeil, der beim Zielschießen benutzt wurde und
keine Widerhaken hatte, damit man ihn leichter entfernen
konnte.

3 (19) *Prince of Cats:* der Katzenfürst in *Reynard the Fox*, der von Caxton 1481 gedruckten Version des mittelalterlichen *Roman de Renart*, hieß Tybert; vgl. III,1,76.

4 (22) *minim:* Aus dem Lateinischen *minimum* abgeleitet, bezeichnet das Wort den kürzesten Tonwert in der mittelalterlichen Musik, den Halbton.

5 (23) Ein so treffsicherer Degenkämpfer, dass er einen Seidenknopf abtrennen konnte, ohne das Kleidungsstück selbst zu beschädigen.

6 (25 f.) Gemeint sind die verschiedenen möglichen Anlässe für Duelle entsprechend den elisabethanischen Duellvorschriften für Stichwaffen. *Passado* (vgl. III,1,83) ist ein Stoß, bei dem zugleich ein Fuß vorgesetzt wird; *punto reverso* ist ein Rückhandstoß; *hay* ein Treffer.

7 (28 f.) Anspielung auf Modegecken, die vor allem sprachliche Moden nachahmen oder kreieren.

8 (34 f.) Anspielung auf zeitgenössische Modegecken, die über die Härte der alten Holzbänke in dem Audienzsaal von *Whitehall* Klage führten und Kissen begehrten. Vgl. Sir John Harington, *A Treatise on Playe* (1597).

9 (37) *roe:* homophon für die erste Silbe von Romeo.

10 (38 f.) Petrarcas Sonettkunst, mit der er seine Liebe zu Laura verewigte, bildete die Hauptvorlage für die elisabethanische Liebeslyrik und Sonettkunst. In Petrarcas Sonetten beklagt der Dichter (ebenso wie Romeo zu Beginn) die abweisende Haltung der Geliebten, zugleich aber mit deutlichen Anklängen an das mittelalterliche Minneideal, das von einer unüberbrückbaren Kluft zwischen dem sozialen Stand der Geliebten und dem Liebenden ausgeht.

11 (39–42) Wie um die Liebeslyrik noch weiter zu verspotten, verwendet Mercutio Alliterationen und vergleicht die klassischen Geliebten mit der realen Rosaline. Dido, die Königin von Carthago, war Geliebte des Aeneas; Cleopatra, Königin von Ägypten, war Geliebte Caesars und Mark Antons (die aus dem Wort *Egyptian* abgeleitete Bezeichnung für *gypsies* beruht auf

einer Fehleinschätzung der ethnischen Zugehörigkeit der Zigeuner, Cleopatra war außerdem Makedonierin); Helena, die Gattin des Menelaos von Griechenland, wurde von Paris entführt und war damit Anlass für den trojanischen Krieg, wie er in Homers *Ilias* geschildert wird; Hero, schöne Priesterin der Aphrodite am griechischen Ufer des Hellespont, war die Geliebte des Leander, der von seiner Heimat, dem asiatischen Ufer des Hellespont, nachts zu seiner Geliebten zu schwimmen pflegte, wobei ihm Hero mit einer Fackel leuchtete. Leander ertrank in einer stürmischen Nacht, und Hero beging Selbstmord. (Vgl. u. a. Marlowes Gedicht.) Thisbe schließlich war die Geliebte des Pyramus von Babylon. Ihre Geschichte (nach Ovid, *Metamorphosen* IV, 55–166), die mit dem Tod beider endet, ist Gegenstand des Handwerkerstücks in Shakespeares *Midsummer Night's Dream.* Der fatale Ausgang all dieser Liebesverhältnisse stellt auch für die Liebe Romeos zu Julia, von der Mercutio nichts weiß, ein Vorzeichen dar.

12 (44–48) *counterfeit, slip*: Beide Wörter sind für »Fälschung« und »Falschgeld« gebräuchlich; *to give the slip* heißt »jemandem entwischen«. Die nicht ganz exakte Übersetzung wurde gewählt, um möglichst viel von dem Wortspiel zu retten und die Stelle überhaupt auf Deutsch verständlich zu machen.

13 (56) *pink of courtesy*: Aus dem gleichen Grunde wie bei Anm. 12 wurde hier nicht ganz exakt übersetzt. Eigentlich hätte es heißen müssen: »Gipfel an Höflichkeit«.

14 (56–65) Der Gedankengang in diesem Feuerwerk an Geist führt von *courtesy* zu *pink of courtesy*, zu dem mit einer Nelke geschmückten Tanzschuh und schließlich zu den Wortspielen auf klangverwandte Worte im Umkreis von *sole*.

15 (68 f.) Romeo fordert Mercutio zum Weiterkämpfen auf, andernfalls werde er den Sieg davontragen. Die hiermit eingeleitete Jagdmetaphorik wird in den folgenden Zeilen fortgesetzt.

16 (70) *wild-goose chase*: ein Pferderennen, bei dem das jeweils führende Pferd die Strecke bestimmt; auch der Titel der späteren

Komödie von John Fletcher, einer Vorläuferin der *comedy of manners* von Wycherly, Etheredge, Congreve, Farquhar und anderen. Zugleich nehmen Mercutio und Romeo das Wort *goose*, das auch »Dirne« und »Schwätzer« bedeuten kann, zum Anlass für mehrdeutige Wortspiele.

17 (78–81) Zur gebratenen Gans wurden gern scharfe Soßen und Äpfel gereicht.

18 (85) *broad goose*: Pleonasmus für »Hure«.

19 (88–90) *lolling*: auch »sich rekeln«; vgl. *Richard III*, III,7,71. Ein *bauble* war zwar auch ein »Spielzeug«, hier aber ein »Narrenstock«, der von einem geschnitzten Kopf mit Eselsohren gekrönt war und das Symbol der Hofnarren darstellte. Hier liegt eine obszöne Anspielung auf den Penis vor. Entsprechend verweist *hole* auf die Vagina.

20 (92–94) Trotz Benvolios Einspruch gegen die zunehmende Deutlichkeit seines Freundes setzt Mercutio seine Obszönitäten fort: *tale* ist homophon mit *tail*, das auch für »Penis« stand; *hair* bezieht sich daher eindeutig auf das weibliche Schamhaar; *large* heißt zum einen »groß«, zum anderen »grob«, »unanständig«; *occupy* heißt auch »sich (sexuell) abgeben mit«.

21 (109 f.) *hand*: (1) »Zeiger«, (2) »Hand«; *dial*: (1) »Zifferblatt«, (2) »weibliche Scham« und übertragen dann, wie hier, »Frau«; *prick*: (1) »Stachel«, (2) »Penis«. Chronologisch auch ein Hinweis auf die Tageszeit (12 Uhr mittags).

22 (124–126) *Confidence* und *sententious* in Zeile 206 sind Malapropismen für *conference* und *sentences*. Benvolio macht sich über die Amme lustig, indem er statt *invite* ebenfalls einen solchen Katachresmus setzt: *indite* »diktieren«, »komponieren«.

23 (127–136) Angeregt von Romeos Jagdausdrücken, singt Mercutio, wahrscheinlich *extempore*, ein Lied, das im wesentlichen aus den Bestandteilen *hare, hoar* besteht, geläufigen Bezeichnungen für »Hure«. Diese Bedeutung von *hare* wurde abgeleitet aus der sprichwörtlich rapiden Vermehrung der Hasen; *hoar* ist Homophon von *whore*.

24 (141) Der Refrain einer volkstümlichen Ballade, *The Ballad of*

Constant Susanna, das die Zeilen enthielt: *Susanna she was called by name / A woman fair and vertuous / Lady lady: / Why should we not of her learn thus / To live godly.*

25 (142 f.) *merchant*: auch als »Krämer« und daher übertragen als »Bursche« im verächtlichen Sinne; *ropery* ist gleich *roperipe* »etwas, das den Strick des Henkers verdient«.

26 (151) *skains-mates*: etymologische Herleitung bis heute ungeklärt; vielleicht fehlerhafte Schreibweise für *skenes-mates* (*Skene* ist keltisch für »Dolch«); vielleicht aber auch für *skeins-mates*. *Skeins of thread* »Garnstrang«. Damit läge ein Bezug zu Näherinnen nahe, die einen schlechten Ruf genossen.

27 (176) Sobald Julia zum Thema des Dialogs wird, spricht Romeo wieder in Versen.

28 (184–187) Angeregt durch die Strickleiter, benutzt Romeo die aus dem nautischen Bereich stammende Metapher. Das Bramsegel ist das höchste Segel an Bord.

29 (193) Ein damals geläufiges Sprichwort; *one* bedeutet hier »eine dritte Partei«.

30 (197 f.) *lay knife aboard*: einerseits Aufnahme der nautischen Sprache Romeos in Zeilen 185 f., andererseits Anspielung auf die Sitte, zu einem Fest das eigene Messer mitzubringen, das gleichzeitig den Platzanspruch unterstreicht; daher übertragen auch »jemanden beanspruchen«.

31 (204) In der elisabethanischen Aussprache ähnelte die Aussprache des Buchstabens »r« dem Knurren von Hunden. Mit ihren Worten beweist die Amme, dass sie weder lesen noch schreiben kann.

32 (206) *you*: homophon für *yew* »Eibe«. Rosmarin galt als Zeichen der Treue und Beständigkeit von Liebenden. Der Bräutigam trug bei der Hochzeit oft einen Rosmarinstrauß. Vgl. IV,5,79 f., wo Rosmarin zum Schmuck für den Körper der scheinbar toten Julia benutzt wird.

Act II, Scene 5

1 (7) Der Wagen der Venus wird in der klassischen Mythologie von Tauben gezogen.

2 (26) *jaunce*: laut *OED* ein Schreibfehler für *jaunt* »ziellose, lange Wanderung«. Vgl. auch Zeile 52: *jauncing = prancing* »tänzelnd«, »sich tummelnd«, bei Pferden gebräuchlich.

3 (34) *excuse*: hier »absagen«, »mit Entschuldigung verweigern«; vgl. auch III,1,62 »mit genügender Rechtfertigung befreien von«.

4 (74) *bird's nest*: Bei der ersten Gelegenheit nimmt die Amme ihre Anzüglichkeiten wieder auf. *Bird* ist ein Synonym für »Mädchen«.

5 (78) Das Wortspiel auf die Homophone *hie* und *high* unterstreicht die gute Stimmung Julias.

Act II, Scene 6

1 (1) *heavens*: Die Pluralform deutet die metaphorische Verwendung des Wortes an; vgl. IV,5,94 f.

2 (9–15) Diese Warnung vor der Unbeständigkeit menschlichen Glücks gehört zu den Hauptthemen priesterlicher Predigten, ist in diesem Fall aber besonders angebracht. Im übrigen trägt auch der Mönch Mitverantwortung für die umgehende Eheschließung, wenn auch aus redlichen Motiven (II,3,87 f.).

3 (20) *vanity*: Anspielung auf die Nichtigkeit irdischer Freuden.

4 (23) Julia begrüßt erst Romeo, bevor sie dessen Dank annimmt, wohl weil sie annimmt, für nur einen Gruß werde sein Dank zu stürmisch ausfallen.

5 (24–34) Auf das Bild von der Fülle des Glücks antwortet Julia in der ähnlichen Metapher der Überfülle, die vorausweist auf den möglichen Zerfall; vgl. auch das Bild der Reife, das den einsetzenden Zerfall beinhaltet, in *Richard III*, IV,4,1 f.

Act III, Scene 1

1 (5–9) Wie im Deutschen gibt die Verwendung des ethischen
Dativs (*claps me*) dem Dialog einen vertrauteren Charakter. Die
Wortspiele auf *draw* und *drawer* sowie auf *in deed* und *no need*
lassen sich im Deutschen nicht adäquat wiedergeben; sie sind
typisch für Mercutios Redeweise. Diese Szene ist ein Spiegelbild
von I,1 mit wichtigen Akzentverschiebungen.

2 (15) *two*: Mercutio schließt an *to* in der vorangegangenen Zeile an.
Er missversteht Benvolio bewusst, um ihn weiter freundschaftlich
zu necken.

3 (20) *eye*: ergibt auch Sinn, wenn statt dessen der Homophon *I*
gesetzt wird, an den Benvolio in Zeile 30 anschließt.

4 (22) *meat*: das essbare Innere des Eis; vgl. auch Zeile 107.

5 (30–33) Das Wortspiel auf den juristischen Terminus *fee simple*
und Mercutios *O simple* lassen sich im Deutschen nicht wiedergeben. *Fee simple* bezeichnet das volle, uneingeschränkte Besitzrecht
an einem Gut.

6 (44 f.) *Consort*: (1) »begleiten«, »zusammen sein mit«,
(2) »(musikalisch) zusammenspielen mit«, »harmonieren«.
Die zweite Bedeutung, die Mercutio Tybalt unterschiebt, könnte
eine Verunglimpfung Mercutios beinhalten, da Musikanten
bezahlte Diener waren (*Minstrel* wird in IV,5,113 als Schimpfwort
benutzt). Mercutio bemüht sich, Tybalt zum Duell zu
zwingen. Tybalt verwendet den Ausdruck hier in der ersten, in
Zeile 130 aber in der zweiten Bedeutung, dort ähnlich wie
Mercutio zuvor.

7 (54) Das am Ende des Satzes wiederaufgenommene *I* dient der
Emphase; vgl. III,5,12 und *Richard III*, III,2,76.

8 (73) *Alla stoccata*: ein *stoccata* oder *stoccado* war ein Stoß mit einer
spitzen Waffe.

9 (78–80) *dry-beat*: »jemanden so verprügeln, dass kein Blut fließt«;
vgl. IV,5,122; *pilcher* ist ein verächtlicher Ausdruck für »Schwert-
scheide«; *by the ears* impliziert, dass das Schwert nur mit Gewalt
aus der Scheide gezogen werden kann. Dahinter steckt möglicher-

weise der Vorwurf, dass Tybalt nur selten das Schwert zieht, also feige ist.

10 (98) Das Wortspiel auf *grave* »Grab« und »schwer« oder auch »schwermütig« kann nicht angemessen übersetzt werden.

11 (119 f.) Unmittelbar vor seinem Duell mit Tybalt ahnt Romeo vage Unheil voraus, ohne die Konsequenzen zu ziehen. Diese beiden Zeilen markieren die Peripetie des Dramas, in der sich die feindliche Fortuna-Welt gegen die Liebenden stellt. In Romeos Rache kann jedoch nicht die tragische Schuld des Helden gesehen werden (vgl. Nachwort S. 325 f.).

12 (143) *manage*: so bis ins frühe 18. Jh. geläufig.

13 (146–150) Mit ihrer extravaganten und exzessiven Klage verkörpert Lady Capulet vollkommen den überzogenen, hysterischen Charakter der Fehde. Ihr einziges Ziel ist die Rache, die sie als Gerechtigkeit darstellt; vgl. auch Zeilen 180 f.

14 (157) *spleen*: eigentlich »Milz«. Die Milz war nach elisabethanischem Verständnis Sitz der Melancholie und verantwortlich für sprunghaften Stimmungswechsel. Daher rührt auch die Vielfalt der möglichen Bedeutungen des Wortes; vgl. *Richard III*, II,4,64 und V,3,351 sowie *King Lear*, I,4,291 u. ö.

15 (158 f.) Benvolio verschweigt, dass Mercutio den Streit gegen Tybalts Willen provoziert hat, wohl aus Rücksicht auf den Fürsten, Mercutios Verwandten.

16 (168) *envious thrust from Tybalt*: In dieser rhetorischen Figur, der Prolepsis, wird ein semantisch zu einem Wort gehöriges Adjektiv syntaktisch mit einem anderen früheren Substantiv verknüpft. Vgl. hierzu auch III,2,111.

17 (152–172) Mit seiner lebhaften, syntaktisch unregelmäßigen Sprache unterstreicht Benvolio das Chaotische des Vorgangs. Besonders auffällig sind die relativischen Anschlüsse in Zeilen 160, 163, 167.

18 (190) *amerce*: eigentlich »mit einem nach Gutdünken festgesetzten Bußgeld belegen«.

19 (186–197) Dies ist der zweite von drei Auftritten, in denen der

Repräsentant der staatlichen Macht eingreift. Alle drei Auftritte bezeichnen sowohl durch ihre Position innerhalb des Dramas als auch durch die andersgeartete Sprachebene und die dabei getroffene Entscheidung wichtige Schlüsselstellen für das Verständnis des Dramas. Hier vertritt der Fürst ein sehr viel distanzierteres Verhältnis zum Problem von Gnade, Milde und Vergebung als zu Beginn des Stücks.

Act III, Scene 2

1 (1–31) Julias bilderreicher Hymnus an die bevorstehende Hochzeitsnacht bildet einen wirkungsvollen Kontrast zu der vorangegangenen Duellszene, von deren Ausgang sie erst später erfährt. Ihre Apotheose der Nacht weist voraus auf die Nacht des Todes am Schluss des Dramas und erinnert an Romeos Sehnsucht nach künstlicher Nacht in I,1,131–142; vgl. auch Julias Klage über den Tagesanbruch in III,5,1–36. Phaëton, der Sohn Apollos, durfte an einem Tag den Sonnenwagen lenken, zeigte sich dazu aber außerstande.

2 (6) *runaway's:* eine der bekanntesten Textschwierigkeiten in Shakespeares Dramen, über die auch heute keine letzte Klarheit besteht. Als meistgenannte Möglichkeiten für die Bedeutung des Wortes gelten: (1) die Sonne, (2) Phaëton, (3) dessen Pferde, (4) Romeo, (5) Zuschauer bei den Handlungen der Liebenden. Alle diese Versionen können nicht voll überzeugen.

3 (10) *civil:* seit dem 18. Jh. so nicht mehr geläufig.

4 (12 f.) *learn:* heute im Standardenglisch nicht mehr als Synonym für *teach* gebräuchlich. Wie schon öfter betont Julia auch hier die Unschuld der Liebenden.

5 (14 f.) In Anlehnung an ihren Dialog in II,2,158–167 verwendet Julia hier drei Ausdrücke aus der Sprache der Beizjagd: *unmanned* »noch nicht abgerichtet«, *bating* »wild in der Fessel mit den Flügeln schlagend« und *hood* »Haube«.

6 (21–25) In geradezu kindlich einfacher Sprache bittet Julia um die Verwandlung des Geliebten im Tod.

7 (27 f.) Syntaktische Parallelkonstruktion für radikalen
Metaphernwechsel.

8 (45–47) Das Wortspiel auf *I* und *Ay* lässt sich im Deutschen nicht
wiedergeben. Der Basilisk, ein sagenhaftes, schlangenähnliches
Tier, hatte einen todbringenden Blick; vgl. auch *Richard III,*
I,2,151 und I,3,225.

9 (53) *God save the mark:* ein Ausruf der Entschuldigung für die
Erwähnung von etwas Unanständigem, Schrecklichem oder
Profanem.

10 (75) Chiastische Wortstellung zur rhetorischen Überhöhung.

11 (73–85) Wie oft im Zusammenhang mit der Liebe zwischen
Romeo und Julia werden religiöse Metaphern verwandt, hier
vornehmlich aus dem Umkreis Teufel und Engel: Schlange,
Taube, Rabe, Wolf, Lamm. Auch die Buchmetapher ihrer
Mutter aus I,3,80–95 nimmt Julia wieder auf; überdies
werden die Oxymora Romeos in I,1,171–183 hier wieder
eingeführt.

12 (88) *aqua vitae:* Umschreibung für Branntwein.

13 (89–92) *shame:* bedeutet »Schande« und »Scham« zugleich.

14 (105 f.) *that:* In der sorgfältig ausbalancierten, parallelgeführten
Syntax dieser Zeilen bedeutet *that* in der ersten Zeile *whom,* in
der zweiten *who.* Mit ihrer ausgefeilten Rhetorik unterstreicht
Julia das Widernatürliche ihrer Position.

15 (120) *modern:* konnte damals in der Bedeutung »geläufig«,
»alltäglich« verwandt werden.

16 (139) *I wot:* damals noch geläufige Form des me. Verbs *witen*
»wissen«.

Act III, Scene 3

1 (1) *fearful:* kann auch »furchterregend«, »furchtbar« bedeuten
und weist dann voraus auf das folgende Geschehen; vgl.
V,3,133.

2 (10) *vanished:* Viele Herausgeber nehmen hier einen Übertra-
gungsfehler der frühen Setzer für *vantaged* oder *issued* an,

»sprach günstig für« oder »ging aus von«. Kann aber auch bedeuten »von den Lippen entschwinden und sich in Luft auflösen«; dadurch unwiderruflich.

3 (39) *own kisses*: Die Berührung der eigenen Lippen untereinander wurde als Kuss aufgefasst. Romeos auf den ersten Blick rational nicht begründbare, exzessive Klage rechtfertigt seine Charakterisierung als *fond mad man* durch den Mönch in Zeile 53. Die geistige Verwirrung Romeos in dieser seiner Krise zeigt sich auch in der Doppelung seiner Klagen (Zeilen 40–44). Möglicherweise liegt hier aber auch ein Fehler in der zweiten Quartoausgabe vor. Zeilen 43 f. wären dann überflüssig.

4 (46) *mean*: (1) »Mittel«, (2) »niedrig«, »gemein«. Das Wortspiel lässt sich im Deutschen nicht wiedergeben.

5 (19–71) Auf Romeos Definition von »banishèd« im Stil der klassischen Rhetorik (vgl. auch das Asyndeton in Zeilen 60 f.) antwortet der Mönch in einer Rede, die ebenfalls von den Regeln der Rhetorik bestimmt wird; vgl. die *regressio* in Zeile 122 und die *adiunctio* in Zeilen 150–152.

6 (73 f.) Wie die Helden klassischer Epen hofft auch Romeo, dass ihn sein Stöhnen unsichtbar macht (*Titus Andronicus*, III,1,212).

7 (98) Das Wortspiel mit den Quasihomophonen *concealed* und *cancelled* lässt sich im Deutschen nicht wiedergeben.

8 (103) *gun*: kann auch »Muskete« heißen.

9 (108) *mansion*: Vgl. Julias Worte in III,2,26.

10 (112 f.) In deutlichem Unterschied zu seinem ersten Auftreten in II,3 bedient sich der Mönch hier einer unerwartet ernsten, der Schwierigkeit der Lage und seinem geistlichen Stand angemessenen Sprache voller Wortspiele und rhetorischer Figuren. Zugleich aber bewährt er sich hier auch als praktischer Ratgeber Romeos, der ihm hilft, seine Krise zu überwinden. Die Wortspiele auf *Unseemly, seeming* und *ill-beseeming* lassen sich im Deutschen nicht nachvollziehen.

11 (119–121) Der Mensch als Wesen aus Materie (*earth*) und Geist (*heaven*) verliert durch den Selbstmord das körperliche Leben und die Aussicht auf himmlischen Segen. Diese christliche Sicht

des Selbstmords spielt jedoch für die Deutung des Dramen-
schlusses keine Rolle.

12 (122–125) Romeo nutzt die ihm verliehenen Talente nicht.

13 (132) *flask:* Das Pulverhorn wurde nahe der Zündschnur am
Gürtel getragen. Bei Unachtsamkeit konnte das Pulver zur
Unzeit explodieren.

14 (130–134) Der Mönch knüpft an II,6,9–11 an, wo er schon auf die
zerstörerische Kraft des Pulvers im Zusammenhang mit der
Liebe zwischen Romeo und Julia hingewiesen hatte. Liebeserfüllung und Tod gehören nach diesem Bild unauflöslich zusammen.

15 (136) *dear sake: dear* dient im wesentlichen der Verstärkung.

16 (173f.) Das sorgfältig sprachlich ausbalancierte Epigramm
markiert die letzten Worte zwischen Romeo und dem Mönch
(*joy past joy* entspricht *grief so brief, calls* entspricht *part, me*
entspricht *thee*).

Act III, Scene 4

1 (1–7) Capulet knüpft an sein Gespräch mit Paris in I,2,1–37 an und
bezeugt geringes Mitgefühl für den Tod seines Neffen.

2 (11) *mewed up:* »eingesperrt wie ein Vogel«; vgl. auch die
Ausdrücke aus der Falknersprache zwischen Romeo und Julia.

3 (16) *son:* Entgegen seinem vorsichtigen Verhalten in I,2 lässt
Capulet an seiner Entschlossenheit, seinen Eheplan zu verwirklichen, keinerlei Zweifel. Auch seine herzlose und brutale
Reaktion auf Julias Weigerung lässt sich schon vorhersehen. Im
übrigen finden diese Szene und der erste Teil der zweiten Szene
möglicherweise nahezu gleichzeitig statt. III,5,37 knüpft fast
unmittelbar an III,4 an.

4 (21) *earl:* englische Bezeichnung für Adlige mit dem italienischen
oder französischen Titel *conte* oder *comte.*

5 (24–26) für Capulet typische abgehackte Syntax voll umgangs-
sprachlicher Wendungen.

6 (34) *afore me:* milder Fluch wie *As God is before me.*

Act III, Scene 5

1 (2–5) Der stilistische und inhaltliche Kontrast zur vorangegangenen Szene könnte kaum größer sein. Auf den übereilten und selbstherrlichen Beschluss Capulets, seine Tochter mit Paris zu verheiraten, folgt der Abschied der Liebenden nach der Hochzeitsnacht, dessen Bedeutung, den Akteuren unbewusst, durch die vorangegangene Szene noch gesteigert wird. Dieser Szenenteil mit seiner ruhigen, ausgewogenen Dialogführung und seiner reichen Bildersprache stellt zugleich ein retardierendes Element im Handlungsablauf und ein spannungsförderndes Element dar. Die Äußerungen der Liebenden gewinnen an zusätzlicher Bedeutung durch Capulets Beschluss.

2 (8) *severing*: Die Streifen trennen die Wolken und zugleich die Liebenden. Romeo muss vor Tagesanbruch die Stadt verlassen.

3 (20) *Cynthia* ist ein anderer Name für Diana, die Göttin des Mondes; *brow* kann als *pars pro toto* auch »Stirn« und »Gesicht« bedeuten; vgl. auch I,3,39.

4 (21) Die Doppelverneinung *nor that is not* ist bei Shakespeare oft als einfache Verneinung anzutreffen; vgl. Zeile 110.

5 (27–30) All diese Ausdrücke aus der Musiksprache passen zu dem sprichwörtlich schönen Gesang der Nachtigall und der Lerche. *Division* bedeutet in der Musik die Teilung langer Noten in viele kurze, übertragen aber auch »Lauf« und sogar »(Figural)-variation«.

6 (31–35) Julia spielt hier auf die Unscheinbarkeit der Lerche und die glänzenden Augen der Kröte an. *Hunt's up* ist ein altes Jagdlied, mit dem die Jäger geweckt wurden, auch oft auf Jungverheiratete angewandt. Julias Apotheose der Nacht in III,2,1 entspricht hier in 31 ihrer Angst vor dem Hellerwerden; vgl. auch Zeile 41.

7 (43) In dem chiastisch angeordneten *love-lord* und *husband-friend* bringt Julia ihre doppelte Bindung an Romeo als ihren Ehemann und Geliebten zugleich zum Ausdruck.

8 (60–64) *Fortune:* Die Glücksgöttin Fortuna wurde als wandelbar und unzuverlässig dargestellt und repräsentierte mit ihrem Rad der Fortuna eine der für die Tragödie verantwortlichen Mächte der klassischen und ma. Zeit und des 16. Jh.s.; vgl. *Timon of Athens*, I,1,63–94.

9 (89) *runagate:* neben »Vagabund« auch »Abtrünniger«, »Deserteur« (vgl. *Richard III*, IV,4,465; *Cymbeline*, I,6,137; IV,2,62).

10 (93–95) Mit ihrer mehrdeutigen Syntax versucht Julia, ihrer ganz vom Gedanken der Rache beseelten Mutter den wahren Grund ihrer Trauer zu verheimlichen. Zugleich aber wird sich ihre ungewollte Prophezeiung erfüllen (V,3,160–170).

11 (97) *temper:* heißt zugleich »mischen« und »mäßigen«.

12 (129) *conduit:* »(oft offene) Wasserleitung«, aber auch »Brunnen«.

13 (130–138) Capulets Versuch, eine würdevolle, bilderreiche Sprache zu sprechen, scheitert kläglich. Er sieht sich gezwungen, seine Vergleiche explizit zu erklären, und seine pompöse Verwendung des *pluralis maiestatis* sowie der rechtlichen Termini *decree* und *delivered* stehen in deutlichem Gegensatz zu seinem unbeherrschten und verstockten Auftreten im folgenden Teil der Szene.

14 (140) Diese Verwünschung wird sich am Schluss erfüllen – wieder eine Anspielung auf die Einheit von Liebe und Tod in diesem Drama.

15 (152) *proud:* hier ein Neologismus. Das damals geläufige Verb *to proud* bedeutete eigentlich »stolz sein«, »stolz machen«.

16 (156) *Out:* war ein Ausruf der Ungeduld und des Ärgers; vgl. auch *out upon you, out on her* (Zeile 168). Lady Capulet kommentiert die ungezügelte Sprache ihres Mannes treffend, wenn sie auch später Julia im Stich lässt.

17 (172) *God i good e'en:* eigentlich *God give you good evening.* In der kontrahierten Form ungnädige Entlassung.

18 (183) Eigentlich: »wie man sich in Gedanken nur einen Mann wünschen kann«.

19 (185) *in her fortune's tender:* Aus dem ursprünglichen Angebot, das noch der Zustimmung Julias bedurfte (I,2,17–19), wurde

mittlerweile ein väterliches Oktroi. Capulet befindet selbst darüber, was das Glück seiner Tochter ausmacht.

20 (176–196) Der unausgeglichene, aufbrausende, zu übertriebener Jovialität neigende Capulet zeigt sich in diesem unnatürlichen, zutiefst unmenschlichen und gefühllosen Ausbruch (vgl. das Asyndeton in Zeile 193) von seiner schlechtesten Seite und verkörpert so, wie schon öfter seit III,1, die den Liebenden feindlich gesonnene Umwelt.

21 (206–209) Mit *faith in heaven* meint Julia ihr Ehegelöbnis.

22 (221) *green:* Grüne Augen wurden für schön gehalten; wieder eine asyndetische Fügung zur rhetorischen Überhöhung.

23 (231–234) Auch in dieser Notlage bewährt sich Julias Geistesgegenwart und Umsicht. Auf den Rat der Amme zum Treuebruch reagiert sie spontan, aber unbemerkt mit dem Entzug ihres Vertrauens. Die beiden Liebenden sind gesellschaftlich isoliert, Romeo im Exil, Julia im Elternhaus. Einziges Bindeglied ist der Mönch, der beiden, wenn auch räumlich getrennt, bis zum Schluss die Treue hält.

Act IV, Scene 1

1 (3 f.) *nothing:* steht hier, wie in I,1,112, für *not at all* »gar nicht«, »überhaupt nicht«. *Haste* kann auch »Hast«, »Übereile« bedeuten; vgl. auch Zeile 15.

2 (8) Auch im astrologischen Sinne von Bedeutung: »Der Planet Venus steht im Haus der Tränen nicht günstig«. Ein »Haus« ist einer der zwölf Teile, in die Astronomen und Astrologen den Himmel einteilten. *Smiles not* ist eine damals gebräuchliche Verneinungsform.

3 (13 f.) Ein zentraler Gegensatz des Dramas. Zwischen den Liebenden und der Gesellschaft besteht eine tiefe Kluft.

4 (18–43) In ihrem einzigen Gespräch mit Paris geht Julia zwar kühl und überlegt, aber doch nicht abweisend auf die Worte ihres Freiers ein. Sie verhält sich ausgesprochen diplomatisch, um nicht den wahren Grund ihrer Trauer zu verraten. In diesen

stichomythischen Wechselreden spielen Julia und Paris mit den Begriffen *may be* und *face*.

5 (38) *evening mass:* Zu Shakespeares Zeit gab es in der Regel keine Abendmesse; *mass* kann allerdings auch »Gottesdienst« allgemein bedeuten. In diesem Fall wäre der Ausdruck eine Übersetzung des lat. *missa vespertina* »Abendandacht«.

6 (40) *entreat the time alone:* nach A. Schmidt, *Shakespeare Lexicon*, Berlin 1874, »darum bitten, für den Augenblick allein gelassen zu werden«.

7 (56–65) In dieser Passage unterstreicht Julia mit zahlreichen Ausdrücken aus der Juristensprache das Unwiderrufliche und den rechtmäßigen Charakter ihrer Ehe mit Romeo. *Umpire* bedeutet »Schiedsmann«, »Vermittler«; *arbitrating* »vermittelnd«, »schlichtend«; *commission* »Vollmacht«; *issue* auch »Streitfall«, »Rechtsfrage«.

8 (71–75) Sehr komplexe Syntax, fast kreisförmig konstruiert.

9 (79) *thievish ways:* wieder eines der vielen *transferred epithets* (Hypallage des Adjektivs); vgl. auch Zeile 60: *long-experienced time* sowie Zeile 96 *cold and drowsy humour.* Im letzten Fall liegt Prolepsis vor: »Saft, der kalt und schläfrig macht«.

10 (94) *distilling:* Die erste Quartoausgabe und die meisten späteren Editoren setzen *distilled* »destilliert«, »gewonnen aus etwas« und setzen dieses Wort in Beziehung zu den Worten des Mönchs bei seinem ersten Auftritt in II,3,1–26. Beide Versionen sind sinnvoll.

11 (105) *two and forty hours:* Da der Mönch Julia im Dunkeln aus dem Grabmal befreien will und Julia den Trunk vor dem Schlafengehen einnimmt, liegt hier wohl ein Chronologiefehler Shakespeares vor. Bei einer angenommenen Einnahmezeit von Mitternacht würde Julia sonst am folgenden Donnerstag um 18 Uhr erwachen. Im Juli, dem Monat, in dem das Drama spielt (vgl. I,3,15 f.), ist es um 18 Uhr noch nicht dunkel, Bruder Laurence brauchte also nicht mit Laterne aufzutreten (V,3,120 B.A.). »52 Stunden« wäre wahrscheinlicher. Dafür spricht auch, dass der Mönch nichts von einer fehlerhaften Wirkung des Trunks erwähnt (V,3,244 f., 257 f.).

12 (125) Mit der Verwendung des chiastischen Polyptotons
unterstreicht Shakespeare die Bedeutung von Julias Entschluss
und den Szenenschluss.

Act IV, Scene 2

1 (1f.) Wie so oft ist Capulet auch hier nicht ernstzunehmen.
Sowohl sein Vorsatz, nur ein oder zwei Freunde einzuladen, als
auch sein Plan, zwanzig Köche zu mieten, sind unglaubwürdig.
Außerdem ist hier seine Vorliebe für die Sorge um belanglose
Details zu beobachten; vgl. auch IV,4.

2 (6–8) Sprichwörtliche Wendung; ein schlechter Koch würde
nicht mit seinem Finger die selbstgekochten Speisen schmecken
wollen.

3 (17) *learnt me: me* gehört syntaktisch als Form des Reflexivprono-
mens zu *repent* und ist hier vorangestellt.

4 (24) Julias Einwilligung veranlasst Capulet, die Ehe um
einen Tag vorzuverlegen. Damit durchkreuzt er die Pläne des
Mönchs, dem nun ein Tag weniger bleibt, um Romeo zu
benachrichtigen. Julia reagiert auf die Verschiebung gar nicht,
da sie zuvor gelobt hat, ihrem Vater in allem zu folgen.
Lady Capulet kommt die Verschiebung ungelegen, weil sie
befürchtet, die Feier nicht angemessen vorbereiten zu können
(Zeile 38).

5 (28–32) Der Höhepunkt von Capulets Verworrenheit. Er ist nur
noch inhaltsleerer Floskeln fähig.

Act IV, Scene 3

1 (2–12) Julias innere Distanz zur Amme und zu ihrer Mutter
schlägt sich in ihrer förmlichen und prätentiösen Sprache nieder.
Da die Hochzeit um einen Tag verschoben wurde, muss sie den
Trunk schon jetzt nehmen (vgl. auch IV,2,33–35). Implizit spricht
aus ihren Worten in Zeilen 3–5 ihre Unsicherheit über das
Gelingen des Plans.

2 (15) *faint cold fear:* wieder die rhetorische Figur der Prolepsis. Die Furcht macht Julia schwach und krank.

3 (42) *green in earth:* Tybalt wurde vor etwas mehr als einem Tag, an einem Montagnachmittag, getötet. Jetzt ist Dienstagabend, Tybalt ist also erst seit kurzer Zeit tot.

4 (44) *spirit:* bezeichnet normalerweise bei Shakespeare Geister, die nicht zugleich Geister Verstorbener sind (diese sind *ghosts*, Zeile 55). Diese Einteilung entspricht der in der elisabethanischen Zeit üblichen Schematisierung. Eines der bekanntesten Werke über das Problem der Geister aus dieser Zeit ist Lewes Lavaters *Of Ghostes and Spirites* (1572).

5 (47f.) Die Alraune ist ein Gewächs mit menschenähnlicher Gestalt, dem nach elisabethanischen Vorstellungen Zauberkräfte innewohnten. Beim Pflücken gab diese Pflanze angeblich einen menschlichen Schrei von sich, der den Zuhörer wahnsinnig machte.

6 (36–59) So wie sich Schreckensvision auf Schreckensvision häuft, überschlägt sich auch die Syntax dieser Stelle. Der mehrfach angesetzte Satz (Zeilen 36 und 45) wird erst im dritten Anlauf zu Ende geführt (49) und dann sogleich fortgesetzt. Auch die Einschübe sind syntaktisch kompliziert und nicht in allen Fällen vollständige Sätze (39, 41). Die Syntax wird hier als Spiegel der psychischen Extremsituation Julias benutzt. Die Vereinigung der Liebenden im Tod hat als notwendige Voraussetzung die Todesfurcht.

Act IV, Scene 4

1 (4) *curfew bell:* eigentlich »Abendglocke«. Wie diese wurde auch die Morgenglocke zu einer festgelegten Zeit von der Stadtwache geläutet.

2 (5) *Angelica:* wahrscheinlich der Name der Amme, dann ironische Anspielung auf die Göttin der Schönheit und herzlosen Koketterie in Ariostos *Orlando Furioso*, die Angelica hieß.

3 (6) *cot-quean:* verächtlich für einen Mann, der sich in die

Haushaltsführung einmischt. Passend, wenn auch erstaunlich respektlos. Wohl ihre Rache für Capulets Verhalten in III,5,170–175.

Act IV, Scene 5

1 (1) *Fast* bedeutet *fast asleep* »tief schlafend«; das nachgestellte *she* dient wie das nachgestellte *I* der Emphase.

2 (4) *pennyworths:* so viel Schlaf, wie man sich für einen Penny kaufen kann.

3 (5–7) Einem Ausdruck aus der Turniersprache entlehnt: *set lance in rest* »Lanze einlegen«; vgl. V,3,110; daher auch die von der Amme intendierte Nebenbedeutung. Vgl. auch Zeile 10: *take* »mit einer Frau schlafen«.

4 (26) *settled:* bis ins 17. Jh. in der Bedeutung »eingedickt«, »nicht fließend« im Zusammenhang mit Blut geläufig.

5 (30) Lady Capulet scheint zunächst die Amme als Anstoß zum Klagen zu benötigen.

6 (37) Capulets Wortspiel *flower – deflowered* erscheint außergewöhnlich unpassend.

7 (40) *living:* erstes Anzeichen, dass Capulets Trauer weniger von Julias Tod als vielmehr von dessen Folgen für sich selbst und seine Pläne ausgelöst wird.

8 (43–64) Das inhaltsleere, formelhafte Wehklagen der Amme scheint eine Parodie auf Lady Capulets Klage. Auch Paris' und Capulets Trauer wirkt in ihrer Egozentrik überzogen und unehrlich. Das Konventionelle der Trauerreden unterstreicht Shakespeare vor allem durch die Häufung und sinnleere Wiederholung rhetorischer Figuren: Adjektivhäufung (43.50.55), Epanadiplose (46), Anadiplose (46), Anapher (46 f.), Geminatio (49.51.57.59.61); vgl. hierzu auch Capulets Rede in Zeilen 84–90 in der Form eines Isokolons voller Anaphern.

9 (65–74) Der Mönch, der als einziger um den wahren Sachverhalt weiß, bezeichnet das Verhalten der Klagenden als *confusions* und Wahnsinn. Des Himmels Anteil an Julia ist die Seele, ihrer

Eltern Anteil die irdische Hülle. Entsprechend der christlichen Lehre ist der Tod nicht beklagenswertes Ende, sondern hoffnungsvoller Anfang. Auch für Romeo und Julia ist der Tod die Krönung ihrer Liebe und gibt deshalb zu Klagen eigentlich keinen Anlass.

10 (77 f.) Der Mönch übertreibt seine Unterbewertung des irdischen Lebens erheblich. Seine Äußerungen hier sind aber wegen seines Planes verständlich und entsprechen nicht seiner tatsächlichen Ansicht (vgl. II,6,14 f.). Es geht ihm darum, die Trauerzeremonie möglichst kurz zu halten, damit er sich der Durchführung seines Plans widmen kann.

11 (82 f.) *Nature* bedeutet hier »natürliche Zuneigung«, die als *fond* ambivalent gewertet wird: »töricht« und »zärtlich«.

12 (96–144) Der farcenhafte Schluss dieser Szene lässt noch einmal die Hoffnung auf einen guten Ausgang, ein *happy ending* im traditionellen Sinne, aufkommen und dient so zur Verstärkung des tragischen Effekts. *Put up our pipes* ist hier nicht wörtlich zu übersetzen, weil die Musiker durch ihre Namen als Streicher gekennzeichnet sind; der Ausdruck bedeutet übertragen »aufhören«. Vgl. *Othello*, III,1,20.

13 (99) *case:* kann auch »Geigenkasten« bedeuten, der reparaturbedürftig ist.

14 (100 f.) *Heart's ease:* ein bekanntes elisabethanisches Lied. Die Melodie allein ist erhalten. Vgl. Zeilen 103 f.: *My heart is full* ist Teil des Refrains eines anderen, damals populären Liedes, der *Ballad of two Lovers*. Eine *dump* ist eine getragene, traurige Weise.

15 (110) *soundly:* Die musikalische Anspielung auf *sound* »Klang« lässt sich im Deutschen nicht wiedergeben. Vgl. Zeilen 108–110.

16 (117) *crotchets:* außer »Grillen« auch »Viertelnoten«; vgl. auch *re, fa, note.* In der italienischen Tonleiter sind *re* und *fa* der zweite und vierte Ton, also d und f, der C-Dur-Tonleiter.

17 (123) *iron wit:* übertragen »träger Verstand«, »Klotzkopf«; vgl. *iron-witted* in *Richard III*, IV,2,28.

18 (125–127) Anfang eines Gedichts zum Lob der Musik – Richard

Edwards' *In Commendation of Music*, gedruckt in *The Paradise of Dainty Devices* (1576). Die Ergänzung »verleiht« in Zeile 127 ist erforderlich wegen Zeile 140, wo die Strophe fortgesetzt wird.

Act V, Scene 1

1 (B.A.) Dies ist die einzige Szene außerhalb Veronas.

2 (1–5) Die Leichtigkeit des Herzens gehört zu den sprichwörtlichen Todesvorboten, wie Romeo in V,3,88 f. erkennt.

3 (20 f.) Von dem Verspätungsgrund erfährt der Zuschauer erst in der nächsten Szene – ein Mittel zur Erhöhung der Spannung. *Took post* »von Station zu Station mit jeweils frischen Pferden reiten«, daher »schnellstmöglich reisen«.

4 (24) *I defy you, stars:* Vgl. Eingangssonett, wo von den *star-crossed lovers* die Rede ist. Romeo lehnt sich offen gegen die Sterne auf. Vgl. hierzu III,1,136, wo er gegenüber seinem Geschick zu resignieren scheint.

5 (39) *weeds:* Hier ist wahrscheinlich die Berufskleidung des Apothekers gemeint; *overwhelming:* heute nicht mehr in dieser Bedeutung geläufig.

6 (42–48) Schildkröte, Alligator und Fische gehörten zum traditionellen Inventar einer Apotheke. *Account:* nach Schmidt eigentlich gleich *reckoning* »Rechnung«, hier »Sammlung«, »Vorrat«; *cakes of roses:* In Kuchenform gebrachte Rosenblütenblätter wurden als Parfüm verwandt.

7 (51) Im Unterschied zu England war auf dem Kontinent der Verkauf von Gift bei Todesstrafe verboten.

8 (59) *ducats:* Der italienische Dukat hatte etwa den Gegenwert von 17,5 p, eine für die damaligen Kaufkraftverhältnisse beträchtliche Summe.

9 (67) *any he: He* wird hier substantivisch verwendet. *Utters* entspricht etymologisch dem dt. »veräußern«.

10 (84) *get thyself in flesh:* dafür sorgen, dass man wieder wohlgenährt wird.

Act V, Scene 2

1 (8) *searchers:* amtlich bestellte Seuchenwärter und Leichenbeschauer.

2 (5–12) Die unregelmäßige, unruhige Syntax spiegelt die Unruhe
des Boten wider.

3 (14–16) Erst hier ist von der Existenz von Bruder Laurences Brief
an Romeo die Rede.

4 (18 f.) *charge:* seit Shakespeare nicht mehr in dieser Bedeutung
geläufig; *import* gleich *importance* »Wichtigkeit«, wie *Love's
Labour's Lost,* V,1,192.

Act V, Scene 3

1 (1–8) Ähnlich wie Romeo später, wenn auch aus weniger
wichtigem Grund, will Paris ungestört bleiben. Seine Absicht,
Blumen zu streuen, und seine ein wenig pedantische Klage stehen
in krassem Widerspruch zu der unerschütterlichen Entschlusskraft Romeos. Paris' Worte sind in Sonettform gehalten; Shakespeare deutet damit an, dass für Paris die Form der Klage mehr Gewicht hat als der Inhalt. Vgl. Romeos unechte Liebe zu Rosaline.

2 (16) *obsequies:* »Begräbnis«, aber auch »Totengedächtnis-
feiern«.

3 (28) In deutlicher Umkehrung der Situation vor der Hochzeitsnacht (*ascend her chamber,* III,3,147) steigt Romeo nun in das ewi-
ge Bett des Todes hinab (*descend into this bed of death*), das hier
den Beginn der ewigen Liebeserfüllung kennzeichnet. Auf diesen
Aspekt verweisen auch implizit die Worte des Mönchs in II,3,5 f.

4 (33–39) Vgl. mit dieser wilden Entschlossenheit zum Tod und der
daraus resultierenden wüsten Drohung Paris' Mahnung an seinen
Pagen, abseits zu bleiben.

5 (48) *in despite:* Obwohl das Grab bereits gefüllt ist (*gorged*), will
auch Romeo noch dort sterben; zugleich Erinnerung an V,1,24.

6 (49–57) Paris, der natürlich von Romeos Ehe nichts weiß, muss
vermuten, Romeo wolle Julias Grab schänden.

7 (59–67) Erst nach dem Kampf erkennt Romeo Paris.

8 (81–84) Romeo macht für Paris' und sein Geschick die Schicksalsmächte verantwortlich (*misfortune* verweist auf Fortuna).
Zur Rolle des Schicksals vgl. Nachwort S. 337. Die Ermordung des
Paris stellt wie Julias Todesangst einen Initiationsritus in das
Reich des Todes dar. *Lantern* bezeichnet in der Architektur einen
zylinderförmigen, durchbrochenen Kuppelaufsatz zur Beleuch-
tung der Hauptkuppel (vgl. z. B. Dom von Florenz).

9 (86) *presence:* Wie in dem ebenfalls obsoleten *chamber of
presence* ist die Audienzhalle eines Fürsten gemeint; *feasting
presence* bezeichnet dementsprechend den Saal in einem Schloss,
in dem in Gegenwart des Fürsten Feste gefeiert wurden.

10 (94–105) Nur für den Zuschauer sind die Beobachtungen
deutliche Zeichen für Julias baldiges Erwachen – Spannungs-
erhöhung und Vorbereitung der Katastrophe. Zur Vorstellung
vom Tod als eines Geliebten Julias vgl. auch IV,5,35–39.

11 (110) Ob trotz der wörtlichen Parallele zu IV,5,6 f. hier ebenfalls
eine sexuelle Bedeutung angenommen werden kann, ist mehr als
zweifelhaft.

12 (111) *inauspicious stars:* Vgl. I, Prolog, 6 und V,1,24.

13 (115) *engrossing:* »Alleinbesitz erlangend«, mit einer Anspielung
auf einen rechtlichen Terminus: *to engross a deed* »eine Urkunde
ausfertigen«. Vgl. auch IV,1,60–65.

14 (116–118) Zu ähnlichen Bildern aus der Seemannssprache vgl.
II,2,82–84. Das Unternehmen, das Romeo dort reiche Ware
einbringen sollte, scheitert hier, oberflächlich betrachtet, auf den
Felsen. Romeos Worte *I am no pilot* (II,2,82) scheinen in
ironischer Umkehrung hier wahr zu werden.

15 (122) Stolpern bedeutete Unglück; vgl. *Richard III*, III,4,83–85.

16 (145) *unkind:* bis ins 16. Jh. als »unnatürlich«, »widernatürlich«
geläufig. Von dieser Bedeutung stammt das moderne *kindred*
»Verwandtschaft«.

17 (161–170) Julia hat eine für Shakespeares Dramen völlig
untypische, kurze Sterbeszene, da sie ihre Todesfurcht schon
zuvor durchlebt hat.

18 (187 B. A.) Zum dritten Mal tritt an einer Nahtstelle der Fürst
   samt Gefolge auf, um die Einbettung dieser Liebestragödie in den
   gesellschaftlichen Kontext zu betonen.

19 (202–205) Selbst angesichts des Todes hegt Capulet zunächst
   noch Rachegedanken.

20 (206 f.) Diese Äußerungen Lady Capulets lassen sie älter
   erscheinen als Szene I,3, wo sich als ihr Alter etwa 28 Jahre ergibt.

21 (220) *even to death:* kann sich auf den Tod des Fürsten selbst, aber
   auch auf den Tod der verfeindeten Familienoberhäupter
   beziehen.

22 (226 f.) Der Mönch ist zugleich vor sich selbst schuldig und
   unschuldig. Die Liebeserfüllung im Tod erscheint der Außenwelt
   als tragischer Ausgang und rückt dementsprechend die Frage
   nach der Bedeutung des Schuld-und-Sühne-Problems in den
   Vordergrund.

23 (231–264) Die Ankündigung der Ehe zwischen Romeo und Julia
   gewinnt durch ihre ausgewogene und chiastische Anordnung
   größeres Gewicht. Die gesamte Rede ist in der Form der *oratio
   perpetua* gehalten.

24 (234–236) Die relativischen Anschlüsse sind grammatisch nicht
   ganz korrekt.

25 (260) *wakes:* Wie auch in Zeilen 239 und 283 dient das *historic
   present* dem Erzähler zur Erhöhung der Lebhaftigkeit des
   Berichts und charakterisiert ihn als volkstümlichen Sprecher.

26 (229–269) Zwar weiß der Zuschauer all dies, aber um das Drama
   zum Abschluss zu bringen, muss auch die Alltagswelt des Stücks
   den Bericht hören. Sonst könnte es nicht zu der, wenn auch
   einseitigen, so doch wichtigen Beurteilung des Geschehens
   durch den Prinzen und zur Versöhnung der verfeindeten
   Familien kommen. Das Motiv für seine Einwilligung in die
   heimliche Ehe lässt der Mönch aus.

27 (303 f.) Die Figuren sind, wie auf englischen Grabsteinen häufig,
   liegend dargestellt.

28 (305–310) Das Sonettsextett am Schluss unterstreicht ein letztes
   Mal die Nähe des Dramas zur Sonettdichtung der Zeit.

Literaturhinweise

Ausgaben

Romeo and Juliet, hrsg. von R.E.C. Houghton, Oxford 1947
(The New Clarendon Shakespeare).

Romeo and Juliet, hrsg. von John Dover Wilson und George Ian
Duthie, Cambridge 1955 (The New Shakespeare).

Romeo and Juliet, hrsg. von Horace Howard Furness,
Philadelphia 1871, Nachdr. New York 1963 (A New Variorum
Edition, Bd. 3).

Romeo and Juliet, hrsg. von T.J.B. Spencer, Harmondsworth 1967
(The New Penguin Shakespeare).

Romeo and Juliet, hrsg. von Brian Gibbons, London 1980 (The Arden
Shakespeare).

Romeo and Juliet, hrsg. von G. Blakemore Evans, Cambridge 1984
[u.ö.] (The New Cambridge Shakespeare).

Romeo and Juliet, hrsg. von R.S. White, Basingstoke 2001.

Sekundärliteratur

Elmer Edgar Stoll, *Shakespeare's Young Lovers*, Oxford 1937.

Derek Traversi, *An Approach to Shakespeare*, Bd. 1: *Henry VI to
Twelfth Night*, London 1938.

H.B. Charlton, *Shakespearean Tragedy*, Cambridge 1949.

Donald A. Stauffer, »Romeo and Juliet«, in: D.A. S., *Shakespeare's
World of Images*, Bloomington 1949, S. 53–59.

George Ian Duthie, »Introduction«, in: *Romeo and Juliet*, hrsg. von
John Dover Wilson und George Ian Duthie, Cambridge 1955
(The New Shakespeare), S. XI–XXXVII.

Franklin M. Dickey, *Not Wisely But Too Well. Shakespeare's Love
Tragedies*, San Marino, Cal., 1957.

Harry Levin, »Form and Formality in *Romeo and Juliet*«,
in: *Shakespeare Quarterly* 11 (1960) S. 3–11.

Ernst Theodor Sehrt, »Romeo and Juliet«, in: E.Th. S.,

Der dramatische Auftakt in der elisabethanischen Tragödie,
Göttingen 1960, S. 148–162.

John Vyvyan, *Shakespeare and the Rose of Love*, London 1960.

Geoffrey Bullough (Hrsg.), *Narrative and Dramatic Sources
of Shakespeare*, Bd. 1, London 1964.

T. J. B. Spencer, »Introduction«, in: *Romeo and Juliet*,
hrsg. von T. J. B. S., Harmondsworth 1967, S. 7–44.

Inge Leimberg, *Shakespeares »Romeo und Julia«*, München 1968.

Douglas Cole (Hrsg.), *Twentieth Century Interpretations of »Romeo
and Juliet«*, Englewood Cliffs, N. J., 1970.

Inge Leimberg, »Shakespeare, *Romeo and Juliet*«, in: Dieter Mehl
(Hrsg.), *Das englische Drama*, Bd. 1, Düsseldorf 1970, S. 60–78.

H. A. Mason, *Shakespeare's Tragedies of Love*, London 1970.

Urs H. Mehlin, »Die Behandlung von Liebe und Aggression
in Shakespeares *Romeo and Juliet* und in Edward Bonds *Saved*«,
in: *Jahrbuch der Deutschen Shakespeare-Gesellschaft West* 1970,
S. 132–159.

Balz Engler, »*Romeo und Julia* in Rudolf Alexander Schröders
Übersetzung«, in: *Jahrbuch der Deutschen Shakespeare-
Gesellschaft West* 1971, S. 48–68.

Gerhard Müller-Schwefe, »*Romeo und Julia* in der Sprache der
Gegenwart. Rudolf Sühnel zum 80. Geburtstag«, in: *Jahrbuch der
Deutschen Shakespeare-Gesellschaft West* 1971, S. 127–148.

Robert Hapgood, »*West Side Story* and the Modern Appeal
of *Romeo and Juliet*«, in: *Jahrbuch der Deutschen Shakespeare-
Gesellschaft West* 1972, S. 99–112.

Gilbert Keith Hunter, »Shakespeare's Earliest Tragedies:
Titus Andronicus and *Romeo and Juliet*«, in: *Shakespeare Survey* 27
(1974) S. 1–9.

J. Black, »The Visual Artistry of *Romeo and Juliet*«, in: *Studies
in English Literature* 5 (1975) S. 245–256.

F. Fergusson, »Romantic Love in Dante and Shakespeare«,
in: *Sewanee Review* 83 (1975) S. 253–266.

Gray M. McCown, »›Runnawayes Eyes‹ and Juliet's Epithalamium«,
in: *Shakespeare Quarterly* 27 (1976) S. 150–170.

Wolfgang Clemen, »Romeo and Juliet«, W. C., *The Development of Shakespeare's Imagery*, London ²1977, S. 63–73.

Oskar Neumann, »Zweimal *Romeo und Julia*«, in: *Shakespeare Jahrbuch* 113 (1977) S. 98–102.

Anselm Schlösser, »Komplexe Wirklichkeit und Dialektik in ›Romeo und Julia‹«, in: A. S., *Shakespeare. Analysen und Interpretationen*, Berlin/Weimar 1977, S. 267–289.

Walter Naumann, *Shakespeare*, Darmstadt 1978.

Phyllis Rackin, *Shakespeare's Tragedies*, Berkeley 1978.

Bertrand Evans, *Shakespeare's Tragic Practice*, Oxford 1979.

Elmar Lehmann, »Verona ist überall: *Romeo and Juliet*-Versionen von Peter Ustinov, David Edgar und Andrew Davies«, in: *Angloamerikanische Shakespeare-Bearbeitungen des 20. Jahrhunderts*, hrsg. von Horst Prießnitz, Darmstadt 1980, S. 149–158.

Wolf-D. Weise, »Julia und Romeo: David Pinner, *If. A Plague on Both Your Houses*«, in: *Anglo-amerikanische Shakespeare-Bearbeitungen des 20. Jahrhunderts*, hrsg. von Horst Prießnitz, Darmstadt 1980, S. 159–171.

Stanley Wells, »Juliet's Nurse: The Uses of Inconsequentiality«, in: *Shakespeare's Styles: Essays in Honour of Kenneth Muir*, hrsg. von Philip Edwards, Inga-Stina Ewbank und G. K. Hunter, London 1980, S. 51–66.

T. J. Cribb, »The Unity of *Romeo and Juliet*«, in: *Shakespeare Survey* 34 (1981) S. 93–104.

Marjorie Garber, *Coming of Age in Shakespeare*, London 1981.

Coppelia Kahn, *Man's Estate: Masculine Identity in Shakespeare*, Berkeley 1981.

Wolfgang Weiß, »Zum Problem der Fabel in Shakespeares Liebestragödien«, in: *Jahrbuch der Deutschen Shakespeare-Gesellschaft West* 1981, S. 68–76.

Klaus Bartenschlager, »Three Notes on *Romeo and Juliet*«, in: *Anglia* 100 (1982) S. 422–426.

Frederick Kiefer, *Fortune and Elizabethan Tragedy*, London 1983.

Dieter Mehl, *Die Tragödien Shakespeares*, Berlin 1983.

Katherine Dalsimer, *Female Adolescence: Psychoanalytic Reflections on Works of Literature*, London 1986.

Graham Holderness, »*Romeo and Juliet:* Empathy and Alienation«, in: *Shakespeare Jahrbuch* 123 (1987) S. 118–129.

Edgar Mertner, »›Conceit brags of its substance, not of ornament‹: Some Notes on Style in *Romeo and Juliet*«, in: *Shakespeare: Text, Language, Criticism: Essay in Honour of Marvin Spevack*, hrsg. von Bernhard Fabian, Hildesheim 1987, S. 180–192.

Kiernan Ryan, »Die Sprache der Tragödie: Geschichte und Utopie in *Romeo und Julia*«, in: *Shakespeare Jahrbuch* 123 (1987) S. 54–60.

Christina Maria Bijvoet, *Liebestod: The Function and Meaning of the Double Love-Death in Major Interpretations of Four Western Legends*, New York 1988.

Rüdiger Hillgärtner, »Macht der Namen, namenlose Gefühle und Tod: Zum Verhältnis von Liebe und Patriarchat in Shakespeares *Romeo and Juliet*«, in: *Shakespeare Jahrbuch* 124 (1988) S. 148 bis 162.

Kirby Farrell, *Play, Death, and Heroism in Shakespeare*, London 1989.

Barbara Hodgdon, »Absent Bodies, Present Voices: Performance Work and the Close of Romeo and Juliet's Golden Story«, in: *Theatre Journal* 4 (1989) S. 341–359.

Shakespeare's Early Tragedies, hrsg. von Bryan Loughrey und Neil Taylor, London 1990.

Graham Holderness, *Shakespeare,* »*Romeo and Juliet*«, Harmondsworth 1990 (Penguin Critical Studies).

William Shakespeare, *Romeo and Juliet*, hrsg. von G. Blakemore Evans, Cambridge 2003.

Ivo Kamps, »›I Love You Madly, I Love You to Death‹: Erotomania and Liebestod in *Romeo and Juliet*«, in: *Approaches to Teaching Shakespeare's Romeo and Juliet*, New York 2000, S. 37–46.

Arthur F. Kinney, »Authority in *Romeo and Juliet*«, in: *Approaches to Teaching Shakespeare's Romeo and Juliet*, New York 2000, S. 29–36.

Dietrich Rolle, »*Romeo and Juliet*«, in: *Interpretationen. Shakepeares Dramen*, Stuttgart 2000, S. 99–128.

Karl F. Zender, »Loving Shakespeare's Lovers: Character Growth in *Romeo and Juliet*«, in: *Approaches to Teaching Shakespeare's Romeo and Juliet*, New York 2000, S. 137–143.

David Lucking, »Uncomfortable Time in *Romeo and Juliet*«, in: *English Studies: A Journal of English Language and Literature* 82 (2001) S. 115–126.

Catherine Bates, »Shakespeare's Tragedies of Love«, in: *The Cambridge Companion to Shakespearean Tragedy*, Cambridge 2002, S. 182–203.

Peter S. Donaldson, »›In Fair Verona‹: Media, Spectacle, and Performance in William Shakespeare's *Romeo and Juliet*«, in: *Shakespeare after Mass Media*, New York 2002, S. 59–82.

R. A. Foakes, *Shakespeare and Violence*, Cambridge 2003.

Tanya Pollard, »›A Thing Like Death‹: Sleeping Potions and Poisons in *Romeo and Juliet* and *Antony and Cleopatra*«, in: *Renaissance Drama* 32 (2003) S. 95–121.

Robert Shaughnessy, »*Romeo and Juliet*: The Rock and Roll Years«, in: *Remaking Shakespeare: Performance across Media, Genres and Cultures*, Basingstoke 2003, S. 172–189.

Jennifer Fisher, »Falling in Love, Literally: Romeo, Juliet, Ballet and the Swoon«, in: *Women & Performance: A Journal of Feminist Theory* 14 (2004) S. 137–152.

Jill L. Levenson, »Shakespeare's *Romeo and Juliet*: The Places of Invention«, in: *Shakespeare and Language*, Cambridge 2004, S. 122–138.

Yayoi Miyashita, »An Application of a Narrative Theory to *Romeo and Juliet*: Orientation and Manipulation of the Audience's Sympathy«, in: *Hokkaido Daigaku Bungaku-bu Kiyo / The Hokkaido University Annual Report on Cultural Sciences* 114 (Nov. 2004) S. 115–136.

Steve Sohmer, »Shakespeare's Time-Riddles in *Romeo and Juliet* Solved«, in: *English Literary Renaissance* 35 (2005) S. 407–428.

Robert N. Watson / Stephen Dickey, »Wherefore Art Thou Tereu? Juliet and the Legacy of Rape«, in: *Renaissance Quarterly* 58 (2005) S. 127–156.

Lina Perkins Wilder, »Toward a Shakespearean ›Memory Theater‹:
   Romeo, the Apothecary, and the Performance of Memory«,
   in: *Shakespeare Quarterly* 56 (2005) S. 156–175.

Thomas Honegger, »›Wouldst Thou Withdraw Love's Faithful
   Vow?‹: The Negotiation of Love in the Orchard Scene
   (*Romeo and Juliet* Act II)«, in: *Journal of Historical Pragmatics* 7
   (2006) S. 73–88.

Daryl W. Palmer, »Motion and Mercutio in *Romeo and Juliet*«,
   in: *Philosophy and Literature* 30 (2006) S. 540–554.

Clayton G. MacKenzie, »Love, Sex and Death in *Romeo and Juliet*«,
   in: *English Studies: A Journal of English Language and Literature* 88
   (2007) S. 22–42.

Patrick Cheney, *Shakespeare's Literary Authorship*, Cambridge 2008.

John Channing Briggs, »*Romeo and Juliet* and the Cure of Souls«,
   in: *Ben Jonson Journal* 16 (2009) S. 281–303.

Vernon Elso Johnson (Hrsg.), *Coming of Age in William
   Shakespeare's »Romeo and Juliet«*, Detroit (MI) 2009.

Nicholas F. Radel, »The Ethiop's Ear: Race, Sexuality, and
   Baz Luhrmann's William Shakespeare's *Romeo and Juliet*«,
   in: *Upstart Crow* 28 (2009) S. 17–34.

Horst Breuer, »*Romeo and Juliet* – ohne Balkon«, in: *Shakespeare
   Jahrbuch* 146 (2010) S.164–168.

Richard Levin, »Rusting, Bright, and Resting Weapons: A Textual
   Crux, and Closure in *Romeo and Juliet*«, in: *Shakespearean
   International Yearbook* 10 (2010) S.207–229.

Nachwort

I

Wie für alle anderen Dramen der elisabethanischen Zeit liegen aus den Jahren bis zur Schließung der Theater durch die Puritaner im Jahre 1642 auch für *Romeo und Julia* keine gesicherten Aufführungsdaten vor. Zahlreiche Andeutungen in der zeitgenössischen Literatur sowie die vollständigen Titel der drei Quartoausgaben von 1597, 1599 und 1609 lassen jedoch den Schluss zu, dass sich *Romeo und Julia* schon sehr früh großer Beliebtheit beim Publikum erfreute: so enthält z. B. das Titelblatt der Ausgabe von 1599, die wohl die zuverlässigste Druckfassung dieses 1595 entstandenen Dramas darstellt und auf der deswegen auch die vorliegende Ausgabe und Übersetzung basiert, den Vermerk: »as it hath bene sundry times publiquely acted«. Auch die spätere Bühnengeschichte zeugt von der großen Beliebtheit dieses Dramas, das im englischen Sprachraum nach *Hamlet* wahrscheinlich die größte Aufführungszahl aller Dramen Shakespeares aufweist.

Schon bald nach der Restauration und der damit verbundenen Wiedereröffnung der Theater im Jahre 1660 wurde *Romeo und Julia* von Sir William D'Avenants Theatergruppe aufgeführt, wobei drei führende Schauspieler dieser Zeit mitwirkten: Betterton spielte Mercutio, Harris Romeo und Miss Saunderson, die spätere Frau Bettertons, Julia. Dem Zeitgeschmack entsprechend wurde das Drama jedoch stark umgearbeitet und zunächst alternativ in der Form Shakespeares und der Adaptation James Howards mit einem *happy ending* inszeniert. Schon 1680 folgte eine weitere Bearbeitung des Dramas, die Shakespeares Text für fast hundert Jahre von der Bühne verdrängte. In dieser Fassung – zwischen 1701 und 1735 neunundzwanzigmal inszeniert – wurde *Romeo und Julia* mit Thomas Otways *Caius Marius* kombiniert und die Liebe der beiden Hauptfiguren mit der politischen Auseinandersetzung zwischen Marius und seinem Gegenspieler Sylla verbunden.

Auch die nächste, sehr beliebte Fassung aus dem Jahr 1744 wich noch stark von Shakespeares Text ab. In dieser Version mit Theophilus und Jenny Cibber fehlen Rosaline und die Ballszene, Romeo und Julia lieben sich schon zu Beginn, und Julia erwacht in der Gruft, bevor Romeo stirbt. Erst seit 1748 erschien *Romeo und Julia* in einer weniger stark veränderten Bearbeitung Garricks im *Drury Lane* Theater. Auch das Konkurrenzunternehmen *Covent Garden* führte das Stück zwischen 1750 und 1800 mit einer Ausnahme jährlich mit großem Erfolg auf, obwohl in den Produktionen dieser Bühne außer Spranger Barry keiner der berühmten Schauspieler dieser Zeit auftrat. Die Fassung Garricks erwies sich als außerordentlich langlebig. Bis 1845 wurde das Drama fast nur in dieser Form gespielt: Romeo und Julia kennen sich schon zu Beginn; Julia erwacht vor Romeos Tod, und das Drama schließt mit einem Trauerzug zu Musik. Charles Kemble, Mrs. Siddons, Miss O'Neill (1803), Edmund Kean (1815) und William Charles Macready (1810) waren während dieser Zeit die bekanntesten Interpreten der Hauptfiguren, obgleich sowohl Kean als auch Mrs. Siddons keine großen Sympathien für diese Rollen hegten: die Inszenierung mit Kean als Romeo musste schon nach acht Aufführungen abgesetzt werden.

Das Verdienst, der shakespeareschen Fassung des Dramas endgültig zum Durchbruch verholfen zu haben, gebührt Samuel Phelps. Als Intendant des *Sadler Wells* Theaters zwischen 1846 und 1862 zeichnete er für fünf Produktionen von *Romeo und Julia* verantwortlich und hatte damit großen Erfolg, der jedoch von dem der Inszenierung von Henry Irving – 150 Aufführungen in der Spielzeit 1882/83 – übertroffen wurde. Im zwanzigsten Jahrhundert gehörten Beerbohm Tree (1913), John Gielgud (1924), Adèle Dixon (1929), Baliol Holloway (1926), Nell Carter (1926), Peggy Ashcroft (1935) und Laurence Olivier (1935) zu den berühmtesten Schauspielern, die eine tragende Rolle in *Romeo und Julia* übernahmen.

Von der nach wie vor ungebrochenen Anziehungskraft des Stückes zeugen in jüngster Zeit sowohl Franco Zeffirellis Verfilmung des Dramas (1968) als auch die stattliche Zahl von 27 verschiedenen Inszenierungen auf deutschsprachigen Bühnen zwischen 1969 und 1976. Auch die Musik, vornehmlich der romantischen Zeit, hat sich dieses Stoffes häufig angenommen: Vicenzo Bellinis Oper *I Capuletti e i Montecchi* (1830), Charles Gounods Oper *Roméo et Juliette* (1867), Peter Tschaikowskys Fantasieouvertüre *Romeo und Julia* (1869), Hector Berlioz' dramatische Sinfonie *Roméo et Juliette* (1839), Heinrich Sutermeisters Oper *Romeo und Julia* (1940), Sergej Prokofieffs Ballett (1935) und schließlich Leonard Bernsteins *West Side Story* (1957) gehören zu den wichtigsten Musikwerken, die auf Shakespeares Drama basieren.

II

Auch Shakespeare hat den Stoff nicht selbst erfunden. Er benutzte als Quelle in erster Linie wohl Arthur Brookes 1562 veröffentlichtes, 1582 und 1587 neuaufgelegtes Gedicht *The Tragicall Historye of Romeus and Juliet*, eine Adaptation von Pierre Boaistuaus Bearbeitung einer Erzählung Bandellos in *Le Novelle del Bandello* (1554). Diese Erzählung ihrerseits fußt auf der etwa 1530 veröffentlichten *Istoria novellamente ritrovata di due Nobili Amanti* von Luigi da Porto. Boaistuaus Fassung wurde außerdem 1567 von William Painter ins Englische übersetzt und im *Palace of Pleasure* publiziert. Diese Übersetzung war wahrscheinlich eine weitere, wenn auch sekundäre Quelle Shakespeares. Im wesentlichen folgte der Dramatiker jedoch Brooke, wie Geoffrey Bullough in *Narrative and Dramatic Sources of Shakespeare*, Band 1 (London 1964), überzeugend dargelegt.

Hierbei ergab sich allerdings eine Schwierigkeit, die noch bis heute die Kritiker beschäftigt. In seiner *Address to the Reader* wirft Brooke den Liebenden Lüsternheit und Ungehorsam vor und deutet ihren Tod als Folge ihres unehrlichen Lebens, eine Sicht, die auch T. J. B. Spencer in seiner Einleitung zu *Romeo and Juliet* in der *New Penguin Shakespeare* Ausgabe noch zu teilen scheint und die auch in Donald A. Stauffers Interpretation des Dramas in *Shakespeare's World of Images* (Bloomington 1949) noch ansatzweise anklingt. Andererseits jedoch unterstreicht Brooke in dem Gedicht selbst Julias Sittsamkeit sowie Romeos Integrität und stellt den Tod der Liebenden als unverschuldet, durch die Missgunst der Sterne verursacht, dar. Zwischen diesen beiden Gegenpolen konnte Shakespeare auswählen, wenn seine Tragödie ein einheitliches Konzept des Tragischen aufweisen sollte. Er hätte aber auch, wie H.A. Mason in seinem Buch *Shakespeare's Tragedies of Love* (London 1970) behauptet, beide Auffassungen unverbunden nebeneinander bestehen lassen oder sogar eine gar nicht in der Quelle enthaltene Konzeption verfolgen können. Zu diesem frühen Zeitpunkt seiner Karriere, so Mason, sei Shakespeare rein eklektisch verfahren; darum sei es ihm auch nicht gelungen, Liebe und Tod zu einer unauflöslichen Einheit zu verbinden. Die Qualität dieses Stücks manifestiere sich vornehmlich in der Poesie und dem Gesamteindruck einzelner Szenen, als Tragödie sei es ein Fehlschlag – eine Ansicht, die auch H.B. Charlton und George Ian Duthie in der *New Cambridge* Ausgabe (Cambridge 1955) vertreten.

Die Lösung dieser hier nur kurz skizzierten Probleme hängt nun wesentlich von der Beantwortung einiger Fragen ab, die darum den Hintergrund für die nachfolgende Untersuchung darstellen sollen: Welcher Begriff des Tragischen liegt dem Drama zu Grunde; welche Verbindung besteht zwischen der staatlichen und der privaten Ebene des Stücks; welche Liebeskonzeption wird dargestellt, und schließlich: welche literaturhistorischen Einflüsse lassen sich in *Romeo und Julia* nachweisen? Die Beantwortung dieses Fragenkatalogs soll im Zuge einer chronologischen Analyse erfolgen, weil auf diese Weise auch das zentrale Thema der Wirkung des Stücks auf der Bühne behandelt werden kann.

III

Wie in der elisabethanischen Zeit – wenn auch nicht unbedingt bei Shakespeare – geläufig, wird das Drama von einem Chor eröffnet, in dem eine kurze Einführung in die Hauptthemen und Absichten des Dramatikers enthalten ist. Zunächst wird der gesellschaftliche Rahmen, verkörpert durch die altem Groll entsprungene Fehde zweier veronesischer Adelsgeschlechter, eingeführt, sodann stichwortartig das Ende des Streits durch den Tod der beiden Liebenden angekündigt. Hatten schon in den ersten acht Zeilen des Chores die Wendungen »star-crossed lovers« und »piteous overthrows« die Intention des Dramatikers angedeutet, so enthalten die folgenden vier Zeilen explizit den Hinweis, dass es Shakespeare in *Romeo und Julia* um zweierlei geht: um die »fearful passage« von Romeos und Julias »death-marked love« und die schließliche Versöhnung der Adelsfamilien durch eben diesen Tod. Den Schluss des Chores bildet schließlich die konventionelle Apologie der Schauspieler für die schlechte Qualität des Stückes.

Wenn auch der Chor und damit die Autorenintention grundsätzlich nicht ohne weiteres als zuverlässige Zeugen für die tatsächlich in einem Drama enthaltenen Hauptthemen gesehen werden dürfen, so bietet der Chor doch einen interessanten Ausgangspunkt für die Interpretation, weil die Aufmerksamkeit des Zuschauers schon zu Beginn in ganz bestimmte Bahnen gelenkt wird. Dem elisabethanischen Publikum, das wohl als repräsentativer Querschnitt durch die elisabethanische Gesellschaft betrachtet werden kann, wird die deutliche Betonung des Mitfühlens

(»piteous«, »fearful«) und der Macht des Schicksals (»star-crossed«, »death-marked«) ebenso wenig entgangen sein wie die beabsichtigte enge Verknüpfung des Liebesverhältnisses mit der Fehde. Darüber hinaus enthält aber der Chor noch einen weiteren wichtigen Hinweis auf ein Hauptthema des Dramas, der allerdings zu diesem Zeitpunkt wahrscheinlich nur dem kleineren, belesenen und mit der zeitgenössischen Lyrik vertrauten Teil des Publikums zugänglich war. Seit Henry Howard, Earl of Surrey, und Thomas Wyatt mit ihren Übersetzungen und Nachdichtungen oder Neuschöpfungen in der Mitte des sechzehnten Jahrhunderts das italienische Sonett in England eingeführt hatten, war das Sonett zur beliebtesten Gedichtform geworden. Sir Philip Sidneys *Astrophel and Stella* (1580–84), Samuel Daniels *Delia* (1592) und Edmund Spensers *Amoretti* (1595) waren neben Shakespeares eigenen Sonetten, die in den Jahren 1593–99 entstanden, die berühmtesten Sonettzyklen der elisabethanischen Zeit. In den meisten dieser Sonette beklagt ein Liebender nach petrarkistischem Muster die Unnahbarkeit und Sprödigkeit der Geliebten in immer neuen Bildern und Metaphern, aber fast stets in der Grundstimmung der Hoffnungslosigkeit.

Mit seinem Prologsonett knüpft Shakespeare – zunächst rein formal – an diese Tradition an und unterstreicht damit gleich zu Beginn den Experimentcharakter seines Dramas. *Romeo und Julia* muss einerseits – wie fast alle Dramen der elisabethanischen Zeit – als Spielvorlage für die Bühne gesehen werden, deren Wert oder Unwert sich nicht beim Lesen, sondern in der szenischen Realisation erweisen musste. Andererseits erforderte Shakespeares Anknüpfen an die Sonett-Tradition schon vom elisabethanischen Betrachter ein Ausmaß an Vertrautheit mit literarischen und literaturhistorischen Phänomenen, das in dieser Epoche sicher nur bei einem kleinen Kreis von Aristokraten und Gebildeten und auch heute nicht ohne weiteres vorausgesetzt werden kann. Damit rückte das Drama hinsichtlich der Wirkung auf den Rezipienten in die Nähe der Lyrik und musste auch unter diesem Gesichtspunkt gesehen werden.

Für das elisabethanische Drama war dies zweifellos eine ebenso große Neuerung wie der komödienhafte Beginn, in dem auf der niedrigsten sozialen Stufe die Motivlosigkeit, aber zugleich Virulenz der Fehde und der unernste, spielerische, rein sexuelle Aspekt der Liebe eingeführt werden, bevor – auf der nächsthöheren sozialen Ebene – das Duell zwischen Benvolio und Tybalt und schließlich die wortreiche Auseinandersetzung zwischen den Familienoberhäuptern durch das souveräne Auftreten des Fürsten, des Vertreters der staatlichen Autorität, beendet werden. Erst nach dieser weitgehend komischen Schilderung (vgl. u. a. I,1,75–80), in die nur Tybalts Selbstidentifikation mit dem Tod (I,1,66) und sein Auftreten als Hasser des Friedens (I,1,69 f.) kurz eine unheilvolle Note bringen, wird Romeo im Gespräch zwischen Montague und Benvolio eingeführt und als liebeskranker, weil verschmähter Liebender geschildert, der sich selbst isoliert und den Lauf der Natur umzukehren sucht, indem er sich selbst eine »artificial night« schafft (I,1,134–141). Die Ungewissheit des Zuschauers, ob Romeos Leid etwa dem spröden Verhalten Julias entspringt, wird auch in dem folgenden Dialog zwischen Romeo und Benvolio noch nicht beseitigt. Statt dessen bestätigen Romeos meist in Reimpaaren gesprochene, zahlreiche Sonettklischees seine Charakterisierung durch Montague. Er beklagt die Blindheit der Liebe (I,1,170 f.), beschreibt sie als Rauch, Feuer, Meer, Wahnsinn, Galle und Süße (I,1,189–193) und lässt sich über die Sprödigkeit der zu ewiger Keuschheit entschlossenen Geliebten aus, die damit ihre Schönheit vergeude (I,1,207–223) – letzteres ein Motiv, das in Shakespeares eigenem Sonett 2 »When forty winter shall besiege thy brow« wiederkehrt.

Dass Romeos Verhalten nicht Norm des Stücks ist, sondern als im Grunde künstlich und unnatürlich dargestellt wird, beweist nicht nur Benvolios ironisch-distanzierte Sicht, sondern zeigen auch einige Äußerungen Romeos selbst. Sowohl seine Fragen »Where shall we dine?« (I,1,172), »Dost thou not laugh?« (I,1,182) als auch vor allem seine Worte »This is not Romeo, he's some other where« (I,1,197) lassen an einigen Stellen den gespielten, vorgetäuschten, rein konventionellen Charakter von Romeos Liebesleid durchblitzen. Bestünden beim Zuschauer trotzdem noch Zweifel daran, ob die abweisende Geliebte nicht doch Julia sein könne, so werden diese in der folgenden Szene mit der Nennung des Namens Rosaline (I,2,82) beseitigt. Gleichzeitig benutzt Shakespeare diese Szene auch, um die Werbung des Paris und die Vorbereitung des Festes zu präsentieren sowie um die Darstellung der verschiedenen Einstellungen zum Liebeskonzept des konventionellen Sonetts fortzusetzen. Auf Benvolios parodistische Verwendung der Sonettform (I,2,45–50) und Aufforderung, Romeo solle sich auf dem Fest einer weniger spröden Schönheit zuwenden, antwortet dieser wenig später mit einem letzten, in der traditionellen Religionsmetapher gehaltenen Sonettsextett (I,2,91–96) und dem festen Entschluss, sich in seiner Liebe zu Rosaline auch auf dem Fest Capulets nicht beirren zu lassen.

In deutlicher Parallele zu dieser Szene wird in dem folgenden Auftritt nun auch Julia eingeführt. Wie Romeo seiner Geliebten wegen, so will Julia ihres Freiers Paris wegen auf dem Fest ihres Vaters erscheinen, wenn auch ihre Reaktion auf das überschwengliche Lob Paris' durch ihre Mutter bemerkenswert kühl ist und Julia damit zugleich als eine Art Gegenpol zu dem liebeskranken Romeo gelten kann. Noch eine weitere Parallele liegt in der Personenkonstellation vor. Wie Romeo der versöhnungsbereite, ironische und schlagfertige junge Adlige Benvolio als Vertrauter beigegeben ist, so figuriert die Amme als Vertraute Julias – eine der in ihrer erdgebundenen, deftigen, redseligen und prinzipienlosen Art größten komischen Gestalten Shakespeares. So bestimmt neben dem Prinzip der Parallele das des Kontrastes den Aufbau des Dramas bis zu diesem Zeitpunkt, und diese Erscheinung wird sich auch im Gesamtverlauf bestätigen. Die im wesentlichen unernste, komödienhafte Stimmung des Dramenbeginns wird mit dem Auftreten des frivolen Witzboldes und Hitzkopfes Mercutio, der das Pendant zu Tybalts humorloser Streitlust und Unversöhnlichkeit darstellt, noch gesteigert. Nur Romeos letzte Worte vor dem Fest rufen dem Zuschauer die Formulierungen des Chors in Erinnerung. In seiner unbestimmten Todesahnung (I,3,106–113) verwendet Romeo erstmalig das zentrale Bild von der Steuerung seines Kurses durch Schicksalsmächte, hier durch das kapitalisierte *He* als Gott ausgewiesen. Auch die Lichtmetaphorik kehrt an dieser Stelle wieder. In Analogie zu seinem ursprünglichen Wunsch, sich eine künstliche Nacht zu schaffen, will Romeo als Fackelträger bei dem Fest in seiner selbstgewählten Isolation verharren und zugleich mithilfe der Fackel die Nacht erhellen, quasi einen künstlichen Tag herstellen. Romeos selbstgewählte Rolle als verschmähter Liebhaber findet jedoch beim Anblick Julias das von Benvolio vorhergesagte jähe Ende. Zwar verwendet Romeo in seinen ersten Worten über Julias Wirkung auf ihn noch Bilder aus dem Bereich der Sonettkonvention, doch strebt seine plötzlich erwachte Liebe zu Julia spontan nach Erfüllung: »I'll watch her place of stand, / And, touching hers, make blessèd my rude hand« (I,5,50 f.), statt sich wie zuvor in schmachtender Hoffnungslosigkeit zu gefallen. Gleichzeitig nehmen aber auch die Anzeichen für eine Gefährdung der gerade erwachten Liebe zu: Romeo charakterisiert Julias Schönheit als »too rich for use, for earth too dear!« (I,5,47), und Tybalt kann nur mit Mühe von Capulet, der Respekt vor dem Ansehen Romeos und Achtung für die geheiligten Gesetze der Gastfreundschaft beweist, an einem Duell mit Romeo gehindert werden.

Dies ist der Hintergrund, vor dem die beiden Liebenden ihr erstes Gespräch führen, in dem Romeos Sehnen nach einem auf Gegenseitigkeit basierenden Liebesverhältnis ein spontanes Echo findet. In enger Anlehnung an die elisabethanische Liebeslyrik und gleichzeitig in starkem Kontrast dazu verwenden Julia und Romeo in ihrem dialogischen Sonett (I,5,93–106) die konventionelle religiöse Metapher als Ausgangspunkt, um ihr andersgeartetes, nach gegenseitiger Erfüllung strebendes Liebeskonzept anzudeuten. Die Religion des Auges, des aus der Distanz Schauenden und unter der unerfüllten Liebessehnsucht Leidenden geht über in die Religion der Hand, der beiderseitigen

Sehnsucht nach Erfüllung über alle Schranken hinweg und allen Gefahren zum Trotz, deren sich auch Julia bewusst ist. In ihren Worten am Ende des ersten Aktes klingt die Ungewissheit über den Ausgang ihrer Liebe zu Romeo an, wenn sie klagt:

> My only love, sprung from my only hate!
> Too early seen unknown, and known too late!
> Prodigious birth of love it is to me
> That I must love a loathèd enemy. (I,5,138–141)

IV

Der Prolog zum zweiten Akt unterstreicht noch einmal in Form eines Sonetts die wesentlichen Veränderungen, die der erste Akt gebracht hat: »old desire« wurde abgelöst von »young affection«; auf die unerwiderte folgt die wechselseitige, leidenschaftliche Liebe (»beloved«, »loves again«); in den Mittelpunkt des Interesses tritt im folgenden der kurzfristig erfolgreiche Versuch, die Liebe gegen alle Widerstände, gegen die engen Konventionen der Gesellschaft und gegen den Hass der verfeindeten Familien zu verwirklichen:

> But passion lends them power, time means, to meet,
> Tempering extremeties with extreme sweet.
> (II, Prolog, 13 f.)

Kernstücke des zweiten Aktes bilden dementsprechend die nächtliche Gartenszene und die Hochzeitsvorbereitungen. Vor der Folie der frivolen Anzüglichkeiten Mercutios hebt sich die folgende Szene zwischen Julia und Romeo, der unmittelbar nach dem Fest seinen Freunden entwischt ist und kurz vor Anbruch der Dämmerung hinter der Gartenmauer deren Wortspiele mithört, besonders plastisch ab. Romeo bittet in seinem Monolog die Geliebte, nicht die Sprödigkeit Dianas, der Göttin des Mondes und der Keuschheit, zu zeigen (II,2,1–9) und greift zur Beschreibung der Geliebten, die er, selbst ungesehen, auf dem Balkon betrachtet, wieder die Lichtmetapher (II,2,20–22) und die religiöse Metaphorik auf (II,2,26–32). Erst Julias Klage »Wherefore art thou Romeo?« (II,2,33), in der sie chiffrenartig alles der Erfüllung ihrer Liebe im Wege Stehende einschließt, bewegt Romeo dazu, sein Versteck zu verlassen und sich zu erkennen zu geben. Beide sind bereit, ihre Namen und damit ihre Bindungen an die Gesellschaft aufzugeben, wenn sie nur so ihre Liebe verwirklichen können. Gleichzeitig gelingt es Julia, Romeo von letzten Überresten seiner traditionellen Liebessprache zu befreien (II,2,107–116) und zu einem nur von der Tiefe der gegenseitigen Liebe getragenen Verhalten zu bringen, das mit dem konventionellen Liebesschema nichts gemein hat. Auf Romeos leidenschaftliches Bekenntnis, für sie alles zu wagen, bei dem er die Steuermannsmetapher aus I,4,112 f. und das aus der Sonettdichtung bekannte Motiv von dem großen Wagnis aufgreift, antwortet Julia mit dem Verzicht auf jegliche Rücksicht gegenüber gesellschaftlichen Normen und Zwängen (II,2,85–106) und mit ihrer Bereitschaft zur bedingungslosen Hingabe und damit auch, wenn nötig, Preisgabe des eigenen Lebens (II,2,133–135). In ihrem Bild vom Blitz (II,2,118–120) deutet sich, den Akteuren nicht bewusst, für den Zuschauer nach dem Eingangssonett aber klar erkenntlich, die zugleich erfüllende und selbstvernichtende Gewalt ihrer Leidenschaft an. Unter dem Vorzeichen der widrigen Verhältnisse muss der große Versuch der Liebenden – oberflächlich betrachtet – scheitern, kann nur der Tod alles Trennende überwinden und die Liebenden endgültig vereinen.

Vor dem Hintergrund dieses Wissens – und hierin liegt eine weitere Hauptfunktion der beiden chorischen Sonette – gewinnt für den Zuschauer das gewagte Unternehmen der Liebenden beträchtlich an Wert. Er weiß um das unweigerliche Ende, und gerade deshalb werden Romeo und Julia wie Ikarus zum Gegenstand der Bewunderung für ihren Mut und des Mitgefühls mit ihrem Schicksal. Obwohl chronologisch betrachtet zwischen dem Ball und der Hochzeit nur ein Tag liegt, kann unter dem Aspekt der dramatischen Gestaltung nicht der Eindruck unziemlicher Hast aufkommen, für die etwa die Liebenden mit dem Tod büßen müssten. In der Hast der Liebenden eine tragische Schuld im klassischen Sinn der *hamartia* zu sehen, wäre verfehlt. Auch die gelegentlich sententiös anmutenden Warnungen des Mönchs, der sich von der Ehe die Versöhnung der Familien erhofft – eine Hoffnung, die sich in ironischer Umkehrung auch erfüllt –, sind eher Mittel zur Charakterisierung dieses geistlichen Ratgebers und treuen Freundes der Liebenden mit seinem gelegentlichen, berufsbedingten Hang zum Predigen als ernstgemeinte Hinweise auf eine tragische Schuld Romeos und Julias. Außerdem verhindern die zahlreichen komischen Szenen oder Szenenteile dieses Aktes, dass sich die Frage nach dem Tod und der Definition des Tragischen schon hier mit aller Deutlichkeit stellt. Trotz seines Wissens um den Ausgang des Dramas erscheint *Romeo und Julia* dem Zuschauer bis zum Ende des zweiten Aktes vorwiegend als komisch oder zumindest unernst, wenn sich auch wegen der Chorsonette und gelegentlicher Vorahnungen keine reine Komödienstimmung einstellen kann. Oberflächlich betrachtet ähnelt zwar das Konfliktgrundmuster in *Romeo und Julia* dem einer Komödie, doch die Spannung des Komödienpublikums, auf welche Weise denn nun die unvermeidliche Lösung der scheinbar unauflöslichen Konflikte erfolgt, wird hier ersetzt durch die Erwartung des Umschlags ins Tragische, die Peripetie.

V

Dieser Umschlag erfolgt schon in der ersten Szene des dritten Aktes, die in genauer Entsprechung zur ersten Szene des ersten Aktes aufgebaut ist. Auf die komische, wenn auch spannungsgeladene Einleitung folgt mit Tybalts Auftritt der erneute, offene Ausbruch der Fehde; wieder bemüht sich Benvolio, Frieden zu stiften, und wieder treten nach dem Duell Bürger, die Familienoberhäupter sowie der Fürst auf. Der entscheidende Kontrast zwischen diesen beiden Parallelszenen entsteht jedoch durch Romeos Auftritt, das zweifache tödliche Duell und das Verbannungsurteil des Fürsten. Hatte Romeo noch vergeblich und für Mercutio verhängnisvoll versucht, das Duell zu verhindern, und den tödlichen Ausgang als unglückbringend beklagt (III,1,119 f.), so entschließt er sich bei Tybalts Rückkehr zornentbrannt zum Kampf. Wieder benutzt er das Bild der Steuerung seines Schicksals durch metaphysische Mächte, doch an die Stelle Gottes tritt hier »fire-eyed fury« (III,1,124). In der Rache für den Tod seines Freundes sehen nun manche Kritiker wie John Vyvyan, *Shakespeare and the Rose of Love* (London 1960) und T.J.B. Spencer in seiner schon erwähnten Einleitung das Scheitern des Helden in einer paradigmatischen Entscheidungssituation; dies Scheitern brandmarke, so Spencer, Romeo als Mörder und mache den tragischen Tod des Helden vollends unausweichlich, obwohl der elisabethanische Ehrenkodex im Drama diese Tat rechtfertige. Dieser Widerspruch zwischen der Verurteilung Romeos als Mörder und der Rechtfertigung seiner Rache hat zwei Wurzeln: zum einen die schon öfter erwähnte Suche nach einer tragischen Schuld des Helden, die ihn in den Untergang treibt, und zum andern die Unterbewertung der Bühnenkonvention, die Romeos Rache als gerechtfertigt erscheinen lässt. Kein elisabethanischer Zuschauer käme im Ernst auf den Gedanken, Romeo, ausgehend von einem streng christlich-moralischen Maßstab, als Mörder zu brandmarken. Angesichts der Tatsache, dass noch bis ins frühe zwanzigste Jahrhundert und gelegentlich wohl noch heute tödliche Duelle zumindest stillschweigend geduldet wurden und im elisabethanischen England an der Tagesordnung waren, wie Mason in seinem schon zitierten Werk am Beispiel Ben Jonsons überzeugend nachweist, wäre die Anwendung eines solchen streng christlichen Maßstabs ein grober Anachronismus, der – konsequent angewandt – auch Hamlet zum Mörder werden ließe. Allerdings kann auch nicht übersehen werden, dass Romeos Racheentschluss eine vorübergehende Abkehr von Julia bedeutet, da in diesem Augenblick Romeo das Gesetz der Liebe zugunsten des gegenteiligen Gesetzes der sozialen Verhaltensnormen beiseiteschiebt. Wenn überhaupt in diesem Drama von einer tragischen Verstrickung Romeos gesprochen werden könnte, dann läge diese Schuld in dem kurzfristigen Verrat an seiner Liebe zu Julia. Dieses Motiv spielt jedoch in *Romeo und Julia* eine eher untergeordnete Rolle und wird verdrängt von einer Konzeption, zu deren Bestandteilen in erster Linie Bewunderung und Mitgefühl und erst in zweiter Linie die Frage nach der *hamartia* im aristotelischen Sinn gehören.

Das aus staatspolitischen Gründen unumgängliche Verbannungsurteil des Fürsten dokumentiert den vorläufigen Sieg des den Liebenden feindlich gesonnenen Hass-Prinzips. Mit Tybalt hat der Tod scheinbar die Liebe besiegt; die Macht der sozialen Umwelt, verkörpert durch die Fehde, hat sich durchgesetzt und rechtfertigt Romeos Klage »O, I am Fortune's fool« (III,1,136). Der abrupte Umschlag gewinnt noch zusätzlich an Gewicht durch Julias folgenden Hymnus an die Nacht. Wieder dient der Kontrast zu der vorangegangenen Szene zusammen mit Julias stellenweise kindlich einfacher Sprache dazu, das Verständnis des Zuschauers für ihre Ungeduld und Sehnsucht sowie das Mitgefühl mit ihrem Los zu steigern. In ihrer Anrufung der Nacht erstrebt Julia für ihre Liebe einen Ort des Asyls. Aus der abgelehnten Schaffung einer künstlichen Nacht durch Romeo zu Beginn des Dramas wird hier das sehnsüchtige Warten auf die natürliche Nacht, in der sich die Liebe, losgelöst und isoliert von der Umwelt, vollenden soll.

Bevor es jedoch dazu kommt, müssen sich sowohl Romeo als auch Julia mit den Folgen des Verbannungsurteils auseinandersetzen. Sie werden in eine tiefe Krise gestürzt, die Julia aus eigener Kraft, Romeo mit Unterstützung des Mönchs überwindet. In ihrer ersten Reaktion durchlebt Julia alle Paradoxa, die Romeo zu Beginn nur ausgesprochen hatte (I,1,177 bis 182; III,2,73–85). Sie sieht sich in ihrem grenzenlosen Vertrauen zu Romeo getäuscht, und ihre Welt scheint einzustürzen:

> O nature, what hadst thou to do in hell
> When thou didst bower the spirit of a fiend
> In mortal paradise of such sweet flesh?
> Was ever book containing such vile matter
> So fairly bound? O, that deceit should dwell
> In such a gorgeous palace!   (III,2,80–85)

Wenig später jedoch ist der Hauptgrund zur Klage die gewaltsame Trennung durch die Verbannung. Getreu ihrem Vorsatz, ihre Liebe gegen alle Widerstände durchzusetzen und alle Bindungen dieser Liebe zu opfern, setzt sie die Verbannung Romeos mit dem Tod gleich (III,2,121–126).

Romeo reagiert zunächst ähnlich, als er von dem Verbannungsurteil erfährt, und aus dem gleichen Grund: »Then ›banishèd‹ / Is death mis-termed« (III,3,20 f.). Wenn die Liebe zwei Menschen zu einer unauflöslichen Einheit verbindet, muss die Trennung als Tod, als Ende der Identität wirken. Nur im Zusammenspiel mit dem Partner erhält ja der Liebende seine eigentliche Identität, sein eigentliches Mensch-Sein. Insofern trifft der Mönch mit seiner Charakterisierung des sich am Boden wälzenden Romeo als eines Verrückten, eines Tieres, genau den Kern. In diesem Moment hat Romeo seine Identität, sein Mensch-Sein verloren und ist damit auf der Daseinsstufe einem Tier gleichzusetzen. Auch in den Augen des Mönchs ruft diese leidenschaftliche, hemmungslose Reaktion nicht scharfe Kritik, sondern eher milden Tadel bei gleichzeitigem Mitgefühl hervor, das sich in den Worten der Amme niederschlägt: »O woeful sympathy! / Piteous predicament!« (III,3,86 f.). Bei der Tiefe der Verzweiflung Romeos ist es allerdings nicht verwunderlich, dass der Mönch all seine rhetorischen Fähigkeiten aufbieten muss, um Romeo zum Weiterleben und zur Flucht nach Mantua, wo er die Liebenden zusammenführen will, zu überreden.

Das Motiv der Verbannung ist nun wieder einzuordnen in die Sonett-Tradition und erscheint in entsprechender Ausprägung in Shakespeares Komödie *Two Gentlemen of Verona* aus dem Jahr 1594. Auch hier klagt ein Liebender über den Verlust seines Mensch-Seins durch die Verbannung, die Trennung von der Geliebten, wie Romeo und bittet in deutlicher Parallele zu ihm: »Repair me with thy presence, Silvia« (*TGV*, V,4,11); auch in den letzten Sonetten von Sidneys *Astrophel and Stella* sowie Spensers *Amoretti* kommt die Trennung, die Vereinsamung der Liebenden zum Ausdruck. Vor diesem Hintergrund wird die maßlos erscheinende Reaktion Romeos verständlich und sogar notwendig. In ihrem Buch *Shakespeares »Romeo und Julia«* (München 1968), in dem das Drama überwiegend als Lesetext und weniger als Bühnenvorlage gesehen und in enger Anlehnung an die Sonettdichtung der elisabethanischen Zeit ausführlich interpretiert wird, führt Inge Leimberg hierzu aus:

»In der Trennung vom Geliebten ist zwar für den Liebenden die Welt jener ›essence‹, jenes Elixiers beraubt, das ihm das Leben gibt, aber in solcher Einsamkeit wird im Erinnerungsbild des Geliebten erst die Idee sichtbar, und die Liebe gewinnt die Bedeutung, für die die Bilder von Leuchtturm und Nordstern« (S. 116) in Shakespeares Sonett 116 ›Let me

not to the marriage of true minds< und Spensers *Amoretti*
34 >Like as a ship that through the ocean wide< gelten. Zu
diesem Thema, so fährt Leimberg treffend fort, gehöre
auch die vollständige Isolierung der Liebenden, die nach
dem Verrat der Amme an Julia am Schluss des dritten Aktes vollzogen ist.

Wenn auch diese Sicht der Krise und der Verbannung
überzeugend begründet ist, so scheint doch der Einwand
gerechtfertigt, dass diese Zusammenhänge wohl nur dem
kleineren Teil des elisabethanischen Publikums vertraut
gewesen sein dürften und dass deshalb die szenische Realisation des Textes gerade im Zusammenhang mit Romeos
Verhalten in III,3 beim Zuschauer nicht unbedingt diesen,
sondern eher den Eindruck einer unbegründet exzessiven
Reaktion hervorruft, die ihn vorschnell verzweifeln und
den Kampf um die Verwirklichung seiner Liebe zunächst
aufgeben lässt. Erst bei der erneuten Begegnung mit Julia
haben beide Liebende die Fassung wiedergewonnen, wenn
auch die Vorzeichen für einen tödlichen Ausgang der Liebe
zunehmen. Die Nacht, die zur Beschützerin der Liebenden
geworden war, weicht dem Tag, der das Romeo und Julia
feindlich gesonnene Prinzip verkörpert: »More light and
light: more dark and dark our woes!« (III,5,36); und den
Abstieg des Geliebten in den Garten kommentiert Julia
vorausschauend:

> Methinks I see thee, now thou art so low,
> As one dead in the bottom of a tomb.   (III,5,55f.)

Dem Zuschauer bietet auch diese Stelle Gelegenheit, den
Hauptakteuren uneingeschränktes Mitgefühl entgegenzu-

bringen, weil in der vorangegangenen Szene Capulet bereits über Julias Ehe mit Paris entschieden hatte und Julias Mutter auf dem Weg zu ihrer Tochter ist, um ihr diesen Entschluss mitzuteilen, während Julia in der bangen Hoffnung auf ein glückliches Ende von Romeo Abschied nimmt. Verstärkt wird diese Wirkung noch durch das Zurücktreten komischer Elemente, die im zweiten Teil des Dramas die gleiche Rolle spielen wie die tragischen im ersten Teil; so wie dort die unernste Grundstimmung gelegentlich durch ernste Elemente verfremdet wurde, wird hier die ernste, tragische Grundstimmung gelegentlich durch komische Elemente aufgehellt. In ganz besonderem Maße trifft dies für den vierten Akt zu, in dem der Mönch mithilfe des den Scheintod herbeiführenden Schlaftrunks doch noch Julias Flucht nach Mantua ermöglichen will.

VI

Vor allem die Szenen um Capulet mit seiner Sorge um das Gelingen der Hochzeitsfeier, mit der Amme, einem Bedienten und Peter wirken hier als, wenn auch gelegentlich makabre, komische Intermezzi. Mit der parodistischen Klageszene IV,5,14–64, die die Eigensucht bzw. gestelzte Förmlichkeit der Capulets und des offiziellen Freiers Paris durch den reichlichen Gebrauch rhetorischer Figuren unterstreicht, werden überdies auch letzte Zweifel endgültig ausgeräumt, ob nicht etwa doch die Gesetze der Gesellschaft normativen Charakter haben. Wie um die Unnatürlichkeit und Unechtheit des Schmerzes ihrer Herrin zu verspotten, stimmt die Amme in den Klagechor der Trauernden ein:

O woe! O woeful, woeful, woeful day!
Most lamentable day, most woeful day
That ever, ever I did yet behold!
O day, O day, O day! O hateful day!
Never was seen so black a day as this.
O woeful day! O woeful day!   (IV,5,49–54)

und auch Capulet versucht, die Klage Paris' gleichzeitig
nachzuahmen und zu übertrumpfen (IV,5,55–64).

Besonders deutlich wird die mit rhetorischem Bombast
verbrämte Hohlheit und Flachheit der konventionellen
Trauer im Vergleich zu Julias unerschütterlicher Entschlossenheit, für die Liebe sogar den Tod herauszufordern
(IV,1,77–88) und zu ihrem Mut, trotz der Schreckensvision
den Schlaftrunk zu nehmen. In außerordentlicher Plastizi-
tät ahnt sie ihr Erwachen in der Gruft voraus und durchlebt
alle Schrecken, die der Tod mit sich bringen kann (IV,3,
14–59). Diese Todesvision, sozusagen ihre Initiation in das
Reich des Todes, stellt zugleich ihre vorgezogene Sterbe-
rede dar. Der Ungeheuerlichkeit des Vorgestellten und der
Anhäufung schrecklicher Visionen entspricht die syntaktische Struktur ihrer Rede. Immer wieder setzt sie an, und
immer wieder wird sie durch eine neue Vision abgelenkt
(IV,3,40.43;51.52.53). Der unvollständige Satz steht hier als
vorweggenommenes Zeichen für den Wahnsinn, den Julia
bei einem etwaigen Erwachen in der Gruft befürchtet.

Auf den Zuschauer wirkt Julias Entschlusskraft nicht
nur wegen ihrer Vision bewundernswert, sondern zugleich
mitleiderregend, besonders wegen der Vorverlegung der
Hochzeit mit Paris um einen Tag. Nach jedem scheinbaren
Erfolg gegen die Ungunst der Verhältnisse folgt unweiger-

lich jedesmal ein Rückschlag: auf die Ehe zwischen Romeo und Julia folgten Tybalts Tod und die Verbannung; auf die heimliche Hochzeitsnacht Capulets Eheplan; auf das Hilfsmittel des Schlaftrunks die Vorverlegung von Capulets Vorhaben. Angesichts dieser Rückschläge, die die endgültige Zusammenführung der Geliebten immer wieder bedrohen, baut sich im Zuschauer allmählich die Gewissheit auf, dass die Liebe in der Tat, wie es der Prolog ankündigte, unter einem schlechten Stern steht, und so ist er auf den weiteren Verlauf des Dramas genügend vorbereitet.

VII

Die Kette der Rückschläge setzt sich denn auch im fünften Akt mit der Falschmeldung von Julias Tod nach dem glückverheißenden Traum Romeos und mit dem Scheitern der Briefzustellung fort, die die Folgen dieser Falschmeldung noch hätte korrigieren können. Der endgültige Untergang der Liebenden ist damit unausweichlich vorgezeichnet. Gleichzeitig jedoch sorgt Shakespeare dafür, dass diesem Untergang ein triumphales Element innewohnt. Romeos Traum, Julia werde ihn tot vorfinden und mit einem Kuss wieder zum Leben erwecken, scheint eine letzte Täuschung des Schicksals, wird sich aber erfüllen. Julias Kuss und Tod (V,3,167 bis 170) werden zwar, vom Standpunkt der Gesellschaft her gesehen, den tragischen Schlusspunkt hinter die Ehe Romeos und Julias setzen und ihr Scheitern markieren, genau betrachtet jedoch die Krönung dieser Ehe, den Sieg der Liebe über den Tod bedeuten und Romeos Worte rechtfertigen: »I revived and was an emperor.« (V,1,9.)

Auf dem Weg zu diesem Sieg muss Romeo, ähnlich wie

Julia, noch seine Initiation ins Reich des Todes erfahren, sich »dem Tode ganz verschreiben« (Leimberg, S. 197) und die Gewissheit erlangen, dass ein Fortbestand seiner Ehe unter den gegebenen gesellschaftlichen Umständen unmöglich ist. Folgerichtig reagiert er auf die Falschmeldung vom Tod Julias mit dem trotzigen: »Then I defy you, stars!« (V,1,24) und dem doppeldeutigen Beschluss: »Well, Juliet, I will lie with thee tonight.« (V,1,34.) Dass für Romeo in dieser Szene wie für Julia später das Gift weniger ein Mittel ist, das Leben aus Verzweiflung zu beenden, sondern eher dazu beitragen soll, gegen den Widerstand des Schicksals der Liebe zum Sieg zu verhelfen, geht aus Romeos und Julias Charakterisierung des Gifts als »cordial« (V,1,85) und »restorative« (V,3,166), als herzstärkende Medizin und Wiederbelebungsmittel, hervor. Die Analogie zwischen dem erstrebten Tod und der Liebeserfüllung kommt – auch für den Zuschauer deutlich spürbar – in Romeos Aufgreifen der Pulvermetapher zum Ausdruck. An die prophetischen Worte des Mönchs:

> These violent delights have violent ends,
> And in their triumph die, like fire and powder,
> Which as they kiss consume. (II,6,9–11)

schließt unmittelbar Romeos Wunsch nach einem rasch wirkenden Gift an:

> ... such soon-speeding gear
> As will disperse itself through all the veins,
> That the life-weary taker may fall dead
> And that the trunk may be discharged of breath

> As violently as hasty powder fired
> Doth hurry from the fatal cannon's womb.
> (V,1,60–65)

Die Prophezeiung des Mönchs wird schließlich in ihrer Umkehrung wahr. Die Liebe stirbt nicht mit dem Tod, sondern erst im Tode wird der Triumph der Liebe möglich.

Diese Sicht des Todes – in V,1 lediglich angedeutet und in V,2 durch den zum Scheitern verurteilten letzten Versuch des Mönchs zunächst wieder in den Hintergrund gedrängt – wird zum Hauptthema der großangelegten Schlussszene, in der auch der staatliche Rahmen wieder wie in I,1 und III,1 eine wichtige Rolle spielt. In dieser Szene muss sich schließlich erweisen, wie dieser Rahmen in die Liebeshandlung integriert ist, welche Sicht des Tragischen das Stück enthält und ob die angebotene, in V,1 angedeutete Sicht der Liebe sich allen Zuschauern und nicht nur dem belesenen, literaturgeschichtlich erfahrenen und lyrikbewanderten Teil des Publikums erschließt.

Unverkennbar ist schon zu Beginn dieser Szene die Parallele zu dem Fest Capulets, wo Romeo ebenfalls das nächtliche Dunkel – später die Freistatt der Liebe – durch eine Fackel erhellen wollte; und ebenso unverkennbar ist die Bedeutung der Schlussworte des Fürsten, wenn er selbst auch dem Kummer die Schuld daran gibt, dass sich die Sonne nicht zeigen will (V,3,306): der Tag, eine der Chiffren für das den Liebenden feindliche Prinzip, ist vernichtet. Das letzte Wiedersehen der Liebenden wird vorerst von Paris, der in seinem Verhalten das trauernde Gegenstück zu Romeo in der Rosaline-Periode darstellt, verhindert. Paris' Funktion besteht an dieser Stelle zum einen darin, das schon öfter erwähnte Strukturprinzip von Parallele und Kontrast zu betonen, und zum anderen darin, Romeos Initiation ins Reich des Todes zu ermöglichen, oder wie Leimberg es formuliert:

»Romeo muss die Tat, die zu seiner Verbannung führte, noch einmal begehen, noch einmal töten und schuldig werden und sich so dem Tode ganz verschreiben, um zu Juliet zu gelangen.« (Leimberg, S. 197.)

Romeo bezeichnet in Wiederaufnahme der Steuermannsmetapher zwar seine Reise als gewagtes Unternehmen, als gescheitert:

> Come, bitter conduct, come, unsavoury guide!
> Thou desperate pilot, now at once run on
> The dashing rocks thy seasick weary bark!
> (V,3,116–118)

und seinen Pakt mit dem Tod als unaufkündbar (V,3,115), aber diese düstere Sicht des Todes wird überlagert von der Beschreibung des Grabes als Laterne (V,3,84), fürstlicher Festsaal: »a feasting presence full of light« (V,3,86) und schlicht als Ort des Lichtes in der Dunkelheit (V,3,124–127). Im Tod verliert der Tod seine Macht, und das Grab als Inbegriff des Todes verwandelt sich in den Ort des Lichts in der Dunkelheit, des Inbegriffs des Lebens. Romeos endgültiger Sieg über diesen Feind manifestiert sich, für den Zuschauer deutlich fassbar, in dem paradoxen Satz: »death, lie thou there, by a dead man interred« (V,3,87), dem Liebestod Romeos und Julias sowie den klar herausgearbeiteten Licht- und Dunkelheit-Wirkungen auf der Bühne.

Wie um die Oberflächlichkeit der Gesellschaft und ihrer

Normen noch einmal zu betonen und das Publikum in dieser gewonnenen Einsicht in das Wesen der Liebe und die Bedeutung von Romeos und Julias Tod als Sieg der Liebe über den Tod zu bestätigen, beschließt der staatliche Rahmen das Drama und erweist mit seiner einseitigen Deutung des Todes in dem Schlusssextett:

> For never was a story of more woe
> Than this of Juliet and her Romeo.   (V,3,309 f.)

das grundsätzliche Missverständnis der Alltagswelt über die wahre Bedeutung der Vorfälle. Gleichwohl sieht der Mönch seine Hoffnung auf eine Versöhnung der verfeindeten Familien – wenn auch in ironischer Umkehrung – gerechtfertigt; auf staatlicher Ebene wird die Ordnung, die durch die Fehde gestört war, wiederhergestellt und damit die Macht des Todes auch hier gebrochen. Das Schicksal, das in diesem Drama nicht als überpersönliche, abstrakte Macht, sondern als auf die launenhaften, unberechenbaren Reaktionen von Mitgliedern der veronesischen Gesellschaft bezogen dargestellt und deshalb mit immer wechselnden Namen benannt wird (»He«, »stars«, »fate«, »fortune«), kann zwar die Realisierung der Liebe in dieser Gesellschaft, nicht aber im Tode verhindern. Zur gleichen Zeit bewirkt aber eben dieser Liebestod auch in der Alltagswelt eine durchgreifende Wandlung. Der alte, in seinen Wurzeln nicht rational fassbare Familienhass ist besiegt.

So stellt denn endlich das Gefühl des Sieges sowohl auf der privaten wie der staatlichen Ebene des Dramas die Grundstimmung des Schlusses dar und nicht etwa das Gefühl der Katharsis durch den tragischen Tod der Helden infolge einer schuldhaften Verstrickung. Wer diese Kriterien anlegt, muss zu grundsätzlich falschen Einsichten gelangen, weil es Shakespeare in *Romeo und Julia* gar nicht in erster Linie um ein solches Konzept des Tragischen geht. Vielmehr verfolgt Shakespeare hier ein anderes Konzept, das mit den Ausdrücken »Bewunderung«, »Mitfühlen«, »Bewegen« zutreffend umschrieben ist und das im nachhinein auch Sampsons und Gregorys Wortspiele auf *move* (I,1,5–10) als wesentliche Fingerzeige auf die Intention des Stückes rechtfertigt. Die Erweckung von Bewunderung und Mitgefühl gehörte zur elisabethanischen Zeit eindeutig zu den Hauptanliegen von Sonettdichtern wie Daniel und Dichtungsapologeten wie Sidney, der in seiner *Apology for Poetry* (1580) dem *move* eindeutig gegenüber dem *teach* den Primat einräumt und damit – bewusst oder unbewusst – für die Intention und Wirkung von *Romeo und Julia* maßgebend ist. Nicht das Gefühl tragischer Verstrickungen im aristotelischen Sinne, sondern Bewunderung für das große Wagnis und Mitgefühl mit dem Tod – »admiration and commiseration« in Sidneys Terminologie – stellen sich beim gesamten Publikum ein – gemischt mit dem Gefühl des Sieges, des erfolgreich gegen die Macht des Schicksals bestandenen Kampfes der Liebe mit dem Tod.

Um diese Wirkung zu erzielen, ist die Kenntnis der Sonettdichtung und der literaturgeschichtlichen Zusammen-

Inhalt